JN063420

改訂増補第3版

金融の基礎

CHIN TETSU

沈 徹

Fundamentals of Money and Banking

八千代出版

改訂増補第3版のまえがき

　2013年に発動されたいわゆる異次元の金融緩和政策は、2%のインフレを達成するという明確な目的を持った政策である。2023年の2月現在、確かに2%のインフレは実現しているが、あくまでこれは、コロナ禍によるサプライチェーン寸断がもたらした供給不足と、ロシアによるウクライナ侵攻によってもたらされたエネルギー価格や食料品価格の高騰による一時的なインフレであって、景気拡大に伴って生じる「良い」インフレではない。そうしたこともあって、日本では、インフレ退治のために金融緩和から引き締めへと政策変換の舵を切ったアメリカやEU各国とは異なり、現在も未曽有の金融緩和政策を継続中である。

　本書の改訂は5年ぶりのことなので、本来なら、この5年の間に日本経済が力強く復活し、2013年から続く異次元の金融緩和が終焉したとしたかったところだが、残念ながらそうなっていない。

　では、この5年の間に金融経済情勢の何が大きく変わったのか。やはりそれは金融とITの融合であるフィンテックから新たな金融サービスが続々と生まれているということであろう。したがって今回の改訂では主にフィンテック関連についての記述に補筆・修正を行った。

　そのほか、データを可能な限り最新のものとし、いくつかの図表をより見やすいものに書き換え、わかりづらい記述についてはそれらを修正した。

　ただし、本書はあくまで金融の入門書であり、本書の狙い、対象とする読者、必要となる知識などは初版やこれまでの改訂増補版のそれと全く変わらない。本書を手にしたことで金融に対する理解が深まり興味がわけば幸いである。

　この改訂増補第3版を刊行するにあたって、八千代出版株式会社の森口恵美子さんと御堂真志さんに大変お世話になった。お2人の協力がなければ改訂増補第3版が出ることはなかったであろう。心より感謝申し上げる。

　　2023年2月　　　　　　　　　　　　　　　　　　　　沈　　徹

i

まえがき

　バブル経済が崩壊してから、すでに10年以上が経過した。この間、不良債権問題、大手銀行や大手証券会社の破綻、メガバンクの誕生、世界で類を見ないゼロ金利政策や量的緩和政策の採用、国債の大量発行、投資における自己責任など、金融論の守備範囲とでもいうべき事象が、たびたび議論の対象としてとりあげられてきた。

　これらのひとつひとつを、単体として理解することはさほど困難ではないかもしれない。しかし、これらを単体ではなく、金融面から見た日本経済の構造的問題という視点から理解しようとすると、金融制度、金融理論、金融政策に関する基礎知識をバランスよく修得しておく必要がある。

　本書では、ここ数年の日本の金融制度面での変革をわかりやすく説明するとともに、標準的な金融理論や、最近の金融政策（不良債権処理、ゼロ金利政策、量的緩和政策など）についても詳細な解説を加えた。現在の日本の金融にはどのような課題や問題点があるのか、政府や日本銀行による政策にはどのような意図があるのか、などを理解するための一助となれば幸いである。

　本書は、初めて金融を学ぶ学生諸君や一般社会人向けの概説書であり、入門書としての性格を持っているので、読み進む上での基礎知識は、特に必要がないよう記述には工夫を加えた。それでも、ところどころ難しい議論と感じる場合もあるだろうが、込み入った議論を展開する場合には、極力わかりやすい具体例などを挙げて説明しているので、そのまま読み進めていってほしい。

　以上のような見地から執筆を始めたのであるが、金融のどの問題を取り扱うべきかの選択に迷わざるをえなかった。脱稿した現在、金融を理解する上で重要と思われる問題を相当程度はカバーできたと思うものの、紙数上の関係等から、どうしても割愛せざるをえなかった（あるいは、記述が表面的にならざるをえなかった）ものが少なからず存在するのも事実である。たとえば国際金融や資産運用についてがそうである。幸いにも、これらについては

優れたテキストが数多く出版されているので、適宜参考にしていただきたい。

　なお、各章末には参考文献を数冊掲げてある。それらは、本書を執筆するために筆者が参考にした文献（本書が入門的なテキストであるという性格上、参考文献の出所をいちいち明記すること避け、各章末に参考文献として一括して掲げておいた。ご了解を得たいと思う）であるが、同時に、読者がさらなる学習を続ける上で、より良い指針を与えてくれると思われる良書ばかりである。大いに参考として欲しい。

　本書は、筆者が愛知大学経済学部で数年間にわたって行ってきた講義（金融論、国際金融論）をベースとしている。講義のたびに、熱心に質問や疑問点を出してくれた学生諸君は、間接的であるにせよ、本書の完成に多大な貢献をしてくれたことになる。八千代出版株式会社の森口恵美子さんと深浦美代子さんには、紙面を借りてお礼を申し上げたい。数年にわたる森口さんの熱心な執筆依頼がなければ、本書が日の目を見ることはなかった。深浦さんには、原稿の読みにくい点、不明瞭な点などをいくつも指摘していただいた。また、最初の読者として原稿に喜んで目を通してくれた妻と、絶えず笑顔で励ましてくれた娘にも、心から感謝したい。

　最後に、私的なことを少々述べさせていただきたい。筆者の大学院時代の恩師、堀家文吉郎先生（早稲田大学政治経済学部名誉教授）が、2006 年 10 月 30 日にお亡くなりになった。先生からは、金融のイロハをはじめ、語り尽くせないほどのものを賜ったのであって、筆者にとって先生は、学問の師であるばかりでなく、まさに人生の師でもあった。先生のお亡くなりになった日は、本書の原稿が完成した日であったが、先生に本書を批判していただけなかったことが残念でならない。先生のご冥福をお祈りする次第である。

　　2007 年 1 月　　　　　　　　　　　　　　　　　　沈　　徹

目　　次

目　　次

金融取引と金融機関

この章の1節では、金融取引の特徴を明らかにし、2節では、金融機関の情報生産機能について解説する。3節では、マクロ的に金融を捉えた場合にはどのように定式化できるのかについて述べるとともに、一国全体のおカネの流れを知るのに便利な「資金循環統計」を紹介する。

1．金融とは何か

1) 金融の重要性

　金融とは、読んで字の如く、おカネを融通することである。ここで融通するとは、今のところおカネに余裕のある人や組織から、余裕のない人や組織に、おカネを円滑に流すという意味である。では、金融の重要性とは何であろうか。それを知るためにここでは、もし金融がなければ私たちの経済社会はどのようになってしまうのかを考えてみよう。

　金融がなければ、多くの人が成人後に利用する住宅ローンも存在しないことになるし、子が親から住宅や土地を相続することも（相続は金融の一形態と考えられるので）できなくなる。つまり、金融がない世界では、土地代金も建物代金もすべて現金で全額を支払うくらいにまで貯蓄が進まない限り、住宅を購入できないのである。

　企業の場合、もし金融がなければどういった不便が生じるであろうか。あ

る企業は画期的な新製品を開発したが、手持ちの余裕資金が十分にはないとしよう。するとこの企業は、新製品を作るための工場を建てることができず、せっかくの新製品を市場に送り出せないことになる。

　金融がない場合の不便さは何も国内に限定される話ではない。所得水準のきわめて低い国が発展するためには、道路を整備したり、学校を建てたり、通信網を整備したりと、何かとおカネがかかるはずである。しかし、この国の所得水準はきわめて低いのであるから、そのおカネは国中のどこをさがしても出てくるはずがない。だとすればこの国の所得水準はいつまでたっても低いままになってしまう。

2) 金融取引の特徴

　以上のようなケースを考えただけでも、もし金融がなければ私たちの経済社会はきわめて限定的な規模にしかなりえないことがわかる。したがって、円滑におカネが流れるような社会、すなわち、金融の存在する社会の方が望ましいということになるのであるが、困ったことに、人や組織の自由気ままに任せておくだけでは円滑なおカネの流れは確保できないのである。

　なぜだろうか。それは、おカネの取引がモノの取引とは本質的に異なるからである。キャベツを売っている人にとっては、きちんと購入代金さえ支払ってくれる限り誰がキャベツを購入しても構わないのであるが、おカネを貸す人にとっては、誰がそのおカネを購入してくれるのか（つまり借りてくれるのか）が重要である。というのも、おカネを貸す人にとっては、そのおカネが将来のある時点で、契約どおりに自分の手元に戻ってくるかどうかが何よりも大事だからである。つまり、貸したおカネは返ってこないかもしれないという不安を貸し手が抱けば、金融取引は成立しない。おカネを貸すということを、金融の世界では信用を供与するという言葉で表現することがあるが、まさにおカネのやり取りには相手に対する信用が重要となるのである。

3）信用の重要性

　信用が重要であるという点をより深く理解するために、ある人はおカネに余裕があるのでそれを貸してもよいと考えており、そこに借りたいという企業が現れたというようなケースを考えてみよう。

　かりにこの企業は誰もが知っているような有名な優良企業であれば、この人はこの企業を信用すると考えられるから、両者間で貸借関係が成立する可能性はある。しかし、この人がこの企業のことをまったく知らないような場合にはどうなるであろうか。この場合、この企業が実は優良企業だとしても、この人がこの企業におカネを融通する可能性はほとんどないと思われる。なぜなら、およそ人というものは、知らない人や組織におカネを貸すということをしないからである。

　この企業は優良企業なのであるから、この人がこの企業のことをいろいろと調べ、その結果、優良企業であるということを認識すればおカネの融通は実現するのではないだろうか。理屈の上では確かにそうである。ただし、自分の大事なおカネを融通してもよいと考えられるほどこの企業のことを調べあげるのは、実はそんなに簡単なことではない。ざっと考えただけでも、この企業の財務内容や資産状況を調べたり、経営者の能力や従業員の質の高さを判定したり、企業としての成長性を評価したりする必要があるからである。おそらく、一個人ではこのような調査は事実上不可能であろう。また、かりに可能であるとしても、この企業を調べるために投じなければならない費用（金銭的費用ばかりでなく、調査に要する時間や労力なども含めた総合的な費用）は、一般的に一個人が融資できる金額に比べてかなり膨大となる。つまり、この人にとっては、この企業のことを調べあげることは費用の面で割に合わない行為となってしまう。

　このように、余裕資金を貸してもよいという人が一方にいて、他方におカネを借りたいという社会的には信用度の高い人や組織がいたとしても、水が高いところから低いところへ自然に流れるようには、おカネは流れないのである。

2．金融機関の機能（審査と監視の必要性）

1）審査の必要性

　現実の経済社会では、一個人が企業におカネを貸すという行動をとることはまれであって、通常は銀行などの金融機関による融資が一般的である。ではこの場合、前節のある人が直面した困難をどのように乗り切ることができるのであろうか。ある人が直面した困難とは、企業が安全な借り手であるのかを調べたくても独力ではそれは難しく、また費用面で割に合わないというものであった。それに対して銀行などの金融機関には数多くの専門家や専門部署が存在するので、かりにこの企業が無名の企業であっても、その財務内容や資産状況、成長性や経営者の質などについて、一個人よりもはるかに簡単に調べあげることができるであろう。また、それに投じなければならない費用も、融資額に対する費用の割合という意味で考えれば、一個人の場合に比べると間違いなく低額で済むと考えられる。

　金融機関が、借り手である企業の財務内容や資産状況、成長性や経営者の質などを知るために行う活動を、**審査**あるいは**信用調査**というが、銀行や証券会社などの金融機関は、一個人では事実上不可能な審査を効率的に行うことで、おカネの円滑な流れを促進するという大変重要な役割を担っているのである。

2）監視の必要性

　借り手に対するチェックは、融資を実行する前の審査だけでは十分ではなく、実際に融資が実行されたとして、それが契約どおりに履行されるのかどうかを事後的に**監視**（モニタリング）する作業も非常に重要である。この点は次のように説明できる。

　一般的に借り手は、調達した資金を用いて何がしかの投資を行い、その結果利益をあげることを目的としている。しかし、投資によって損失が発生し

たとしても、現代のような有限責任制（返済能力を失ってしまった借り手に対して、返済を強要することはできないという制度）の下では、損失の大半は貸し手に転嫁されてしまう。一方、大きな利益がもたらされた場合には、その大半（利益から借入の元利返済額を差し引いた額）は借り手のものとなる。したがって借り手にとっては、むしろ積極的にリスクの大きい投資案件へと資金を投下する誘因（インセンティブ）が存在するのであって、これに伴う大きな損失を回避するために、貸し手は借り手の監視を怠るわけにはいかないのである。

　損失を限定的にしたり危険を回避したりする仕組みが整っていると、かえって損失や危険の発生確率が高まってしまうといった現象を、**モラル・ハザード**（moral hazard）と呼んでいるが、今述べたような、失うものが限られている借り手はリスクの大きい投資案件に向かいがちであるという現象は、まさにモラル・ハザードの典型例といえよう。なお、モラル・ハザードは、もともとは保険業界で知られていた現象であって、たとえば、健康管理に注意して健やかに生活していた人が健康保険に入ったとたん健康管理をおろそかにしてしまい、その結果保険金支払いが増えてしまうとか、火災保険に入った倉庫会社はついつい火の用心を怠るようになり、火災発生率が以前よりも高くなってしまうといった現象のことである。

3）情報生産の問題点

借り手の識別は可能か　これまで述べたように、円滑なおカネの流れを確保するためには、借り手に関する事前の審査や事後の監視が重要となるのであるが、金融機関が審査、監視といった活動を通じて果たしている役割を、金融機関による**情報生産機能**（information production function）と呼んでいる。

　ところで、情報の生産は簡単にできるものなのであろうか。ここでは、ある銀行が「良い借り手」と「悪い借り手」を相手に融資を行う場合を想定して、情報の生産が簡単にできるかどうかを考えてみよう。ここで良い借り手

というのは、確実に資金を返済できる借り手のことであって、もし銀行がそれを「識別」できれば、銀行は比較的低い金利で資金を貸し出すことができるであろう。一方、悪い借り手というのは、資金返済の可能性が相対的に低く、したがって返済不能の危険性がある借り手のことである。この場合、銀行がもし悪い借り手であるということを識別できれば、銀行は返済不能の危険性を考慮に入れ相対的に高い貸出金利を提示するであろう。

　ここで問題となるのは、銀行には良い借り手と悪い借り手の識別ができない可能性があるという点である。とりわけ、借り手が意図的に自身の欠陥（取引先との関係に不明朗な点がある、未公開の不良資産を抱えているなど）を隠そうとする場合、貸し手がそれを見破ることは難しい。また、悪い借り手であっても、自身を良い借り手であると見せかけることができればよりよい貸出条件を銀行から引き出すことが可能であるため、悪い借り手が自ら進んで自分自身を悪い借り手であると申告することはないはずである。

逆　選　択　　良い借り手と悪い借り手との識別が難しいのであれば、銀行は両者に同一の貸出金利を提示することになるが、借り手の一方は悪い借り手であるから、ここで想定しているような取引が何度も繰り返されるうちには、実際にその悪い借り手が倒産してしまい銀行が大きな損失を被ることもあると思われる。そのとき銀行は、借り手の中には実は悪い借り手が存在しているが、銀行自身にはそれが識別できなかったということに初めて気付くのである。こういった経験の結果銀行は、借り手の中に紛れ込んでいる悪い借り手が実際に倒産したとしても、銀行自身に大きな損害が発生しないように予防線を張ることになるであろう。その予防線は具体的には、どの借り手に対しても従前よりは高い金利を提示するという形になると考えられるが、これは良い借り手から見れば非常に不満の残る結果である。なぜなら、銀行が借り手の良し悪しを識別さえしてくれれば、良い借り手はもっと安い金利で借りることができたはずだからである。この結果、良い借り手はこの銀行との取引を停止し、銀行にとっては悪い借り手だけが取引相手として残るということになってしまう。

一般的に、悪い商品と良い商品が混在している場合に、市場においてそれが識別されないがために良い商品が淘汰され、悪い商品だけが残ってしまう過程のことを**逆選択**（adverse selection）というが、ここで説明した銀行と借り手との状況はまさにこの逆選択の一例なのである。

4）情報の非対称性

これまでの議論の根底にあるのは**情報の非対称性**（asymmetric information）といわれている概念である。いささか堅苦しい用語であるが、金融取引における情報の非対称性とは、借り手は自身が良い借り手なのか悪い借り手なのかを知っているが、貸し手にはそれがわからないという状態のことを指す。

したがって、情報の非対称性という概念を使ってこれまでの議論を要約すれば、次のようになる。すなわち、①貸し手と借り手の間には情報の非対称性が存在するので、逆選択やモラル・ハザードといった弊害が発生してしまう。②両者間の情報のギャップを埋めるために金融機関による事前の審査や事後の監視といった活動が重要となる。

もっとも、①については、情報の非対称性があると必ずこれらの弊害が発生するというわけではない。たとえば、資金調達を繰り返して行いたいと考えているような企業にとっては、たとえ貸し手である銀行がその企業の行動をすべて把握しているわけではないとしても、リスクの大きい投資案件に資金を投下するといったモラル・ハザードに走ることは有利ではないかもしれない。なぜなら、これによって短期的には利益が得られたとしても、そのことによって貸し手側に悪い印象を与えてしまうと、次の借入の時には厳しい条件が課され、場合によっては取引を停止されてしまう危険性もあるからである。

また、②については、銀行は特定の借り手企業とメインバンク関係という長期継続的な取引関係を結ぶという傾向が日本では顕著であったが、メインバンク関係のような長期継続的な取引関係があると、情報の非対称性がもた

らすさまざまな弊害が軽減される可能性がある。銀行が借り手のことを審査する場合、未知の借り手を審査する場合に比べて長期継続的に取引をしている借り手を審査する方が、より正確な審査が可能となるからである。

　さらに、メインバンク関係の存在は、もしそれがない場合に比べるとはるかに監視の有効性を高めることができる。また、監視されることが借り手にとって有利に働くことも考えられる。その理由は、そういった監視がなければ借り手が金融機関の利害に反する行動をとるのではないかと金融機関が疑心暗鬼に陥り、最悪の場合、資金の提供を一切拒否してしまうといった事態も想定できるからである。

　ここまで、金融機関の役割を情報の生産という側面から説明してきたが、金融機関はそのほかにもさまざまな役割を担っており、それらについては2章や9章で再び議論することにしよう。

3．貯蓄投資差額と資金過不足

1）GDPと金融

貯蓄投資差額と金融　どのような経済主体も、今期に獲得した所得から必要な消費を行い、その残りを貯蓄すると同時に将来に備えての投資（企業の設備投資、家計の住宅投資、政府の公共事業投資など）を行う。そして、もし貯蓄が投資を下回る場合にはその差額を借り入れることになり、逆に貯蓄が投資を上回る場合にはその差額は金融資産の保有増になる。つまり、資金の貸借が可能な世界においては、経済主体にとって利用可能な資金は自己の貯蓄と借入額であり、その利用可能な資金を使って投資を行い、残りは金融資産の保有額の増加となるのである。したがって、

　　　(1-1)　　貯蓄＋金融負債増＝投資＋金融資産増

という関係式が個々の経済主体について恒等的に成立する。あるいは、これ

を書き換えると、

  （1-2） 貯蓄－投資＝金融資産増－金融負債増＝金融資産純増

と表現できる。

フローとストック （1-1）式や（1-2）式は、ある一定の期間（その長さは1週間でも1ヶ月でも、あるいは1年でも10年でも構わない）における経済活動を記述したものであって、経済学ではこのような関係を**フロー**（flow）の関係と呼んでいる。また、フローの関係にある経済活動を過去から現在までのすべての期間について累積をすると、**ストック**（stock：残高ともいう）の関係である、

  （1-3） 正味資産＋金融負債残高＝実物資本＋金融資産残高

が得られる。ここで、正味資産は過去からの貯蓄の累積額、実物資本は投資の累積額、金融負債残高と金融資産残高は、金融負債と金融資産の累積額である。（1-3）式はストックの関係式であるから、ある時点（その時点はいつでもよいのだが、年末とか年度末で考える場合が多い）における関係を示したものとなっている。

部門別のフロー恒等式 さて、経済を構成する経済主体は、家計、企業、政府、海外の4部門だとしよう。（1-2）式はこれらの各部門についても成立するので、国内3部門について（1-2）式を書き換えると、

  （1-4） 家計の貯蓄－家計の投資＝家計の金融資産純増

  （1-5） 企業の貯蓄－企業の投資＝企業の金融資産純増

  （1-6） 政府の貯蓄－政府の投資＝政府の金融資産純増

となる。

海外部門については次のように考えよう。すなわち、日本から海外への輸出は海外による日本への支払いであり、日本への海外からの輸入は日本による海外への支払いとなるから、海外の金融資産は、日本の輸入が輸出を上回っている場合に増加する。したがって海外部門については、（1-2）式に対応する式として、

(1-7)　　日本の輸入 − 日本の輸出 ＝ 海外の金融資産純増

が得られる。

黒字主体と赤字主体　　一般に、貯蓄が投資を上回る主体を**黒字主体**（貸し手あるいは資金余剰主体）と呼び、貯蓄が投資を下回る主体を**赤字主体**（借り手あるいは資金不足主体）と呼ぶ。また、日本が輸入超過（輸出超過）の場合に海外部門は黒字（赤字）主体となる。

　（1-4）式から（1-7）式は（1-2）式を部門ごとに細分化しただけのことであるから、もし国内部門全体で貯蓄が投資を上回っていて資金余剰が発生しているとすると、それに見合った額の資金不足が海外部門で発生していることになり、その場合には日本は輸出超過状態にあるということになる。したがって、

(1-8)　　国内部門の貯蓄投資差額がプラス（マイナス）　⇔　日本は
　　　　資金余剰（資金不足）　⇔　日本の輸出超過（輸入超過）
　　　　⇔　海外部門は資金不足（資金余剰）

という関係が成立している。

　なお、各経済主体は純粋な貸し手あるいは借り手になるというよりは、一方で貸し手になり、他方で借り手になるというのが一般的である。たとえば、住宅ローンを借りている家計は、借り手であると同時に銀行預金などを保有する貸し手でもあるし、設備投資用の資金を銀行からの借入で調達している企業は、借り手であると同時に資産を有価証券や銀行預金で運用する貸し手でもある。

2）資金循環統計

　（1-2）式の左辺は国民経済計算という一国経済の実物面の動きをまとめた統計によってその全体像を把握することができるが、右辺の金融資産増 − 金融負債増 ＝ 金融資産純増については、日本銀行が**資金循環統計**としてその全体像をまとめている。

　資金循環統計は四半期ごとに発表されており、一定期間（ある年、ある年

図表 1-1　金融取引表 (2021 年度)

(単位：兆円)

	① 金融機関		② 非金融法人企業		③ 一般政府		④ 家計		⑤ 対家計民間非営利団体		⑥ 海外		
	資産(A)	負債(L)	資産(A)	負債(L)	資産(A)	負債(L)	資産(A)	負債(L)	資産(A)	負債(L)	資産(A)	負債(L)	
(A) 現金・預金	33.96	58.54	6.00		−13.94		30.57		1.74		0.53	0.33	(A)
(B) 財政融資資金預託金	2.70	3.71	−0.02		1.03								(B)
(C) 貸出	85.88	77.25	4.37	7.39	0.45	2.33	−0.02	6.63	0.02	0.19	15.71	12.62	(C)
(D) 債務証券	16.73	−10.40	2.00	4.83	6.68	42.28	−1.06		1.30		11.06		(D)
(E) 株式等・投資信託受益証券	3.52	15.18	−5.48	−2.55	6.59	0.08	6.49		0.05	0.00	1.53		(E)
(F) 保険・年金・定型保証	−1.30	0.31	0.05	−1.32			0.23						(F)
(G) 金融派生商品・雇用者ストックオプション	0.00	0.00	0.00	0.03			0.03	0.00			0.00	0.00	(G)
(H) 預け金	4.56	5.31	1.20	0.00	1.95	0.00	0.15		0.00	0.00	0.23	2.79	(H)
(I) 企業間・貿易信用	−0.10	−0.02	12.38	11.86	0.19	0.31	0.07	0.10		0.00	0.78	1.07	(I)
(J) 未収・未払金	3.37	3.35	1.40	0.51	0.77	0.50	2.72	1.13	0.11	0.00	6.79	9.66	(J)
(K) 対外直接投資	4.26		7.48									11.74	(K)
(L) 対外証券投資	0.92		−0.21		−3.09		−0.94					−3.32	(L)
(M) その他対外債権債務	12.87	0.13	0.97	0.17	5.11	4.61					4.91	18.96	(M)
(N) その他	−7.66	4.05	2.64	1.83	−0.77	−11.11	0.90	0.52	0.45	0.26	0.00	0.00	(N)
(Y) 資金過不足		2.33		10.03		−34.01		30.76		3.21		−12.30	(Y)
(Z) 合計	159.73	159.73	32.78	32.78	4.98	4.98	39.15	39.15	3.66	3.66	41.53	41.53	(Z)

(資料) 日本銀行「資金循環統計」

図表 1-2　金融資産・負債残高表（2021年度末）

（単位：兆円）

		金融機関 ①		非金融法人企業 ②		一般政府 ③		家計 ④		対家計民間非営利団体 ⑤		海外 ⑥	
		資産(A)	負債(L)	資産(A)	負債(L)	資産(A)	負債(L)	資産(A)	負債(L)	資産(A)	負債(L)	資産(A)	負債(L)
(A)	現金・預金	817.50	2373.26	337.18		100.84		1088.06		45.04		11.60	26.96
(B)	財政融資資金預託金	10.32	32.45	0.00		22.13							
(C)	貸出	1703.61	792.90	77.20	539.90	19.91	154.71	0.20	356.65	2.98	16.17	240.76	184.34
(D)	債務証券	1241.60	318.38	38.89	97.88	76.20	1192.59	25.62		8.41		218.14	
(E)	株式等・投資信託受益証券	431.93	448.60	368.71	1068.14	171.20	14.83	296.31		6.41	13.20	270.20	
(F)	保険・年金・定型保証	16.18	540.69	4.28	17.94			538.18					
(G)	金融派生商品・雇用者ストックオプション	53.57	59.36	1.91	4.24	0.16	0.01	1.17	1.02			30.78	22.98
(H)	預け金	23.86	35.67	42.47	45.28	10.30	5.32	17.37			0.00	3.80	11.54
(I)	企業間・貿易信用	1.38	2.26	235.25	207.69	1.75	18.65	3.13	6.25	0.03		3.75	10.45
(J)	未収・未払金	37.74	38.55	8.65	15.35	24.89	10.99	7.08	6.59	0.22	0.01	24.96	32.04
(K)	対外直接投資	47.54		173.58									221.12
(L)	対外証券投資	402.70		11.55		262.19		23.50					699.94
(M)	その他対外債権債務	31.57	41.28	1.58	0.76	35.17	7.28					49.32	61.90
(N)	その他	45.34	28.60	13.31	18.91	3.60	17.09	3.84	2.23	1.86	1.12	0.00	0.00
(Y)	金融資産・負債差額		152.83		-701.51		-693.10		1631.71		34.45		-417.96
(Z)	合計	4864.84	4864.84	1314.57	1314.57	728.36	728.36	2004.46	2004.46	64.95	64.95	853.31	853.31

（資料）日本銀行「資金循環統計」

度など）における資金の流れを記録したフローとしての**金融取引表**（図表1-1）と、ある時点（年末、年度末など）における金融資産・負債の蓄積状況を記録したストックとしての**金融資産・負債残高表**（図表1-2）の2種類がある。いずれの図表においても経済主体は、①金融機関、②非金融法人企業、③一般政府、④家計、⑤対家計民間非営利団体、⑥海外の6部門に、そして、取引項目は、（A）現金・預金、（B）財政融資資金預託金、（C）貸出などの14項目に大別されている。なお、図表1-1も図表1-2も、資金循環統計を簡略化したものであって、実際に日本銀行が発表している形式では、たとえば大別された6部門のうちの③の一般政府は、中央政府、地方公共団体、社会保障基金といったようにより詳細に分類されており、また、取引項目についても、たとえば（C）の貸出は、民間金融貸出と公的金融貸出等のように種別ごとに細分化されている。

　図表1-1の下から2行目には、当該期間中の各部門の資金過不足が記録されている。それによれば、2021年度中に金融機関は2.33兆円、非金融法人企業は10.03兆円、家計は30.76兆円、対家計民間非営利団体は3.21兆円の資金余剰であった。一方、一般政府は34.01兆円の資金不足であったため、国内部門全体では12.32兆円の資金余剰となっているが、これは（1-8）式でも示したように海外部門の資金不足12.30兆円と見合ったものとなっているのがわかる（数字が合わないのは丸め誤差のため）。また、図表1-2の最終行を見ると、最近しばしば言及されるようになった家計部門の2022年3月末時点での金融資産残高（2004兆円）を知ることができる。

レモン市場─情報の非対称性について─

　英和辞典で果物の lemon の意味を調べると、欠陥商品、欠陥車という意味
が出てくる。レモンの見た目はどれもきれいであるが、中身はナイフで切っ
てみないとわからないので、レモンには欠陥商品という意味があるのだろう。
米国の経済学者アカロフ（G. Akerlof）は、本章で紹介した情報の非対称性
の問題を 1970 年に「『レモン』の市場：品質の不確実性と市場メカニズム」
という論文でとりあげ、中古車の中にはそれに乗っていた人にしかわからな
い欠陥車が存在しており（つまり、中古車の買い手と売り手の間には情報の
非対称性がある）、そういった場合には完全競争的な市場メカニズムは有効で
はなくなることを説明した。彼のその論文が契機となって、情報の非対称性
に関する研究は飛躍的な発展をみた。おそらくその後の 30 年の間でもっとも
大きな変革を経済学にもたらしたのではないかと思われる。なお、アカロフ
は、スペンス（M. Spence）、スティグリッツ（J. Stiglitz）とともに、この
分野での画期的業績により 2001 年にノーベル経済学賞を受賞している。

参 考 文 献

池尾和人『現代の金融入門［新版］』ちくま新書、2010 年
内田浩史『金融』有斐閣、2016 年
日本銀行調査統計局「資金循環統計の解説」2022 年

2

金融の基礎概念

この章では、金融を理解するために必要となる概念や制度を、さまざまな視点からとりあげ解説していく。したがって、各節の内容に大きな関連性はないかもしれないが、いずれの内容も本書の残りを理解するための基礎となるものである。1節から4節では、金融取引の様式と、日本の資金循環の特徴や問題点を考える。5節以降では、金融市場にはどのような機能や種類があるのか、株式と債券の違いは何か、流動性とはどういった概念で、金融市場との関連は何かといったことなどについて見ていくことにする。

1. 間接金融と直接金融

金融とは、黒字主体から赤字主体へとおカネが円滑に流れることを指すが、その金融のルートには間接金融（indirect finance）と直接金融（direct finance）という2つのルートが存在する。この節では、この2つのルートを糸口として金融取引の様式について考えていこう。

1）間接金融

間接金融の仕組み　　**間接金融**とは、銀行などの金融仲介機関が黒字主体から赤字主体へのおカネの流れを仲介する金融のルートのことである。図表2-1にあるように、黒字主体（最終的貸し手ともいう）は、主として銀行預金や生命保険料という形で金融仲介機関（銀行や

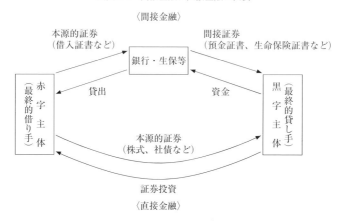

図表 2-1　間接金融、直接金融の概要

〈間接金融〉

本源的証券
（借入証書など）

間接証券
（預金証書、生命保険証書など）

銀行・生保等

赤字主体
（最終的借り手）

貸出

資金

黒字主体
（最終的貸し手）

本源的証券
（株式、社債など）

証券投資

〈直接金融〉

生命保険会社など）に資金を提供し、その提供した資金は金融仲介機関を経由して貸出という形で赤字主体（最終的借り手ともいう）に流れていく。この過程で黒字主体は、資金を提供した証として金融仲介機関の発行する間接証券（預金証書や生命保険証書など）を手にすることになる。

　以下では黒字主体は家計、赤字主体は企業、そして金融仲介機関は銀行であるとして、間接金融の仕組みをより詳細に見てみよう。

　銀行預金は、家計にとって大変便利な特徴を数多く備えている。その特徴とは、①利払いや返済の確実性が高いこと、②少額の資金からでも預金可能であるという利便性があること、③現在のような低金利の状態であっても何がしかの利息が付く上に、必要であればいつでも ATM 等を利用して現金化でき、解約も容易であることなどである。こういった銀行預金の持つ特徴のため、家計は安心して自己の余裕資金を銀行預金へ振り向けることができるのである。

資産変換機能　では銀行は、間接金融というルートの中でどのような機能を果たしているのであろうか。ひとつは情報生産機能（information production function）、もうひとつは**資産変換機能**（asset transformation function）である。前者についてはすでに１章で説明した

ので、ここでは後者を説明しよう。

　預金者である家計はいつでも現金化できたり解約できたりといった流動性（この章の7節で説明する）を重視する一方、おカネを借りる側の企業は、長い期間にわたって借りたいと考えるのが通常である。つまり、銀行にとっては、預金者から集めた預金と企業への貸出の間には期間上のミスマッチが存在することになる。このミスマッチを克服し、黒字主体には黒字主体の選好に沿うような預金を提供する一方、赤字主体には赤字主体の目的に適った貸出を行うのも銀行の重要な役割である。これを資産変換機能と呼んでいる。

大数の法則　　銀行が資産変換機能を果たすことができるのは、銀行預金には**大数の法則**（law of large numbers）という統計的関係が成立するからである。銀行の提供する預金のうち、普通預金や当座預金などの要求払い預金については、いつ現金の引き出しが行われるかわからない。しかし、すべての預金者が同時に引き出しを行うということはありえないので、すべての預金者に要求払いを認めたとしても、実際に引き出しを行うのはその一部に留まることになる。しかも、預金者の数が多くなればなるほど、実際に引き出しを行う人の比率は安定し、しかもその比率は予想の範囲内に収まるようになる。このように、同質のもの（ここでは要求払い預金）が大量に集まれば集まるほど、ある事象（ここでは現金の引き出し）の発生割合は安定かつ予測可能になるというのが大数の法則である。

　この大数の法則が働くおかげで、銀行は預金者が望むような流動性の高い預金を提供したとしても、その大半は現金として引き出されることなく銀行に留まるため、借り手である企業が望むような長い期間の貸出を実行できるのである。

2）直接金融

直接金融の仕組みとアンダーライター業務　　**直接金融**は、赤字主体の発行する本源的証券（株式、社債、国債など）を、黒字主体が直接購入することでおカネの流れが生じるという

金融のルートである（図表2-1参照）。

　今、ある企業が社債の発行によって資金を調達したいと考えているとしよう。この企業が金融取引を専門とする企業であるならば別だが、そうでない場合、この企業は社債発行に関する専門的知識を通常は有していない。したがってこの企業が社債を発行する場合には、証券会社や銀行から社債発行に関するアドバイスを受ける必要がある。そのアドバイスとは、いつ、どこで、どのような形式で社債を発行することが当該企業にとって有利であるのかといった内容となるが、証券会社や銀行の行うこのようなアドバイスを伴う業務のことを、**投資銀行業務**（investment banking）のうちの**アンダーライター（引受）業務**と呼んでいる。ただし、アンダーライター業務は上記のアドバイスだけに留まらない。社債を発行する企業にとっては、確実にその社債が売れ、所望の資金が調達できるかどうかが重要なので、証券会社や銀行はその社債が確実に売れるように万全を期するとともに、万一売れ残った場合には、自己の責任でその社債を引き受ける（買い取る）ことになっている。これもアンダーライター業務のひとつである。

　なお、投資銀行業務とは、M&A（merger and acquisition：企業の買収・合併）の仲介や、株式発行による資金調達などの金融サービスを提供するとともに、取引先の財務・経営課題の解決を支援する業務であって、仲介手数料やアドバイス手数料などのほか、投資した新興企業の株式値上がり益などがこの業務の収益となる。現在のところ、この分野に関する日本の金融機関の競争力は決して高くないが、この分野からは大きな収益をあげることができるので、その強化は日本の金融機関にとっての緊急の課題となっている。

格付け機関による情報生産　　黒字主体側から直接金融を見てみよう。赤字主体の企業や団体が発行する社債や株式などを黒字主体は購入するわけであるが、ここでも黒字主体の代表は家計であるとすれば、家計が社債や株式を発行する赤字主体のことを評価するのは困難であると思われる。というのも、1章で示したように、家計とこれら赤字主

体の間には情報の非対称性が存在しており、それに起因するさまざまな問題を家計自身の努力だけで克服するのは難しいからである。

　しかし、幸いにも現代社会では、**格付け機関**と通常呼ばれている企業が社債や株式を発行する赤字主体の経営内容などを調査し、それの債務履行能力に関する情報を提供してくれている。つまり、格付け機関も1章で触れた情報の生産という役割を果たしているのである。

　図表2-2は、世界的に有名な2つの格付け機関（スタンダード＆プアー

図表 2-2　債券格付けの記号とその意味

スタンダード＆ プアーズ：S&P	ムーディーズ	格付けの意味
AAA	Aaa	債務を履行する債務者の能力はきわめて高い
AA＋	Aa1	債務を履行する債務者の能力は非常に高く、最上位の格付けとの差は小さい
AA	Aa2	
AA－	Aa3	
A＋	A1	債務を履行する債務者の能力は高いが、上位2つの格付けに比べ、事業環境や経済状況の悪化からやや影響を受けやすい
A	A2	
A－	A3	
BBB＋	Baa1	現時点では債務履行のための財務内容は適切であるが、事業環境や経済状況の悪化によっては、当該債務を履行する能力が低下する可能性が上位3つの格付けより高い
BBB	Baa2	
BBB－	Baa3	
BB＋	Ba1	他の「投機的」格付けに比べて債務が不履行になる可能性は低いが、将来の安全性に不確実性があり、投機的な要素を含む
BB	Ba2	
BB－	Ba3	
B＋	B1	現時点では債務を履行する能力を有しているが、事業環境、財務状況、または経済状況が悪化した場合には、当該債務を履行する能力や意思が損なわれ易い
B	B2	
B－	B3	
CCC	Caa	債務不履行の可能性がある
CC	Ca	債務不履行の可能性が高い
C	C	債務不履行の可能性が非常に高い
D		債務不履行に陥っている

（資料）スタンダード＆プアーズ、ムーディーズ・ジャパンのホームページ

ズ：S&P とムーディーズ）による格付けとその意味を記したものである。
格付けが高いほどリスクは少ないということになるので、格付けの高い社債
ほど安全ではあるが利回りは低くなる。また、図表の中ほどにある太線より
も下の格付けになると「投資不適格」という烙印が押され、こういう格付け
を受けた企業や団体が社債（投資不適格債もしくはジャンク債と呼ぶ）を発
行するのは困難となる場合がある（あるいは、相当高い利回りを約束しない
限り社債の発行ができなくなる）。

情報開示の重要性　格付け機関による評価と並んで重要なのは、政府の
規制や法律などによって社債等の発行者に課されて
いる**情報開示**（ディスクロージャー：disclosure）の義務である。たとえば
日本の場合は、有価証券取引法により証券発行の際には一定の情報開示や届
出が義務化されている。また、主として企業が、投資家向けに行っている
IR 活動（investor relations：投資家向けの広報活動）も、たとえそれが法
令上の義務ではないにせよ、情報開示の一手段として大きな役割を果たして
いる。

3）間接金融と直接金融の違い
　これまで間接金融と直接金融の概要を説明してきたが、ここで両者の特徴

図表 2-3　間接金融と直接金融の比較

	間 接 金 融	直接金融[注]
リスクは誰が負担しているか	金融仲介機関が負担	黒字主体が負担
パフォーマンスの違い		
黒字主体へのリターン	定期預金では金利1％	社債の利回りは2％
赤字主体の資金調達コスト	銀行からの借入金利は4％	社債による資金調達では3％
主な利用主体	大企業、中小企業、自営業、個人など非常に幅広い	優良企業、成長性のある新興企業、国、自治体などに限定される

（注）直接金融における黒字主体と赤字主体のパフォーマンスの差はアンダーライター業務への報
　　酬である

を対比させることで違いをより鮮明にしておこう（図表2-3参照）。

　まず、両者のもっとも大きな違いはリスク負担のあり方にある。間接金融の場合、赤字主体が倒産して返済不能に陥ったとしても、黒字主体がその影響を被ることはなく、通常は金融仲介機関が赤字主体倒産に伴うリスクをすべて引き受けるということになる。それに対して直接金融の場合には、たとえば社債を発行した企業等が倒産するとその社債は紙屑になるので、赤字主体倒産に伴うリスクはその社債を購入した黒字主体が全面的に引き受けることになる。

　しかし、だからこそ、間接金融と直接金融との間には、図表2-3の数値例が示しているようなパフォーマンス（黒字主体へのリターンと赤字主体の資金調達コスト）の差が生じるのである。つまり、黒字主体にとっては、間接金融の方が直接金融よりもリスクが少ないのであるから、それに見合うようにリターンは間接金融の方が少ないということになる。また、赤字主体が銀行から融資を受ける場合、銀行は審査に要した費用の一部を貸出金利に転嫁すると考えられるので、銀行からの借入コストの方が社債による資金調達コストよりも割高になるのは明らかであろう。あるいは、間接金融と直接金融のパフォーマンスの違いを、間接金融の場合にリスクを全面的に負担する金融仲介機関への一種の「報酬」と考えてもよいであろう。

　なお、1980年代初頭あたりから、**大企業の銀行離れ**という現象（大企業の資金調達方法が間接金融から直接金融へとシフトしたという現象）が加速したが、それには以上のような間接金融と直接金融のパフォーマンスの違いが大きく影響している。

4）日本の特徴

　かねてより日本では間接金融が圧倒的に優位であるといわれている。たしかに、一部では先に述べた大企業の銀行離れという、間接金融から直接金融へのシフトが生じているのも事実であるが、それでもなお米国に比べると、日本では今でも間接金融が圧倒的に優位であるという点に変わりはない。こ

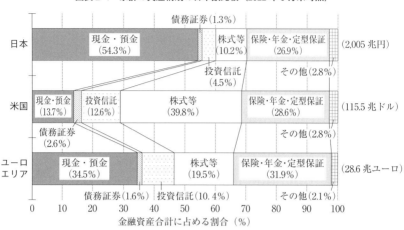

図表 2-4　家計の資産構成の日米欧比較（2022 年 3 月末時点）

（注）「その他計」は、金融資産合計から、「現金・預金」、「債務証券」、「投資信託」、「株式等」、
　　　「保険・年金・定型保証」を控除した残差。
（資料）日本銀行調査統計局「資金循環の日米欧比較」2022 年 8 月 31 日

　の点をデータで確かめておこう。図表 2-4 は家計の資産構成の日米欧比較で
ある。これを見れば、日本では家計の資産構成の中で間接金融と関わりのあ
る現金・預金が占める割合は欧米に比べると高く、その反対に、株式等や投
資信託の占める割合は低くなっているのがわかるであろう。

　では、日本のような間接金融偏重の金融システムには、どのような問題点
があるのであろうか。ここでは、①リスク負担の偏り、②おカネの円滑な融
通チャンネルの確保という観点から、2 つの問題点を指摘しておきたい。

　まず、①についてであるが、間接金融では金融仲介機関がすべてのリスク
を引き受けているので、黒字主体の代表である家計はリスクに対して無頓着、
場合によってはリスクが存在しているということにさえ気付かない可能性が
ある。このことは、家計の行動にモラル・ハザードと呼ばれる現象を生み出
してしまうかもしれない。もちろん、情報劣位者である家計に、多大なリス
ク負担を求めることは現実的ではないが、モラル・ハザードを避けるために
は、そして、リスクの分散化を図るという意味からも、家計もある程度のリ

スクを負担することの方が望ましいのではないだろうか。

次に、②については、1990年代以降の日本のように、経済全体が萎縮し、赤字主体の倒産リスクが非常に高くなってしまうと、金融仲介機関がもうこれ以上のリスクを引き受けられず、その結果、赤字主体への融資を減らしたり停止したりするといった事態を招きかねない。これはいうまでもなく、おカネの円滑な融通が大きく阻害されることを意味している。

以上、この2つの問題点を踏まえて今後の日本の金融システムを展望するならば、日本も米国のように直接金融が主流となるべきとまではいえないものの、現状よりは直接金融を利用する方向へと向かい、間接金融と直接金融が、まさに金融ルートの両輪として機能するようになることが望ましいといえよう。

2. 日本の資金循環

1) 部門別資金過不足

これまで、黒字主体の代表は家計、赤字主体の代表は企業として議論を進めてきたが、実際にはどうなのであろうか。

図表2-5の部門別資金過不足の推移からも明らかなように、家計は一貫して黒字主体である。これは家計の貯蓄性向が非常に高いためであるが、今後もこの状況が続くとは限らない。少子高齢化の進展具合などにより家計の貯蓄性向が大きく変化し、家計が赤字主体へと転じる可能性がないとはいえない。

一般政府部門は赤字主体となっているが、これは最近の日本の財政状況、すなわち政府が大幅な財政赤字を計上していると同時に、多くの地方公共団体もその財政は赤字となっているためである。

また、海外部門とは日本以外のすべてであるから、海外部門の赤字は、日本から海外へ資金が流出していることを示している（すなわち日本は国全体

図表 2-5　部門別資金過不足の推移（名目 GDP 比）

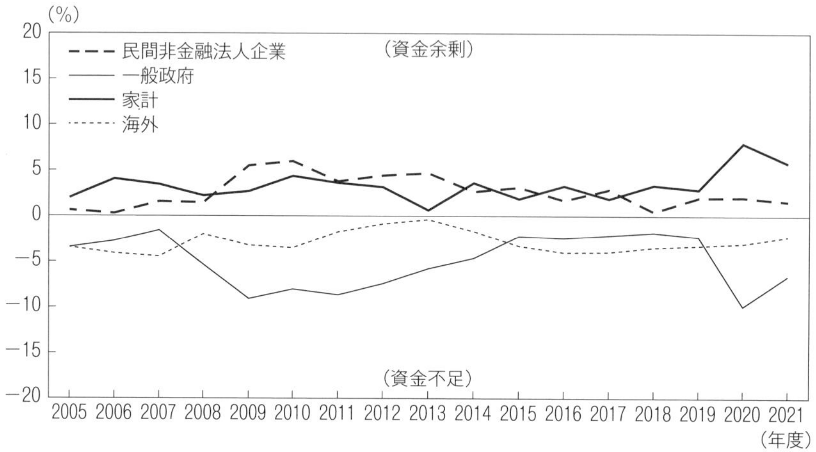

（資料）日本銀行調査統計局「資金循環の日米欧比較」2022 年 8 月 31 日

で考えれば黒字主体となっている）。

　注意を要するのは民間非金融法人企業部門の動向である。法人企業の場合、将来の収益増のため、借金してでも投資を行うということは決して珍しいことではない。実際に 1994 年以前のこの部門は一貫して赤字主体となっていた。しかし、ここ数年は黒字主体として推移している。これは、バブル経済の終焉とそれに続く景気低迷の長期化や、5 章で説明するバーゼル規制の導入による銀行の貸出行動の変化（いわゆる貸し渋りや貸し剥がし）などを受け、この部門の資金調達意欲や方法に大きな変化が生じたからである。

2）資金循環の変化

銀行の国債保有増大　　図表 2-6 は、マクロ的なおカネの流れ（資金循環）について、この 30 年ほどの変化を示したもので、これから以下のような変化や特徴を見出すことができる。

　第 1 に、家計による民間金融機関への預金は大幅に増大する一方、民間金融機関による企業への貸出や株式保有額は減少している。

24

図表 2-6　日本の主な資金循環

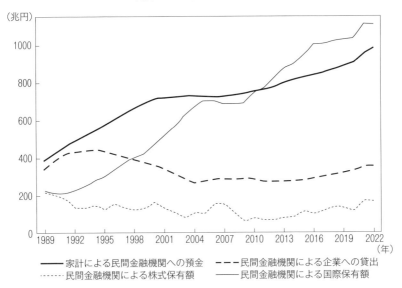

（資料）日本銀行「資金循環統計」

凡例：
- ――家計による民間金融機関への預金
- ----民間金融機関による企業への貸出
- ……民間金融機関による株式保有額
- ――民間金融機関による国際保有額

　第2に、民間金融機関は大量の預金を受け入れているが、それを企業への貸出にまわさず、代わりに国債を大量に購入している。この30年で、家計による民間金融機関への預金は2.5倍増えただけだが、民間金融機関の国債保有額は実に4.9倍増にもなっているのである。

銀行業にとっての課題　このような資金循環の特徴を銀行に焦点を当てて見直してみると、銀行は預金を集めたものの、それを企業への融資に振り向けてはいないということが明らかとなってくる。問題は、これが一過性のことなのか、それとも、もう少し根本的なことなのかという点であるが、米国での事例などから考えてみると、日本の法人企業がかつてのように絶えず資金不足主体として存在する時期が再び訪れるとは考えにくい。だとすれば、預金を集めて企業に融資するという、これまでの伝統的な銀行業務のあり方は大きく変化する可能性がある。変化の方向はさまざまであろうが、そのうちの資産の証券化については9章で、デリバティ

ブについては 10 章で詳しく説明する。

3. 相対型取引と市場型取引

　1 節では、間接金融・直接金融という金融取引の様式を紹介したが、ここではもうひとつの様式である相対型取引と市場型取引について説明していこう。

1) 相対型取引

　相対型取引とは、取引当事者同士が互いに相手を識別しながら行う取引である。相対型取引の典型は、銀行と企業との貸出取引である。銀行は資金調達を希望する企業を個別に審査し、一定の基準に達していると判断した場合にのみ資金提供（貸出）を実行する。したがって、銀行にとってはその企業と長年にわたって取引関係を維持していた方が、審査に要する時間や費用を削減できるであろうし、より的確な判断を下せることになるであろう。また、実際に貸出が実行された後も、銀行員がたびたびその企業を訪問するといった行動により、事後的な監視も可能となるのである。

　企業側にとっても相対型取引の場合には、銀行にのみ自己の情報を開示すればよい。もし株式や社債での資金調達を行おうとすれば、この企業は公開の場での情報開示が必要となるが、それに比べて取引先銀行に対してのみ行う情報開示には、さほどの費用はかからないと思われる。

2) 市場型取引

　市場型取引とは、不特定多数の取引者が参加する公開の場で、競争原理（競り合い）によって価格やその他の取引条件が決定される取引である。これまで述べてきた社債などの発行がその典型である。

　ところで、社債は相当額を発行しないと割に合わない資金調達方法である。なぜなら、発行額が小さいと、資金調達額当たりの販売費用が大きくなって

しまうからである。また、不特定多数の投資家がその社債を購入するといったことを考えると、社債の品質はきわめて良好である必要がある。つまり、社債購入者から見た場合、社債の利払いや償還の確実性は非常に高くなくてはならない。このような事情から、図表2-3に示したように、不特定多数の投資家に対して社債を発行できる主体は、大企業、規模は小さいが優良な企業、国、自治体などに限定されてしまうのである。

　つまり、十分に規格化された金融商品が不特定多数の主体によって売買されるという点が市場型取引の特徴なのであるが、同時にこの特徴は市場型取引の限界をも示している。そういった意味から考えると、個人や中小企業をはじめ、多くの主体が利用できる相対型取引は、市場型取引のこのような限界を補い、円滑な資金取引を実現する上で非常に重要な役割を果たしているといえる。

4．市場型間接金融

　近年、**市場型間接金融**といわれているものが多くの注目を集めるようになってきている。というのも、市場型間接金融の活性化は、日本の金融構造が抱える大きな問題点（端的には金融機関へのリスク偏在）を解決する糸口になりそうだという期待感があるからである。では、その市場型間接金融とは一体どのようなものなのであろうか。

1）特　　徴
　明確な定義が実際のところは存在していないのは承知の上で、ここでは市場型間接金融とは次のような特徴を有しているものであるとしよう。すなわち、

　①市場型間接金融は、金融機関へのリスク偏在を解決するための切り札なのであるから、黒字主体もある程度のリスクを負担する必要がある。

　②あくまで間接金融の一種なのであるから、市場型間接金融で黒字主体が

負担するリスクは、直接金融の場合に黒字主体が負担するリスクに比べて、小さくなければならない。

　③市場型間接金融における間接証券は、市場によってその評価が決まり、市場で簡単に売買できるものでなければならない。

2) 市場型間接金融の種類と投資信託の概要

　このように市場型間接金融の特徴を定義付けた場合、現実に存在している多くの金融商品や金融手法が、すでにこの特徴をよく備えていることがわかる。その代表例は、①資産運用の一形態として注目を集めている投資信託、②不良債権処理のために活用されている資産担保証券（ABS：asset backed security）、③従来の銀行融資に代わる存在としてその成長が著しいシンジケート・ローンである。これらはいずれも、株、債券、住宅ローン、貸出債権などの資産を、証券として金融市場で投資家などに売却するといった形態をとることになるが、まさにこれが、サブプライム・ローン問題を契機にその名称が広く知られるようになった資産の証券化である。資産の証券化や②と③については、金融機関の役割の変化を考察する9章で説明することとして、ここでは①の投資信託について見ていこう。

　投資信託とは、投資家から資金を集めて投資委託会社（運用会社）が株式や社債などの証券を中心に運用し、その利益を投資家に分配するものである。投資信託を購入した人は、形式上は運用会社の発行する投資信託の受益証券という間接証券を受け取るが、この受益証券の構成要素は株式や債券などであるから、投資信託の購入というのは、間接的であるがリスクのある資産への投資ともなっている。したがってこの節の冒頭で触れた日本の金融構造の問題点を解消することにもつながるのである。

3) 投資信託の特徴

　以下では、株式や社債などで資産運用をしたいと考えている個人を例にあげて、投資信託の特徴をもう少し具体的に見ていこう。

　個人が株式投資や債券投資をしたいと思っても、すぐに2つの大きな問題に直面してしまう。ひとつはどの銘柄の株式や債券を買えばよいのかという問題で、情報量や分析能力に限界のある個人では、どの株式や債券を買えばよいのかそう簡単には判断できないであろう。これに対して投資信託は、ファンド・マネージャーと呼ばれる専門家が、投資信託に組み込む銘柄の選定を行うと同時に、さらにはそれらの銘柄の入れ替えを適宜行っている。また、企業分析や景気動向分析を専門とするアナリストやエコノミストが、常にファンド・マネージャーに助言をしているので、これもファンド・マネージャーの銘柄選定の助けとなるであろう。このように、投資信託を利用すれば銘柄選定という個人には難しい作業を省略できるのである。

　個人が直面するもうひとつの（そしてより大きな）問題点は、自分で投資する場合には**分散投資**が難しいという点である。たとえば、日本を代表する企業としてトヨタ自動車の株式を購入したとすると、2022年12月2日時点でのトヨタ自動車の株価は1971円、最低取引株数は100株であるから、手数料を無視したとしても約20万円必要である。トヨタ自動車以外に、NTT株を100株購入すると、さらに37万円必要となってしまう。たった2社の株式だけで57万円になってしまうのであるから、分散投資としてたとえば100社程度の株式を購入しようとすると、その購入代金は個人の許容範囲を大きく超えてしまうことだろう。

　その点投資信託の多くは少額で購入できるようになっている（最低購入金額は100円から1万円の間となるのが一般的である）。また、投資信託の種類にもよるが、一般的にはどの投資信託であっても少なくとも200社程度の銘柄で構成されているので、たとえばある人が日本の株式で構成された投資信託を1万円分購入したとすると、わずか1万円でその人は200社ほどへの分散投資をしていることになるのである。

4）投資信託の問題点

　投資信託をきっかけとして市場型間接金融が育成され、リスクシェアリン

グが進むことは確かに望ましいのであるが、投資信託自体にもいくつかの解決すべき問題が残されている。第1の問題は手数料の問題である。投資信託を購入する際には、通常、購入額の約3%の手数料を支払わなければならない。さらに保有期間中には毎年1〜2%の信託報酬という手数料も徴収される。銀行の定期預金であればこのような手数料は不要なのであるから、投資信託の手数料は相当高いといえるのではなかろうか（ただし、最近は購入手数料をゼロとしている投資信託も増えてきている）。

　第2の問題点は、投資信託の売り手側が短期売買志向を持っているという点である。売り手側にとってみれば、投資信託が販売されるたびに手数料が入ってくるので、どうしても短期売買を顧客に対して要求しがちになる。もともと投資信託は長期投資を謳い文句にしている金融商品であるのに、これでは本末転倒になってしまう。

　第3の問題点は、果たしてファンド・マネージャーによる銘柄の選定が、どれほど有効なのかという点である。投資信託は少額の投資資金でも分散投資が可能となるという素晴らしい側面を持つものの、運用のプロであるファンド・マネージャーが銘柄を選定しているからといって、その銘柄が高いパフォーマンスをもたらすとは限らない（この点については本章のコラム参照）。

　このような投資信託の問題点を考慮すると、ETF（Exchange Traded Fund：株価指数連動型上場投資信託）と呼ばれている投資信託への投資が、①売買手数料や信託報酬が安い（信託報酬は0.1〜0.2%程度）、②株価指数（日経平均やTOPIXなど）に連動しているので分散投資という意味からも優れている、③株式と同様に迅速な売買が可能である、などの理由から無難といえよう。

5. 短期金融市場と長期金融（資本）市場

　金融市場は、おカネの貸し借り（運用と調達）の期間に応じて、短期金融

市場（満期1年未満）と長期金融市場（満期1年以上および満期のないも
の）とに分類される場合がある。

1）短期金融市場

　図表2-7にあるように、**短期金融市場**（money market：マネー・マー
ケットとも呼ばれる）には、銀行などの金融機関のみが参加する**インターバ
ンク市場**と、事業法人や地方公共団体も参加する**オープン市場**とがあり、い
ずれも、一時的な資金の過不足を調整する場となっている。

　インターバンク市場は以下に詳しく述べるコール市場と、手形を売買する
手形市場によって構成されている。また、オープン市場には、公社債現先
（一定期間後に一定価格での反対売買を約束して行う債券取引）市場、CD
（certificate of deposit：譲渡性預金ともいい、転売することができる定期
性預金）を売買するCD市場、事業法人などが発行したCP（コマーシャ
ル・ペーパー：優良な事業会社が割引形式で発行する短期・無担保の約束手
形）を売買するCP市場、国庫短期証券（Treasury Discount Bils：T-bill
ともいう）を売買する国庫短期証券市場、債券レポ（現金を担保にして債券
を貸し借りする）市場、日本国内の市場なのであるが、概念上は国内ではな

図表2-7　日本の主な金融市場

短期金融市場	インターバンク市場	コール市場 手形市場
	オープン市場	公社債現先市場 CD（譲渡性預金）市場 CP（コマーシャル・ペーパー）市場 国庫短期証券市場 債券レポ市場 東京オフショア市場
長期金融市場	公社債市場	公社債発行市場 公社債流通市場
	株 式 市 場	株式発行市場 株式流通市場

図表 2-8　短期金融市場残高の推移

(単位：兆円)

		2019 年 12 月	2020 年 12 月	2021 年 12 月	2022 年 6 月
インターバンク市場	コール (うち無担保)	6.9 (4.9)	10.6 (8.6)	12.6 (11.0)	13.7 (11.2)
オープン市場	公社債現先	144.3	151.1	153.6	211.7
	CD	33.4	34.2	36.0	38.6
	CP	20.5	25.3	23.6	24.7
	国庫短期証券	94.9	176.8	145.4	160.0
	債券レポ	45.4	44.4	46.7	63.9
	東京オフショア	72.5	74.3	83.2	100.4

(注) 債券レポは、現金担保の債券貸付分
(資料) 日本銀行「金融経済統計月報」。ただし、CP については証券保管振替機構の「月次統計」、
　　　債券レポについては日本証券業協会「債券貸借取引残高等状況（一覧）」

いとして国内取引に適用される規制や制約を少なくし、主に非居住者との取引が行われる東京オフショア市場がある。最近では、国庫短期証券市場が急成長しているほか、債券レポ市場もここ数年の成長が目立っている（図表2-8 参照）。

2）長期金融市場

　図表2-7 にあるように、**長期金融市場**（capital market：資本市場あるいはキャピタル・マーケットともいう）は公社債（国債、地方債、社債）市場と株式市場により構成されており、一時的な資金の過不足を調整する短期金融市場とは違い、主として投資資金入手や資産運用のための市場となっている。ただし、投資資金の入手などが長期金融市場の唯一の機能ではない。長期金融市場のより重要な機能は、過去に発行され、まだ満期がきていない金融資産の取引を行う場となっていることである。このような既発の金融資産を売買する市場を**流通市場**（secondary market）と呼び、新規に発行される社債や株などの売買が行われる**発行市場**（primary market）と区別され

ている。

　ところで、流通市場と発行市場とはどのような関係にあるのだろうか。国債を例にとって考えてみよう。ある人は資産運用の一環として満期10年の国債を購入したいと考えているとしよう。しかし、満期の10年が経過しないとこの国債を現金化できない（つまり流通市場が存在しない）としたら、この人の購入意欲は減退してしまわないだろうか。それよりも、とりあえず今は10年の国債を購入するとしても、たとえば3年後とか5年後とか、その国債を現金化したいと思ったときにいつでも現金化できるようなシステムが整っていた方が、はるかに今の時点での国債購入に意欲的になるのではないだろうか。

　この例からわかるように、流通市場と発行市場とは不可分の関係にあり、発行市場が活性化するためには流通市場が整備されている必要がある。

3）コール市場

　日本銀行は金融政策を遂行するにあたってコール市場をもっとも重視しているので、**コール市場**についてもう少し詳しく調べていこう。

　コール市場の取引は、担保の有無により有担保コール（担保は手形や国債等）と無担保コールの2種類に分けられる。また、資金を調達・運用する期間については、ある日の午前中に調達した資金を当日中に返済するという半日の取引（半日物という）や2営業日以上の取引（ターム物という）もあるが、中心となっているのは借りたおカネを翌日に返済するという1営業日の取引である。要するに、非常に短い期間でのおカネのやり取りが行われているのであって、コール市場という名前にしても、 money at call（呼べばすぐ戻ってくるおカネ）からそう呼ばれるようになった。

　このコール市場で決定される金利が**コールレート**である。そのうちの無担保・1営業日の取引のコールレートを「無担保コール翌日物（O／N物）レート」と呼んでおり、日本銀行が金融政策を遂行する際の誘導目標となっている。

金融機関の中には、大手の銀行のように、貸出先や資金の運用方法が多様で絶えず資金不足になっているようなところもあれば、地方の中小銀行のように、有利な運用先が限定されているところもある。したがって、大手銀行にとっては、コール市場は資金調達の場であり、地方の中小銀行によっては資金運用の場となっている。なお、大手銀行以外では、在日外銀もコール市場で資金を調達する側に立つ場合が多く、資金を運用する側に立つのは地方の中小銀行のほか、生損保、全信連（全国信用金庫連合会）、農林系統金融機関などである。

6. 株式と債券

　企業（ここでは株式会社とする）が資金調達をするときには、①銀行から借りる、②新株を発行する、③社債を発行する、という３つの方法がある。①は説明を要するまでもないであろうが、②と③に登場する株と債券については、少し触れておいた方が今後の議論の展開にとって有益であろうと思われる（企業の資金調達に関するさらなる議論は９章で詳述する）。

1) 株　　　式

　まず、企業が新株を発行して資金調達を行う場合を考えていこう。新株発行による資金調達は、資本を増やすということから増資ともいわれている。増資には、①既存株主に新株を割り当てる株主割当、②関連企業や銀行など、この会社と関連の深い特定の組織体に増資分を引き受けてもらう第三者割当、③広く一般投資家に増資分を引き受けてもらう公募の３つがある。

　ところで、投資家から見ると株式の保有にはどのような利点があるのだろうか。ひとつは、株主に名を連ねるということはその会社の所有者の１人になるということであるから、株主総会などを通じて会社経営に関与することが可能となる点である。もうひとつは、値上がり益を得る可能性があるということと、会社の業績に応じて配当がもらえるという点である。ただし、前

者については、値下がりをして資産価値が大きく損なわれる危険性や、最悪の場合、会社が倒産してその株式価値がゼロとなってしまう危険性もある。また、後者のどれだけの配当が出るのかについても、定期預金やあとで説明する社債の利回りなどとは違って、その会社の業績と、経営陣の配当に対する考え方次第という不確定さがある。このことから、一言で株式保有の特徴を表現するとすれば、ハイリスク・ハイリターンといえるであろう。

2）債　　券

　債券（国債、社債、地方債など）は、株式とは違って満期（償還期限）のある金融資産であって、償還期限まで保有すれば元本が返ってくるとともに、通常は毎年、あらかじめ約束されていた一定の金利が支払われる（この金利のことをクーポン・レートと呼ぶこともある）。したがって、債券は、株式よりは安全な資産ともいえるが、それでも信用リスクと金利リスクという2つのリスクに直面する。

　信用リスクとは、債券を発行した事業体が倒産すればその債券は紙屑となってしまうというリスクであって、これは株式会社が倒産したときに株式が紙屑となってしまうのと同じことである。もうひとつの**金利リスク**とは、満期の途中で債券を売却したときに、購入時よりも債券価格が下がっているかもしれないというリスクである。なぜそれを金利リスクと呼ぶのかは、実は金利と債券価格の間に、「金利が下がる　⇔　債券価格が上昇する」、「金利が上がる　⇔　債券価格が下落する」という重要な関係があるからである。ここで矢印記号⇔を用いたことに注意してほしい。金利が下がると債券価格が上昇するという因果関係があるのではない。金利が下がるときには債券価格は上がっているし、あるいは、債券価格が上昇しているときには金利は下がっているという、同時進行の関係が両者にはあるのである。

3）金利と債券価格との関係

　フォーマルな説明は後回しにして、まずは直感的にこの金利と債券価格の

関係を理解しておこう。そのためには、割引債券を例にとるとわかりやすいであろう。割引債券とは、確定利子がなく（つまりクーポン・レートはゼロ％）、額面以下の価格で発行されて満期に額面価格で償還される債券である。1年満期の額面100円の割引債を90円（これが債券価格である）で購入したとしよう。満期時には100円の償還金を受け取ることができるから、1年で10円の利益が出る。つまり、90円で購入して10円の利益が出るのであるから、この債券の金利（利回りともいう）は1年で約11％（10円÷90円）である。割引債の価格が95円であればどうなるであろうか。この場合は5円の利益が出るので、金利は約5％（5円÷95円）となる。以上の例から明らかなように、

        債券価格90円　⇔　金利約11％
        債券価格95円　⇔　金利約5％
であるから、金利と債券価格の間には、「金利が下がる　⇔　債券価格が上昇する」、「金利が上がる　⇔　債券価格が下落する」という関係が存在することになる。

割引現在価値　　次に、フォーマルにこの関係を説明していこう。そのためには、割引現在価値という概念を知る必要がある。**割引現在価値**（discounted present value）とは、現在の100万円と1年後の100万円とではどちらの価値が高いのかを知るために必要な概念である。現在の100万円を、安全・確実な定期預金（年利1％としよう）で運用すれば、1年後には101万円になる。これを式で書けば、

        100万円×（1＋0.01）＝101万円
となるが、この101万円を現在の100万円の（1年後の）将来価値という。したがって現在の100万円の方が1年後の100万円よりも価値が高いということになる。この問題を別の見方で考えてみよう。それは、1年後の100万円の現在価値はいくらとなるかを問うことである。そのためには先ほどとは逆の計算を行えばよく、それは、

        100万円÷（1＋0.01）＝約99万99円

と表すことができる。この 99 万 99 円を 1 年後の 100 万円の割引現在価値という。したがって、やはり現在の 100 万円の方が 1 年後の 100 万円よりは価値が高いということになる。なお、2 年後の 100 万円の割引現在価値も前の式と同様に考えればよいのであって、それは

100 万円 ÷ $(1+0.01)^2$＝約 98 万 296 円

で表すことができる。

　結局、割引現在価値を求めるには、将来の価値額をある利率で割ればよいのだが、通常その利率には市場の実勢金利が用いられる。

コンソル債　無償還で、年に 1 回、永久に確定利息をもらえるという債券をコンソル債というが、これの市場価格はいくらになるだろうか。コンソル債は償還がなく無期限の債券であるから、その現在の市場価格は、毎年もらえる確定利息（ここでは c 円としよう）をすべて合計したものとなるはずである。ただし、たとえば来年の c 円と 2 年後の c 円とではその価値が違うから、単純に確定利息を合計するだけではだめで、確定利息の割引現在価値を合計する必要がある。つまり、市場の実勢金利を r とすると、コンソル債の市場価格 P は、

$$(2\text{-}1) \qquad P = \frac{c}{(1+r)} + \frac{c}{(1+r)^2} + \frac{c}{(1+r)^3} + \frac{c}{(1+r)^4} + \cdots\cdots = \frac{c}{r}$$

と表すことができるのである。一般に、初項が a_1、公比 b の無限等比級数の和は、$-1 < b < 1$ の場合には、$a_1/(1-b)$ となることがわかっている（無限等比級数の和の公式）から、ここでもその公式を当てはめて、初項を $c/(1+r)$、公比を $1/(1+r)$ として計算すると、(2-1) 式の右辺の結果が得られる。したがって、債券価格と金利との間には、「金利が下がる　⇔　債券価格が上昇する」、「金利が上がる　⇔　債券価格が下落する」という関係が成立しているのである。

国債の評価損と銀行経営　この関係を知ると、今後の日本の銀行にとっては、何が大きな課題となるのかが明らかとなる。図表 2-6 で見たように、日本の銀行は現在、国債を大量に保有してい

る。したがって、もし今後日本の金利が上昇していくとすれば、(2-1) 式の結果から明らかなように国債価格は下落し、銀行に大きな損失が出てしまう危険性がある。なぜなら、国債は満期まで持てばリスクのない資産であるが、満期まではその市場価格は変動し、銀行は決算期ごとにその評価損を計上する必要があるからである。したがって、今後の金利動向によっては、国債の大量保有は銀行にとって不良債権に次ぐ新たな頭痛の種になりかねない。では、日本の金利が今後上昇する可能性は高いのであろうか。金利動向の正確な予測はもちろん不可能である。しかし、2008 年秋以降の世界金融危機の影響により、すでに日本の金利はきわめて低い水準で推移しているという点を踏まえると、金利はいずれ上昇局面を迎えることであろう。それはすなわち、債券価格が下落するということであるから、銀行にとっては債券価格の下落による国債評価損の発生は不可避となるであろう。

7．流動性と金融市場

　流動性（liquidity）とは、ある資産を現金に換える場合の容易さを示す尺度である。すなわち、ある資産を現金に換えようとする場合、その交換に伴う費用（この費用の中には交換に要する時間や、わずらわしさといった心理的な費用も含まれている）が小さいほど、また現金に換える場合の価格が確実であるほど、その資産の流動性は高いと考えるのである。

　このように流動性を定義すると、たとえば現金は流動性が完全な資産ということになるし、銀行預金は上の条件の 2 つを見事に満たしているので、その流動性は非常に高いといえる。株式はどうであろうか。最近は、株式売買の手数料は非常に安くなっているし、売買量の多い株式であればすぐに売買は成立するから、株式を現金に換える費用はさほどではなくなっている。しかし、株式は値下がりする可能性があるので、株式を現金に換える場合の確実性は高いとはいえない。したがって、株式の流動性は銀行預金などに比べると相当劣っているといえよう。

　流動性という概念を導入すると、これまで見てきた金融市場の機能をより
鮮明に捉えることが可能となる。たとえば、流通市場の意義は、そこで取引
されている金融資産に流動性を与えることになるのであり、そのことが安心
感となって発行市場も活性化するのである。また、短期金融市場も資産保有
者の持つ資産に流動性を与えていると解釈できよう。

コ　ラ　ム

投 資 信 託

　誰しもプロと呼ばれている人に対しては畏敬の念を抱きがちである。とり
わけそれが資産運用のプロであればなおさらである。1990 年代後半、米国の
IT バブルの影響もあり、一時的に日本の株価も IT 関連を中心にずいぶんと
値上がりしたことがあった。そのとき、数多くの IT 関連株を組み込んでい
た投資信託も相当値上がりしたため、よくぞたくさんの IT 関連株を投資信託
に組み込んだと、カリスマ・ファンド・マネージャーとして賞賛される人
もいた。ところで、本文にも書いたとおり、投資信託の素晴らしさは個人が
少額でも分散投資を実行できるという点にある。つまり、誰が銘柄を選んで
いるのかはほとんど重要ではないのである。実際に、株の全銘柄をホワイ
ト・ボードに書き込み、少し離れたところから目隠しをしてダーツを投げ、
ダーツが命中した銘柄を 200 ほど選んで投資信託を組成したとしても、カリ
スマ・ファンド・マネージャーの組成する投資信託に見劣りしない投資信託
ができるということは、よく知られている事実である。投資信託のセール
ス・ポイントは何といっても少額での分散投資が可能となることなのである。

参 考 文 献

内田浩史『金融』有斐閣、2016 年

日本銀行金融研究所編『日本銀行の機能と業務』有斐閣、2011 年

バートン・マルキール（井手正介訳）『ウォール街のランダム・ウォーカー　原著
　第 12 版』日本経済新聞出版社、2019 年

3

日本の金融機関

この章では、日本の金融機関をとりあげ、その現状や役割を見ていくことにする。1節から3節では日本銀行をとりあげ、その目的や機能、決済システムなどを概観する。4節では民間金融機関に言及する。5節ではいわゆる公的金融に関わる問題をとりあげ、財政投融資制度をはじめとした日本の公的金融の現状について考察する。最後に6節ではフィンテックに触れる。

1．日本銀行の目的と組織

日本銀行、あるいはより一般的には中央銀行が、一国経済の中で何を目的とし、どのような役割を果たしているのかという点については、いろいろな視点からの定義付けが可能である。ここではまず、1998年4月に施行された日本銀行法（新日銀法と呼ぶ）の条文に照らして日本銀行の政策運営上の目的から見ていこう。

1）日本銀行の政策運営上の目的

新日銀法の第1条1項には「日本銀行は、我が国の中央銀行として、銀行券を発行するとともに、通貨及び金融の調節を行うことを目的とする」、そして第2項には「日本銀行は、前項に規定するもののほか、銀行その他の金融機関の間で行われる資金決済の円滑の確保を図り、もって信用秩序の維持に資することを目的とする」と記されている。また第2条では「日本銀行は、

通貨及び金融の調節を行うに当たっては、物価の安定を図ることを通じて国民経済の健全な発展に資することをもって、その理念とする」と謳われている。

　条文をそのまま書いたので少々ややこしく感じるかもしれないが、要するに日本銀行の政策運営上の目的とは、**物価の安定**と**金融システムの安定**を図ることを通じて経済の安定的成長を実現することであるといえよう。

2）日本銀行の独立性

独立性とは何か　　新日銀法が施行される前、すなわち 1998 年の 3 月までは、第 2 次世界大戦中（1942 年）に制定された日本銀行法（旧日銀法と呼ぶ）が日本銀行のあり方を法的に規定していた。旧日銀法は、戦時下での制定であったため戦時色が鮮明で、たとえば、軍事費捻出のための国債は、日本銀行が政府から買い取らねばならないといった内容をも含むものであった。つまり、日本銀行はあたかも政府の一部門のような位置付けとなっていたわけである。

　もっとも、第 2 次大戦後は、旧日銀法の規定にとらわれることなく、日本銀行は独自の判断でその業務を遂行してもよいという暗黙の了解が政府・日本銀行間には存在しており、それを意識してか、政府サイドはたびたび、「金融政策は日本銀行の専管事項である」という表現を用いていた。しかし、政府の横槍で金融政策の変更を余儀なくされるといったことがなかったわけではない。

　このような事情から、日本銀行法改正の最大の眼目のひとつは、中央銀行の政府からの「**独立性**（独自性）」を法的に明確にすることであった。ここで政府からの独立性とは、中央銀行が政府の意向に束縛されずに、独自の判断で業務を遂行できるという状態を指す。一般的にいって、中央銀行の独立性が保証されていないと政府からインフレ的経済運営を求める圧力がかかりやすい。このような圧力を避けるため、現代では、金融政策は独立性を有した中央銀行によって遂行されるべきだという考え方が、一種のインターナ

ショナル・スタンダードとなっており、米国の中央銀行である**連邦準備制度理事会**（FED：The Federal Reserve Board，日本ではFEDの代わりにFRBと略記する場合が多い）やEUの中央銀行である**欧州中央銀行**（ECB：European Central Bank）も、日本銀行と同等程度の独立性を有している。

政策委員会の実質化　独立性の確保が実現したことの象徴ともいうべき変更点は、旧日銀法の下では有名無実化していた**政策委員会**が、新日銀法の下では業務運営や金融政策運営に関する最高意思決定機関として明確に位置付けられたことである。政策委員会は、日本銀行の総裁、副総裁（2名）、審議委員（6名）により構成されているが、この9名の判断以外の何ものも力を持ちえないことになったわけである。

政策手段の独立性　ところで、新日銀法により独立性は保証されたが、だからといって日本銀行が唯我独尊的に行動してもよいというわけではない。実際、新日銀法の第4条では政府との関係について、「日本銀行は、その行う通貨及び金融の調節が経済政策の一環をなすものであることを踏まえ、それが政府の経済政策の基本方針と整合的なものとなるよう、常に政府と連絡を密にし、十分な意思疎通を図らなければならない」と記載されている。

この条文からも明らかなように、政策判断や政策目的に関して、日本銀行が政府の方針をまったく斟酌しないというわけにはいかないのである。しかし、ひとたび政府との間で共通の認識・目的さえ持つことができれば、その目的に向かってどのような金融政策手段を用いるのかに関しては、日本銀行は完全なる独立性を有しているといえる。つまり、日本銀行には、政策判断や政策目的に関する独立性は限定的にしか与えられていないが、政策手段に関しては完全なる独立性が保証されているのである。

3）政策運営の透明性

いずれにせよ、新日銀法の施行により日本銀行は、これまでは保証されて

いなかった独立性を有するようになったのであるが、それと引き換えに政策運営に関する**透明性**の確保が強く要求されるようになった。日本銀行は政府機関ではないので、選挙で国民から審判を受けることはない。にもかかわらずきわめて公共的性格の強い業務を遂行しているわけであるから、政府からの独立性を確保する以上、相応の透明性が要求されるのは当然であろう。

透明性を確かなものとするために、金融政策を審議する政策委員会の会合（金融政策決定会合）の議事要旨の即時公開、議事録の 10 年後の公開、また、日銀総裁による国会での報告などが義務付けられている。こういった一連の行動を通して、日本銀行は**アカウンタビリティー**（accountability：説明責任）を果たしていることになる。

2．日本銀行の機能

日本銀行の機能は、日本銀行の業務内容に則して、**発券銀行としての機能**、**銀行の銀行としての機能**、そして**政府の銀行としての機能**の 3 つに大別できる。

1）発券銀行としての機能

日本銀行は、日本で唯一の発券銀行として銀行券（日本銀行券）を独占的に発行している。日本では、硬貨は政府の発行であるが、それが市中に出回る時には日本銀行の窓口を通すことになっている。なお、日本銀行券も硬貨も、ともに法律によって強制通用力が与えられていることから、**法貨**（legal tender）と呼ばれることもある。ただし、同じ法貨ではあるが銀行券と硬貨にはその通用力の強弱に違いがある。すなわち、銀行券には、どれだけ高額の支払いであろうと銀行券での支払いを受け取り手は拒絶できないという無限強制通用力が付与されているが、硬貨に関しての強制通用力は 20 枚までとなっている。

2）銀行の銀行としての機能

　日本銀行は、銀行をはじめとした金融機関から預金を預かり、金融機関に対して貸出を実行している。こうした関係は、個人や企業が民間の銀行に対して有している関係に似ているので、日本銀行は「銀行の銀行としての機能」を持っているといわれている。なお、日本銀行が取引相手としているのは日本のほぼすべての金融機関（あるいは金融機関の中央組織）と国であって、個人や一般企業との取引は行っていない。

　日銀当座預金　日本銀行と取引をするすべての金融機関は、日本銀行に無利息の当座預金口座を開設することになっているが、それを**日銀当座預金**（日本銀行当座預金の略称で日銀当預ともいう）と呼び、日本銀行が銀行の銀行としての機能を果たす上で重要な役割を担っている。

　個人や企業は、銀行預金をさまざまな用途に用いている。たとえば、そこから現金を引き出したり、それを利用して振替を行ったり、あるいは、貸出を受ける際にはそれを受け皿としている。金融機関の場合も、日銀当座預金から現金を引き出したり、日銀当座預金を利用して金融機関同士の資金やり取りをしたり、あるいは、日銀当座預金を受け皿として日本銀行からの貸出を受け入れている。

　以上のほかにも、日本銀行は金融機関との間で債券を売買したりしているが、これらについては金融政策を扱う4章で解説する。また、日銀当座預金については、決済システムを知る上でもより詳細な議論が必要となるので、次節でより詳しく見ることにしよう。

3）政府の銀行としての機能

　民間の金融機関が日銀当座預金を開設しているのと同様に、政府は政府預金と呼ばれる当座預金口座を日本銀行内に開設しており、国庫金の受け払いはすべてこの政府預金を利用して行われている。たとえば、税金や国債の発行などによる政府の歳入は、すべてこの政府預金に受け入れられる一方、公共事業支出や国家公務員への給料などの政府の歳出も、この政府預金からの

引き出しによって実行されている。

　また、日本銀行は、政府の委託を受け、国債の発行から流通、償還にいたるさまざまな事務を取り扱っているほか、財務大臣の代理人という形式で外国為替市場への介入の実務を担当している。本来は政府の仕事であるこのような国庫事務や国債事務は膨大な量であって、日本銀行の本支店だけではとても消化しきれない。そのため、一般代理店や歳入代理店（国庫金の受入のみを扱う代理店）という制度を設け、その事務の一部を日本国内各地の金融機関に委託している。

　また、日本銀行は、国庫短期証券の直接引受（日本銀行が政府から直接購入するということ）を行うことにより、政府の一時的な資金繰りに関する業務も行っている。なお、長期国債の直接引受に関しては、過去の反省から禁止されている。

3．決済システム

1）準備預金制度
　各民間金融機関は、どれほどの額を日銀当座預金として預金すべきなのであろうか。これを知るためには、準備預金制度の概要を把握する必要がある。**準備預金制度**とは、民間金融機関は、受け入れた預金に預金準備率を乗じた額を日銀当座預金として預けなくてはならないという制度のことである。具体的に考えてみよう。ある銀行は100億円の預金を受け入れたとし、預金準備率が1％だとすると、準備預金制度の下では、100億円×1％＝1億円を日銀当座預金に預けなくてはならないのである。なお、このようにして算出された額（この具体例では1億円）のことを**所要準備額**（あるいは法定準備預金額）と呼ぶ。ここでは1％とした**預金準備率**の水準は、金融機関の規模やその金融機関が受け入れた預金の種類によって異なるが、現在のところは0.1％から1.3％の水準である（詳しくは4章の図表4-1を参照せよ）。ま

た、日本銀行に日銀当座預金を開設している金融機関にとっては、所要準備用の口座を新たに開設する必要はなく、日銀当座預金の残高がそのまま所要準備額としてカウントされることになっている。したがって、日銀当座預金と所要準備額との間には、

(3-1)　　日銀当座預金＝所要準備額＋α

という関係が成立する。

　さて、αの最適値はいくらであろうか。各民間金融機関が経営の効率性だけを追求したとすればそれはゼロである。なぜなら、日銀当座預金は無利息だからである（2008年以降、日銀当座預金の一部分には利息が付くことになった）。実際、かつての日本ではαは限りなくゼロに近い水準であった。しかし、1999年に始まるゼロ金利政策とそれに続く量的緩和政策の結果、αの水準はきわめて大きくなっていった。これについての詳細は4章に譲るが、量的緩和政策というのは、このαをどんどん大きくしようという政策なのである。

　なお、αがかつてのように限りなくゼロに近い水準となることはもはやないと思われる。というのも、日銀当座預金というのは民間金融機関にとってのいわば「財布」みたいなものであるから、財布が空、すなわちαがゼロというのも何かと不便なのであって、この点は次の決済のところでより明らかとなるであろう。

2）日銀当座預金を利用した決済

　日銀当座預金は決済の中核をなすものとしても非常に重要である。ここで**決済**とは、一切の債権・債務関係がなくなることを指す。たとえばある人が現金でりんごを購入する場合、現金の支払いがなされた時点でりんごを買う人とりんごを売る人との間の債権・債務関係は一切なくなる。

　このケースでは現金が決済手段となったわけであるが、現代社会においては、現金以外にも非常に便利な決済手段が存在している。それは銀行預金である。公共料金やクレジットカードの支払いを、自身の持っている銀行預金

口座からの自動引落しで支払うというのは今ではありふれたことであるし、高額の買い物（住宅や自動車など）をした場合に、代金を現金で支払うこともちろん可能ではあるが、不測の事態に備えるという意味からも、銀行預金からの振込みで支払いを完了するのが一般的であろう。このように、銀行預金は現金と同様、決済手段としての役割を果たしてくれているのである。

　ところで、自動車を購入した場合、購入者から見れば振込みを行うだけのことであるが、実際にどのようなステップを経て、この場合の決済は完了するのであろうか。図表3-1を見てみよう。まず自動車の購入者は、自分の預金口座のあるX銀行に対して、自動車販売会社の預金口座があるY銀行への送金を依頼する。自動車の購入者にとっても販売会社にとっても、これで決済は終了しているのであるが、この段階で、実際にX銀行からY銀行へと現金の輸送が行われるわけではない。この決済の処理はすべて、X銀行とY銀行の日銀当座預金間における資金の振替によって行われるのである。つまり、X銀行の日銀当座預金から自動車購入代金分だけが引き落され、

図表 3-1　日銀当座預金を利用した決済のプロセス

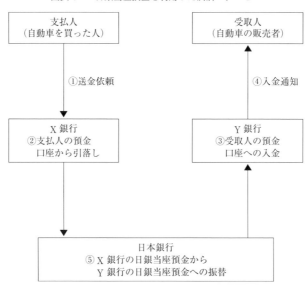

同時に、Y銀行の日銀当座預金への入金が実行されることによって、今回の決済は完了するのである。また、いうまでもなく、この振替に伴って両行の日銀当座預金間を実際に現金が移転するわけではない。いわば日本銀行内の帳簿上の書き換えによってこの処理は完了することになる。

3) 時点ネット決済

　さて、X銀行にもY銀行にも、自動車購入者や自動車販売会社以外の顧客がたくさんいるはずである。したがって、ある1日をとりあげた場合、自動車の購入者以外にもX銀行からY銀行への送金を実行したい顧客は数多くいるであろうし、逆にY銀行からX銀行への送金を行いたい顧客もたくさんいるであろう。そこである1日のX銀行とY銀行間のすべての取引を、夕方5時の時点で合計して差額をとって処理をすれば非常に効率的であろう。たとえば、X銀行からY銀行への送金は合計で10億円、そしてY銀行からX銀行への送金は合計で9億円であったとすれば、差額の1億円をX銀行からY銀行へと送金すればよいということになる（もちろん、この処理は両行の日銀当座預金間で行われる）。これを**時点ネット決済**と呼ぶ。

4) システミック・リスクとRTGS

　しかし、便利で効率的であるこの時点ネット決済も2001年以降は利用されていない。というのも、時点ネット決済にはシステミック・リスクに対して脆弱であるという大きな問題があったからである。**システミック・リスク**とは、個別の金融機関の倒産、特定の市場または決済システムの崩壊が、他の金融機関、他の金融市場、または金融システム全体に波及するリスクのことである。図表3-2は、システミック・リスクの一例である。この例からも明らかなように、ある金融機関が自らのコンピューターシステムの故障・不具合や経営破綻などにより資金の支払いができなくなると、それをあてにしていた他の金融機関も次々に決済ができなくなったり、決済システムへの信認（信頼感）が失われたりすることを通じて、金融システムの機能が損なわ

図表 3-2 時点ネット決済を利用した場合のシステミック・リスクの一例

ステップ1	（A）が資金を調達できなくなり、（B）との取引の決済代金 10 億円を支払えなくなる　→　取引決済（1）が未履行
ステップ2	（B）は（A）から支払われる予定の 10 億円を（C）への支払いに充てる予定であったが、取引決済（1）が未履行となったため、（C）への支払いが行えなくなる　→　取引決済（2）が未履行
ステップ3	これが他の金融機関も巻き込んで、延々と続いていく　→　システミック・リスクの顕在化

（資料）日本銀行ホームページ「教えて！にちぎん」

図表 3-3 時点ネット決済から RTGS への
移行年

1982	米国
1986	スウェーデン
1987	スイス
1988	西ドイツ
1994	韓国
1995	タイ
1996	英国、香港、ベルギー
1997	フランス、イタリア、オランダ
1998	オーストラリア、シンガポール
1999	EU
2001	日本

（資料）日本銀行ホームページ「教えて！にちぎん」

れてしまう危険性が生じるのである。

　こういったシステミック・リスクを避けるため、日本銀行では 2001 年 1 月に**即時グロス決済**（Real Time Gross Settlement の頭文字をとって、通常 RTGS と呼んでいる）への全面的移行を行った。**RTGS** とは、ある時点での差額決済ではなく、決済に関わる事項が発生するたびに即座に決済を行

うというものであって、システミック・リスクを避けるための優れた決済方法である。図表3-3にあるように、多くの国々が日本よりも早くRTGSを導入している。

　日本での導入が比較的遅くなってしまった理由は、コンピューターシステムの未整備といった単なる物理的理由ではなかった。RTGSを実行するためには、各金融機関は相当額を絶えず日銀当座預金に預けておく必要がある。(3-1) 式に即していえば、α がかなりの額になってしまうということである。しかし、所要準備額を上回る日銀当座預金を持ったとして、それらはすべて無利息であるから、金融機関にとっては収益上大きなマイナスとなってしまう。折しも1990年代は、バブル崩壊、不良債権処理などの言葉で代表されるように、銀行経営にとっては大変困難な状況が続いた。そこで、さらなる銀行経営の圧迫要因ともなりかねないRTGSの導入を日本銀行は意図的に遅らせたと考えられる。しかし、金融環境はなかなか好転せず、銀行経営の後押しとして導入を先延ばしすることは、システミック・リスクの発生という、より大きなリスクを抱えることになってしまうため、ついに2001年からの導入となったのである。

5) 考査とオフサイト・モニタリング

　日本銀行は各金融機関の経営状態が適切であるかどうかを把握するために、各金融機関に立ち入って、その資産内容や各種のリスク管理といった経営実態を調査しており、これを**考査**という。金融機関の経営実態の調査方法としては**オフサイト・モニタリング**もあるが、これは考査とは違い、各金融機関への立ち入りは行わず、金融機関から提出された資料の分析や役職員へのヒアリングなどを通じて、金融機関の経営状態の把握を行うというものである。いずれにせよ考査もオフサイト・モニタリングも、システミック・リスクを顕在化させないためのひとつの方策となっている。

4. 民間金融機関

1）普通銀行

　日本には数多くの種類の金融機関が存在しているが、まず、普通銀行という、「普通銀行法」に基づいて設立されている銀行から見ていこう。普通銀行として分類されているのは、都市銀行（2022年5月30日現在4行）、地方銀行（同、62行）、第二地方銀行（同、37行）、在日外国銀行（同、57行）、その他の銀行（同、17行）である。

都市銀行　この中で**都市銀行**（都銀）とは、大都市に本店を持ち、全国的に支店網を持っている大規模銀行のことである。預金、貸出、為替といった伝統的業務ばかりでなく、国際業務や証券業務についてもノウハウを蓄積しており、取引相手に大企業が多いのも特徴である。ここ数年、都市銀行同士の合併が頻繁に行われたので、25年ほど前の都市銀行（13行存在した）とは名称が完全に違ってしまっているが、現在の都市銀行は、みずほ銀行、三井住友銀行、三菱UFJ銀行、りそな銀行の4行である。

地方銀行、第二地方銀行　**地方銀行**（地銀）は、主として各都道府県の県庁所在地などの中核都市に本店を持ち、本店所在の都道府県を主たる営業基盤としていて、取引相手の大半は当該都道府県の中堅企業や個人である。都市銀行に匹敵する規模の地方銀行も存在するが、多くは中小規模の銀行である。

　第二地方銀行（第二地銀）は、1989年以降に、相互銀行という名称のついた銀行が普通銀行に業態転換した銀行である。地方銀行と同様、各都道府県を営業基盤としているが、前身の相互銀行が中小企業を専門とする銀行であったため、いまでも中小企業、個人商店などを主たる顧客としている。地方銀行よりもさらに小規模な銀行が多い。

　2章で説明したように、日本の大企業は資金調達の主眼を直接金融へと向けており（大企業の銀行離れ）、したがって銀行の貸出先としては中小企業

がとりわけ脚光を浴びてきている。そういう意味で、都銀、地銀、第二地銀の区別はさほど意味をなさなくなっており、地方の優良中小企業との取引や個人の住宅ローンの獲得などに関して、営業エリアがかなり重なってきているのが現状である。

在日外国銀行、その他の銀行　**在日外国銀行**とは、外国の銀行が日本に設けている支店（もしくは代理店）を指している。国別では台湾の8行がもっとも多く、次いで米国の7行、韓国と中国の5行となっている（いずれも2022年5月現在）。

　その他の銀行には、ソニー銀行や住信SBIネット銀行などのネット専業銀行、あおぞら銀行や新生銀行のような、経営破綻後に国有化されそれが名称を変えて再生したものなどが含まれる。

2）信託銀行と長期信用銀行

信託とは何か　信託銀行（2022年5月30日現在、13行）は、形式的には普通銀行が「普通銀行の信託業務の兼営等に関する法律」により信託業務を兼営している銀行なので、普通銀行の業務を行うと同時に、信託業務も営んでいる。

　そもそも**信託**とは、「自分（委託者）の信頼できる人（受託者）に財産権を引き渡し、一定の目的（信託目的）に従い、ある人（受益者）のために、受託者がその財産（信託財産）を管理・処分する」（社団法人信託協会ホームページより引用）というもので、委託者と受益者は同一人物であっても構わない。このままでは少々わかりにくいので、「土地信託」を例にとって説明すると次のようになる。

　土地信託とは、地主（委託者・受益者）がある土地を信託銀行（受託者）に委託し、資金の調達、建物の建設、テナントの募集、テナント料の徴収、建物の維持・管理などを信託銀行が行い、収益の一部を受益金として地主に支払い、信託期間終了後はその不動産（土地と建物）を地主に返却して契約を終了するというものである。なお、信託期間中は不動産の所有権が信託銀

行のものとなっているので、地主には、建物の工事や維持・管理に伴う一切のトラブルから遮断されるというメリットもある。

長期信用銀行の終焉 　長期信用銀行３行（日本興業銀行、日本長期信用銀行、日本債券信用銀行）は、戦後の産業界に設備投資資金などの長期資金を供給するという非常に重要な役割を果たしたが、1980年代以降に顕在化した大企業の銀行離れの影響を一番受けた業態でもあった。中でも日本長期信用銀行と日本債券信用銀行の２行は、1980年代後半以降、不動産業への融資にのめり込み、バブルの崩壊を経て両行とも1998年に破綻、いずれも一時国有化されることになった。一方、残る１行の日本興業銀行は、2002年４月に都市銀行へと業態変更を済ませており、現在もみずほ銀行の一翼を担っている。また破綻した２行は、長銀が新生銀行、日債銀があおぞら銀行として再生し、ともに「長期信用銀行法」に基づく民間銀行としても活動していたが、新生銀行が2004年に、そしてあおぞら銀行が2006年に普通銀行に業態転換したことにより、長期信用銀行法に基づく銀行は消滅した。

3）中小企業金融専門金融機関など

　信用金庫（2022年12月20日現在、254庫）、信用組合（同、145組合）、労働金庫（同、13庫）、農林漁業系統金融機関などがこの業態に分類される。これらは非営利法人の協同組織金融機関で、それぞれの会員や組合員である、中小企業、商工業者、勤労者、農林漁業者などに対する資金提供を主たる業務としている。なお、これらの協同組織金融機関は、相互協力等を目的として、信金中央金庫、全国信用組合連合会、労働金庫連合会、農林中央金庫といった上部組織（もしくは中央機関）を設置している。

4）その他の民間金融機関（証券会社、保険会社、ノンバンク）

　これまで紹介してきた銀行や信金といった金融機関は、公共料金の自動振替などを考えれば明らかなように、その預金自体が決済機能を持つ通貨とし

て利用されている。これに対してその他の民間金融機関（証券会社、保険会社、ノンバンク）は、銀行や信金と同じように金融仲介機能を持ってはいるが、通貨として利用される預金を取り扱っていない。まさにこの点がその他の民間金融機関と銀行や信金といった金融機関との相違点なのである。

証券会社の業務　証券会社は、直接金融に関わる金融機関として、とりわけ株式市場の取引を円滑化するという役割を担っている。日本の場合、バブル崩壊後の株価低迷や4大証券のひとつであった山一證券の破綻（1997年）など、証券会社を取り巻くここ数年の環境は非常に厳しかった。ただ、家計は2000兆円を超える膨大な個人金融資産を有していること、その大半をこれまでは預金で運用していたということなどを考えると、証券会社の果たす役割は今後より一層重要となるであろう。

　ここで、証券会社の業務について簡単に触れておこう。証券会社の主要な業務には以下の4種類がある。

　①ブローカー（委託売買）業務

　一般顧客から有価証券（株式や債券）売買の委託を受け、売買を取り次ぐ業務である。

　②ディーラー（自己売買）業務

　証券会社が、自己の資金で有価証券を売買する業務で、これにより証券売買の成立が一層容易になると考えられる。

　③アンダーライター（引受）業務

　2章の直接金融のところで説明したように、有価証券を新たに発行する企業などに対して、発売時期、発売方法等に関するアドバイスを与え、発行した有価証券に売れ残りが出ないよう万全を期すとともに、万一売れ残った場合には、自己の責任でその有価証券を引き受けるという業務である。

　④セリング（募集・売り出し）業務

　新規に発行された有価証券を投資家等に売りさばく業務である。ただ、アンダーライター業務とは違って、売れ残りが生じても引き受ける義務はない。以上の業務のうち、①と②は、2章で説明した流通市場での業務であり、③

と④は発行市場での業務である。

保険会社とノンバンク　　　保険会社には生命保険会社と損害保険会社とが
あり、伝統的には棲み分けが行われていたが、
現在では、子会社方式を利用して兼営しているところが圧倒的に多い。保険
会社（とりわけ生命保険会社）は機関投資家としての存在感も合わせ持つ組
織であったため、バブル崩壊以後の株価低迷などが経営を直撃し、2001年
までに日産生命や東邦生命など8社が破綻した。

　貸出は行うものの、預金を取り扱ってはいない金融機関としてノンバンク
にも少し触れておこう。ノンバンクには、消費者向けのノンバンク（消費者
金融会社、信販会社、クレジットカード会社など）と事業者向けのノンバン
ク（商工ローン、リース会社など）がある。ノンバンクの強みは、銀行など
が従来見過ごしてきた特定の需要分野（いわゆるニッチ分野）を対象として
いたことであった。ただ最近では、銀行も積極的に個人向けローンに参入し
ているので、今後はさらに競争が激化するであろう。

5）業態間の垣根消滅

　これまで民間金融機関を業態ごとに説明してきたが、今後は業態間の垣根
は一層低くなると思われる。たとえば、ここ数年インターネット証券を利用
しての株式取引が盛んになっているが、実はインターネット証券の多くでは、
株式や債券だけではなく保険商品も購入できる。また、保険会社においても、
たとえば投資信託を購入できるし、銀行も証券子会社を利用して証券業務に
本格参入を果たしている。このように、今後は業態による区別はほとんど意
味をなさず、どういった金融サービスを提供しているのかという点が問われ
ることになると思われる。

5．政府系金融機関と財政投融資制度

1）政府系金融機関

　政府系金融機関の本来的役割とは、社会的には望ましいが民間金融だけでは実行が困難であると判断されるような分野への融資を行うことである。ところが、こうした融資を行う政府系金融機関は、その原資を独力で調達していたわけではなく、政府の財政投融資制度における資金（郵便貯金、国民年金など）を利用して融資を実行していた。つまり、郵便貯金、国民年金などを原資（これを入口部分と呼ぶ）として、財政投融資制度を経て、政府系金融機関（これを出口部分と呼ぶ）へと通じる資金の流れ（これを公的金融という）が存在していた。

　しかし、公的金融はあまりに肥大化しているのではないか、今後の日本においては戦後の経済復興期のようには社会資本整備が必要ではないのではないか、日本の金融市場は相当程度に先進化しているので、民業の補完という意味での公的金融の役割は終了しつつあるのではないか、さらには、入口部分と出口部分が分離しているため、財政投融資計画に本当に必要な資金だけが調達されているわけではないのではないか、その結果として無駄な計画が非効率に実施されてしまっているのではないか、などという批判が高まり、公的金融に関わる制度改革が 21 世紀初頭から始まった。

　その結果、現在では、図表 3-4 に示したように、5 つの政府系金融機関が存在している。このうち、日本政策投資銀行は長期の事業資金の供給や高度な金融手法を提供する金融機関で、大企業を主たる取引先としている。また、日本政策金融公庫は、小規模企業や個人事業向け貸出業務、中小企業向け貸出業務、農林水産業向け貸出業務という 3 つの業務を主に行っている。

図表 3-4　政府関係金融機関の概要

名称	設立	主な業務	資本金貸付残高	従業員数	店舗等数
日本政策投資銀行	2008 年 10 月	・長期の事業資金を必要とする者に対する資金供給の円滑化および金融機能の高度化等に資する出融資 ・主に大企業・中堅企業を対象とする危機対応業務	資本金 1.0 兆円 貸付残高 14.4 兆円	1,257 名	23（うち海外：4）
日本政策金融公庫	2008 年 10 月	・国民一般向け業務 ・農林水産業者向け業務 ・中小企業者向け融資・証券化支援保証業務 ・中小企業者向け証券化支援買取業務 ・信用保険等業務 ・危機対応円滑化業務 ・特定事業等促進円滑化業務	資本金 11.6 兆円 貸付残高 28.8 兆円	7,436 名	154（うち海外：2）
国際協力銀行	2012 年 4 月	・海外資源の開発および取得の促進、我が国産業の国際競争力の維持および向上等のために必要な出融資	資本金 2.0 兆円 貸付残高 14.8 兆円	677 名	20（うち海外：18）
沖縄振興開発金融公庫	1972 年 5 月	・沖縄における地域限定の政策金融機関として日本公庫等に相当する業務や沖縄の特殊事情に即した出融資	資本金 0.2 兆円 貸付残高 1.0 兆円	218 名	6
商工組合中央金庫	2008 年 10 月	・中小企業等協同組合等およびその構成員に対する金融の円滑化を図るための出融資 ・主に中小企業を対象とする危機対応業務	資本金 0.2 兆円 貸付残高 9.6 兆円	3,515 名	106（うち海外：4）

（資料）財務省ホームページ

2）財政投融資制度改革

　図表 3-5 は、2001 年に決まった財政投融資改革を図示したものであるが、その骨格は次のとおりである。①従来の郵便貯金や公的年金は、まず財務省の資金運用部に預けられ（これを預託という）、そこから財政投融資計画に基づき特殊法人等に配分されていた。これに対して改革案では、資金運用部への預託が廃止され、郵便貯金も公的年金資金も全額自主運用されることに

図表 3-5　財政投融資制度の改革

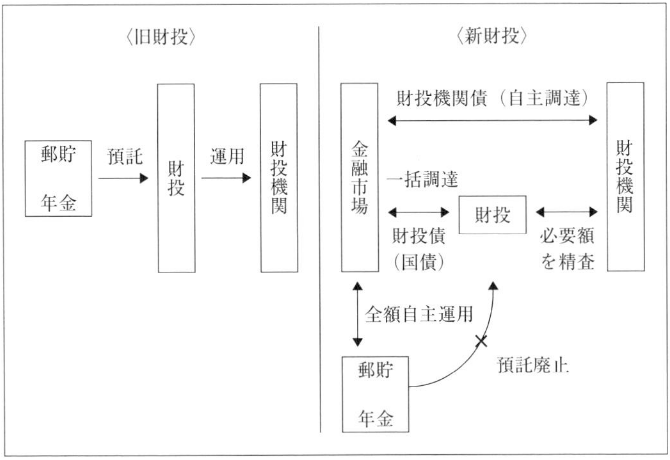

（資料）財務省「財政投融資リポート 2022」

　なった。②この結果、財政投融資資金を必要としている特殊法人（政府系金融機関や公団、公社など）は、それぞれの事業に必要な資金を、原則として債券を発行することにより、独力で市場から調達することになった。このような債券を**財投機関債**と呼び、これには政府保証は付かない。③特殊法人の中には、財務内容が脆弱であるといった理由から、財投機関債での資金調達が困難になるところも出てくるはずである。そういった特殊法人は、**財投債**（これには政府保証が付く）と呼ばれる債券の発行で資金を調達することになった。

　このように、市場原理を導入して財政投融資計画の効率化を図ることが想定されているのであるが、いまだに各機関は多額の財政投融資資金の借入れを行っており、実態はあまり変化していないのではないかという批判も根強い。

3）信用保証

　中小企業が民間金融機関からの融資を受ける際、日本では信用保証協会に

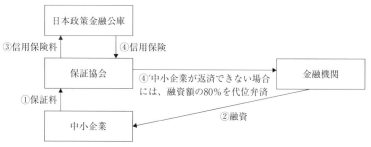

図表 3-6　信用保証制度の概要

(資料）全国信用保証協会連合会の資料から作成

よる信用保証制度を利用することが多い。信用保証制度というのは、中小企業が返済不能になった場合、中小企業に代わって信用保証協会が返済する（これを代位弁済という）というもので、信用力や担保力に劣る中小企業にも円滑に資金が流れるための工夫として考え出された制度である。

　しかし、従来の保証制度は融資額の 100 ％を保証することになっていたため、金融機関が十分な審査をせずに倒産の危険性の高い借り手に融資してしまう、融資後の監視（モニタリング）が不十分になってしまうといった、逆選択やモラル・ハザード発生という問題を抱えていた。さらに、平成不況が長引いたことによって代位弁済額も大幅に増えるという問題をも抱えていた。

　以上のような経緯を経て、 2007 年 10 月より、信用保証協会による保証は原則として融資金額の 80 ％に変更され、残り 20 ％は貸し手金融機関が負担することになった（これを責任共有制度と呼ぶ）。また、信用保証協会自身も代位弁済に備え、日本政策金融公庫に信用保険料を支払い、代位弁済する際には保険でカバーされることになっている（図表3-6 参照）。なお、現在のところ、各都道府県を単位として 47 法人、市を単位（川崎、横浜、名古屋、岐阜）として 4 法人、合計 51 の信用保証協会が存在している。

6. フィンテック

1）フィンテックとは何か

　フィンテック（FinTech）は、金融（finance）の fin と情報通信技術（IT
もしくは ICT：information and communication technology）の tech を組
み合わせた造語で、IT などの先端技術を活用した革新的な金融サービス事
業を指す言葉として使われている。また、新たな金融サービスの担い手はベ
ンチャー企業である場合が多いので、フィンテックという言葉がこうしたベ
ンチャー企業群を指すこともある。

　フィンテックは実に多様で、図表 3-7 に示したように、おカネそのものに
かかわるフィンテックもあれば、送金、資産運用、貸出にかかわるフィン
テックもある。ただ、フィンテックの進展スピードは非常に早く、これが現
状のフィンテックの事例だと記述してもすぐに陳腐化してしまう危険性があ
る。そこで以下では、現時点でのフィンテックの代表的な事例をいくつか紹

図表 3-7　フィンテックの例

決済・送金	・暗号資産 ブロックチェーン技術に基づいて発行されている通貨で、ビットコインがその代表例 ・個人間送金 スマートフォン経由で、友人などとのおカネのやり取りを実行できる
資産運用	・ロボアドバイザー（通称ロボアド） 資産運用に関する助言サービス。これまでこのサービスは機関投資家や一部の富裕層しか利用できなかったが、AI（人工知能）により、一般の消費者も低廉なコストでこのサービスを利用できるようになった
融資	・クラウドファンディング インターネット上を通じて、個人から少額の資金を調達する仕組み ・ソーシャルレンディングもしくはピアツーピア（peer to peer：P2P と略記することも多い）レンディング 借り手と貸し手のマッチングに特化した新しい融資の形

（資料）週刊東洋経済 2017 年 8 月 5 日号、柏木亮二『フィンテック』（日本経済新聞出版社、2016
　　　年）を参考に作成

介するにとどめたい。

2）暗号資産

　暗号資産（あるいは仮想通貨）とは、中央銀行のような発行者（あるいは管理者）が存在しない通貨のことで、ビットコインがその代表例である（他にも、イーサリアム、リップルなど2022年秋の時点で9300種以上の暗号資産が存在している）。

　現状では、ビットコインは支払いの手段としての貨幣というよりはむしろ投機の対象となっている面が強く、1年の間に価値が20倍以上暴騰したこともあるし、2ヶ月で半分以下まで暴落したこともある。

　しかし、価値が暴騰したからビットコインに注目が集まっているのだろうか。そういう面も確かにあるが、より重要なのは、中央銀行が発行しているわけでもなく政府によるお墨付きがあるわけでもないのに、通貨が生まれうるという点をビットコインが実証したことにある。では、どのようにしてビットコインは社会一般からの信認を得ているのであろうか。

3）ブロックチェーン技術（分散台帳型システム）

　この問いを解く鍵はブロックチェーンという技術・イノベーションである。以下ではその内容を簡潔に見ていこう。

　一定期間（ビットコインの場合約10分程度）の取引データが記録されている情報の塊を「ブロック」と呼び、一定期間を過ぎると別のブロックの中に新たな取引データが書き込まれていく。そして各ブロックは「チェーン」のように一本につながっているので、これらはブロックチェーンと呼ばれている。

　ブロックに記録されたデータはネットワークを通して不特定多数のコンピュータに分散して記録されているので（この特徴からブロックチェーン技術を分散型台帳システムとも呼ぶ）、過去の取引データの記録を改ざんすることは事実上不可能である（いわば相互監視の状態なので改ざんは事実上不

可能）。さらに新たな取引データを書き込む場合には、ネットワーク上でそのデータが正しいかどうかのチェックを不特定多数から受けなければならない（これも相互監視であるから、正しい情報であると皆が認めるもの以外を書き込むことはできない）。このように、ブロックチェーン技術という改ざんや不正を排除できる斬新なアイデアを背景として、中央銀行や政府によるお墨付きがなくても、ビットコインは社会一般からの信認を得ることができたのである。

　また、取引データは電子データであるから処理が迅速となるという特徴を持つ。ブロックチェーン技術は、ビットコインなどの暗号資産を支える中核的技術として注目を浴びたが、ネットワーク上の相互監視によって安全性は保たれているし迅速な取引が可能となるので、新たなインフラとしても期待できるといえよう。

4）注目すべきフィンテックの実例

デジタル通貨と CBDC　　デジタル通貨についての明確な定義はないが、おカネを支払ったり受け取ったりする場合に、デジタルの状態で（あるいはデジタルデータとして）それが可能となるものを一般的にはデジタル通貨と呼んでいる。Suica や manaca といった交通系 IC カードに代表される電子マネーやビットコインなどの暗号資産がこのデジタル通貨の具体例である。

　デジタル通貨のうち、特に中央銀行が発行するデジタル通貨を中銀デジタル通貨（CBDC：Central Bank Digital Currency）と呼ぶ。2022 年時点で、日本では CBDC の発行は計画されていないが、CBDC に対する社会的ニーズが急激に高まる可能性もあるので、日本銀行では調査研究を精力的に行っている。

BNPL　　BNPL は Buy Now, Pay Later（今買って、支払いは後で）の略称で、いわゆる後払い決済サービスのことである。日本でクレジットカードを利用した場合には月末の一括払いで決済するのが一般的だ

が、アメリカでは、リボ払い（毎月の返済額を一定に固定した支払い方法で、これには金利がかかるが、金利負担分も一緒に返済することになる支払い方法）を選択する消費者が多く、リボ払いに伴う金利負担に嫌気がさした消費者や、もともとクレジットカードを保有できない若年層などから、BNPLは圧倒的な支持を得ている。

NFT　　　NFT（non-fungible token：非代替性トークン）は偽造不可能な鑑定書付きのデジタルデータのことである。宝石や絵画には資産としての価値があるが、もともとデジタルデータはコピーや改ざんが容易であるため、資産価値を付けられないとされていた。

　しかし、ブロックチェーンを利用すれば、デジタルデータのコピーや改ざんはできなくなるので、その結果、デジタルデータにも宝石と同じように資産としての価値を付けることができる。実際、すでに数億円の値段がついたデジタルアートも出現している。このように、これまでは資産価値を付けることのできなかったものも資産価値を持つようになるので、その売買の市場が育成、発展したり、資産運用のチャンネルが増えたりすることが見込まれ、NFTの出現は多くの変革を金融の世界にもたらす可能性を秘めている。

5）フィンテックによる金融のアンバンドリング（分解）がもたらすもの
　株式売買の手数料は1990年代末の頃まで売買代金の1.5％程度であったから、100万円の株を売買すると買いと売りの合計で約3万円の手数料がかかっていた。その後、インターネットの普及により、いわゆるネット証券会社が多数現れて手数料は劇的に下がり、今では100万円の株の売買にかかる手数料は1000円以下という場合も珍しくない。その結果、株を売買する人の多くがネット証券を利用することになったのは至極当然のことと思われる。フィンテックが進展することにより、同じようなことが金融の他の分野でも起こるであろう。
　ここでは銀行に焦点を当ててフィンテックの影響を考えてみよう。銀行業務には、預金、貸出、送金、資産運用など数多くの業務があるが、これに対

してフィンテックは図表3-7に示したように、銀行の業務をいわば分解して（アンバンドリング）、ある特定の業務に特化するという特徴を持っている。

　銀行業は、いわば装置産業であり、巨大なコンピューターシステムを利用して業務が行われている。これに対してフィンテック企業（例えばスマホを利用して送金するというフィンテック企業）の場合、銀行とは違って巨大コンピューターシステムを作り上げたりATMなどを設置したりする必要はない。したがって、その分、フィンテック企業が提供する送金業務の手数料は、銀行が提示する手数料に比べると格段に安くなると考えられる。

　送金業務だけでなく、その他の業務全般について、既存の金融機関はフィンテック企業の脅威にさらされることになるであろう。折しも2017年には、メガバンクと称される3行（三菱東京UFJ銀行、三井住友銀行、みずほ銀行）による大幅な人員削減計画が発表された。これがすべてフィンテックを警戒してのことだとまでは断言できないが、現段階では、フィンテック企業に対してどのような対応措置を講じればよいのか、その解答への道筋は見えていない。

コ　ラ　ム
フィンテックの実例：マッチングに特化したＰ２Ｐレンディング

　おカネを借りたいという人がここにいて、他方におカネに余裕があり誰か
に融通してもよいという人がいたとしても、そう簡単におカネの貸し借りが
成立するわけではない。どれぐらいの金額をどの程度の期間で、そしてどの
ような金利で借りたり貸したりしたいのかは千差万別であって、それをうま
くマッチングするのは非常に困難となるからである。したがってこれまでは、
このマッチング自体を銀行が取り仕切り、貸し手からは預金としておカネを
預かる一方、借り手を審査して大丈夫となれば融資を行っていた。しかし、
インターネットの普及により、借りたいと思っている人は自分の希望をネッ
ト上で公開すればよいので、このマッチングは以前よりずっと簡単にできる
ようになった。このマッチングに特化した融資の形をＰ２Ｐレンディングと
いう。金額や金利はどのように決めればよいのか。おそらくこれについては
AI（人工知能）が適切な助言を与えてくれる。つまりＰ２Ｐレンディングで
は、銀行とは違って審査や預金集めにコストを投じる必要がない。その結果、
借り手も貸し手も、銀行を介在した場合よりも、より有利な条件での契約が
可能となるのである。

参 考 文 献

天羽健介・増田雅史編『NFT の教科書』朝日新聞出版、2021 年
岩村充『中央銀行が終わる日：ビットコインと通貨の未来』新潮社、2016 年
柏木亮二『フィンテック』日本経済新聞出版社、2016 年
菊武省造「デジタル通貨最前線（8）」日経産業新聞、2022 年 8 月 2 日
北尾吉孝編『日経 MOOK　実践 FinTech』日本経済新聞出版社、2017 年
金融庁ホームページ「免許・許可・登録等を受けている業者一覧」2022 年
週刊東洋経済　2017 年 8 月 5 日号、2017 年 11 月 4 日号、2022 年 1 月 29 日号
ジョン・ケイ（薮井真澄訳）『金融に未来はあるか』ダイヤモンド社、2017 年
中島真志『アフター・ビットコイン：仮想通貨とブロックチェーンの次なる覇者』
　新潮社、2017 年
日本銀行「中央銀行デジタル通貨に関する日本銀行の取り組み方針」2020 年 10 月
日本銀行金融研究所編『日本銀行の機能と実務』有斐閣、2011 年
日本経済新聞「解剖　フィンテック」2022 年 9 月 27 日朝刊
FinTech Journal（2021）「NFT とは何か？」（https://www.sbbit.jp/article/
　fj/60992）
藤原洋二編『現代の金融』昭和堂、2009 年

4

金　融　政　策

日本銀行の政策運営上の目的は、物価の安定と金融システムの安定を図ることを通じて経済の安定的成長を実現することであるが、このうちの物価の安定を図るための政策を（狭義の）金融政策（monetary policy）と呼び、金融システムの安定を図るための政策を信用秩序維持政策（プルーデンス政策：prudential policy）と呼ぶ（これら2つの政策を合わせて広義の金融政策と呼ぶ場合もある）。

この章では、（狭義の）金融政策をとりあげ、その手段にはどのようなものがあるのか、金融調節はどのように行われているのかなどを見ていこう。また、金融政策の波及経路や、いわゆる非伝統的金融政策についてもこの章で説明する。信用秩序維持政策については5章で解説する。

1. 金融政策の手段

3章で述べたように、金融政策の基本方針は金融政策決定会合で決定されるが、その方針を実現するために日本銀行は、これから説明する政策手段を用いて短期金融市場における資金の総量を調節し、コールレートを適切に誘導している。これを**金融調節**と呼んでいる。

さて、一般的に中央銀行が保有する金融政策手段は、中央銀行貸出、預金準備率操作、公開市場操作の3つであって、日本銀行の場合も同様である。順に見ていくことにしよう。

1）日銀貸出（日本銀行貸出）

公定歩合の役割の変化　1990 年代半ばあたりまでの金融政策の中心的な手段は、**日銀貸出**（日本銀行による民間金融機関への貸出）であった。これに適用されていた金利が公定歩合であるが、公定歩合は常にコールレートよりも低い水準に設定されていたため、民間金融機関はコール市場からではなく、なるべく日銀貸出によって資金を調達したいと考えていた。そこで日本銀行は、民間金融機関のこのような要望を逆手にとって、日本銀行の意向に沿わないような民間金融機関には日銀貸出を実行しないといった裁量権を発揮することができたのである。

　しかし 1990 年代半ば以降、コールレートが公定歩合を下回る水準に誘導されるようになったこと、日本銀行が公定歩合の適用される日銀貸出を金融調節の手段としては用いないとの方針を明らかにしたことなどにより、金融政策手段としての日銀貸出はその役割を終えたといえよう。また、かつては、公定歩合の変更は金融政策の基本的スタンスの変更を示すという意味でアナウンスメント効果を持つと考えられていたが、日銀貸出が政策手段ではなくなったことに伴い、公定歩合の変更によるアナウンスメント効果も、今ではその効力を完全に失っている。

補完貸付制度　とはいえ、公定歩合の役割がまったくなくなったわけではない。2001 年 3 月に、「**補完貸付制度**（ロンバート型貸出制度とも呼ぶ）」が創設されたからである。これは、民間金融機関から借入申し込みがあれば、日本銀行は公定歩合で自動的に（もっとも、あらかじめ日本銀行が定めた条件を満たし、かつ適格な担保の範囲内で）貸出を行うというものである。これにより民間金融機関は、最大限公定歩合を支払えば資金を調達できることになったわけで、いわば公定歩合には、コールレート変動の上限を画し、短期市場金利の安定性を確保するという新しい機能が付与されることになったのである。

　なお、これまで述べてきたような公定歩合の役割の変化を踏まえ、2006 年 8 月より公定歩合に代わって**基準割引率および基準貸付利率**という名称が

使われることになった。

2）預金準備率操作

　3章で説明した準備預金制度の下では、民間金融機関は受け入れた預金に預金準備率を乗じた額を、所要準備額として日本銀行に預けなくてはならない。もし預金準備率が引き上げられると、それだけ民間の金融機関は所要準備額を増加させねばならず、それがコール市場での資金取り入れを通じてコールレートの上昇をもたらすことになる。つまり、預金準備率の引き上げ（引き下げ）は金融引締め（金融緩和）の手段となるのである。

　しかし、預金準備率の変更は、日銀当座預金が無利息であるということから民間金融機関の収益に与える影響が大きいので、あまり頻繁に用いられる

図表 4-1　主な預金準備率

（単位：%）

				実施日 （86/7/1）	実施日 （91/10/16）
銀行、年度末残高1600億円超の信用金庫	指定勘定区分額	定期性預金（譲渡性預金を含む）	2兆5000億円超	1.75	1.2
			1兆2000億円超 2兆5000億円以下	1.375	0.9
			5000億円超 1兆2000億円以下	0.125	0.05
			500億円超 5000億円以下	0.125	0.05
		その他の預金	2兆5000億円超	2.5	1.3
			1兆2000億円超 2兆5000億円以下	2.5	1.3
			5000億円超 1兆2000億円以下	1.875	0.8
			500億円超 5000億円以下	0.25	0.1
農林中央金庫	定期性預金（譲渡性預金を含む）			0.125	0.05
	その他の預金			0.25	0.1

（資料）日本銀行ホームページ

政策手段ではない。日本でも 1991 年を最後に預金準備率の変更は行われておらず、政策手段としての預金準備率操作の役割は今のところ完全に形骸化している（図表 4-1 は現在の預金準備率の概要である）。

3）公開市場操作（オープン・マーケット・オペレーション）

　公開市場操作には買いオペレーション（略して買いオペという）と売りオペレーション（略して売りオペという）がある。**買いオペ**は日本銀行が手形や債券を市場から買い上げる操作で、その結果、買いオペの額だけ市場に資金が供給されることになる。したがって買いオペは金融緩和のための手段ということになる。これに対して**売りオペ**は手形や債券を市場に売却する操作で、売りオペの額だけの資金が市場から回収されることになるから、売りオペは金融引締めの手段となる（図表 4-2 参照）。

　では、買いオペがどのようにコールレートに影響を与え、金融緩和をもたらすのかをもう少し詳しく見てみよう。買いオペの結果、日本銀行は手形や債券の購入代金を金融機関へ支払うことになるが、これは当該金融機関の日銀当座預金への入金という形で処理される。ところで日銀当座預金は無利息であるから、各金融機関は所要準備額以上（あるいは各金融機関が適正な水準であると考える額以上）に日銀当座預金を保有したいとは思わず、所要準備額以上の余裕分についてはコール市場で運用し、わずかであっても利子収入を得たいと考えるはずである。つまりコール市場での運用が増えることでコールレートが下落し、結果として金融緩和が実現するのである。

　逆に売りオペの場合には、日本銀行が手形や債券の売却代金を金融機関から受け取ることになるので、各金融機関の日銀当座預金は売りオペの分だけ減少することになる。その結果、各金融機関は日銀当座預金の水準が所要準備額を下回る（あるいは各金融機関が適正だと考える額を下回る）ことのないよう、所要準備額の不足分をコール市場で調達しようとする。このコール市場での調達によりコールレートが上昇し、金融引締めが実現するのである。

　ところで、日本での公開市場操作の歴史はまだまだ浅く、1999 年から始

図表 4-2　公開市場操作（オペレーション）の手段

(1) 資金供給オペレーション

種類	概要
共通担保資金供給オペ	日本銀行が、「適格担保取扱基本要領」に基づき適格と認める金融資産（国債、地方債、政府保証債、財投機関等債、社債、CP 等、手形、証書貸付債権など）を担保として資金を供給する。貸付利率については、これを入札に付して決定する金利入札方式と固定金利方式のいずれかの方式をとる。
国債買入	日本銀行が、利付国債を買い入れることによって資金を供給する。
国庫短期証券買入オペ	日本銀行が、国庫短期証券を買い入れることによって資金を供給する。
CP・社債買入	日本銀行が、CP や社債等を買い入れることによって資金を供給する。
ETF・J-REIT買入	日本銀行が、ETF や J-REIT を買い入れることによって資金を供給する。
国債買現先（かいげんさき）オペ	日本銀行が、利付国債や国庫短期証券を、予め定めた期日に売り戻す条件を付して買い入れることによって資金を供給する。
CP 等買現先オペ	日本銀行が、「適格担保取扱基本要領」に基づき適格と認める CP 等を、予め定めた期日に売り戻す条件を付して買い入れることによって資金を供給する。

(2) 資金吸収オペレーション

種類	概要
手形売出オペ	満期が 3 ヶ月以内に到来する手形であって、日本銀行が振出人、受取人、支払人を兼ねるものを、日本銀行が売却することによって資金を吸収する。
国債売現先（うりげんさき）オペ	日本銀行が、利付国債や国庫短期証券を予め定めた期日に買い戻す条件を付して売却することによって資金を吸収する。
国庫短期証券売却オペ	日本銀行が保有する国庫短期証券を売却することによって資金を吸収する。

（資料）日本銀行ホームページ

まった短期国債オペまでしかさかのぼれない。その代わり日本では、長い間にわたってインターバンク市場で民間金融機関を対象とした手形や債券の買いオペ、売りオペ（総称して、**インターバンク・オペレーション**）が主流であったが、現在でもこれがオペの中核となっている。

2. 日銀当座預金の変動要因

　これまでの議論で明らかなように、日本銀行がオペを行うと各金融機関の日銀当座預金が増減し、それがコール市場での資金需給に影響を与えて金融緩和や金融引締めが実現する。つまり、日銀当座預金の増減が金融調節の起点になるのである。しかし、日銀当座預金は金融調節によってのみ変動するわけでなく、これ以外にも2つのルートにより変動することが知られている。ひとつは銀行券に対する家計や企業などの需要動向であり、もうひとつは財政資金の受け払いの動向である。したがって、金融調節や金融政策をより詳しく知るためには、これら2つのルートについての理解を深める必要がある。

1) 銀行券要因（銀行券に対する家計・企業などの需要動向）

　行楽シーズンや年末などの消費シーズンには、多くの家計が金融機関に預けてある預金を引き出してより多くの現金を持とうとする。給料やボーナスの支払い時期でも同じようなことが起こるであろう。また、企業も、月末の支払い時期などには、やはり預金を引き出して通常よりもたくさんの現金を持つと思われる。このような場合、金融機関は家計や企業による預金引き出しに備えて、普段よりも多額の現金を手元に用意しなければならず、そのためには、日銀当座預金を取り崩して日本銀行から銀行券を受け取る必要がある。これは日本銀行側から見てみると、その発行する銀行券が増加したということに他ならない。つまり、家計や企業が預金を引き出すような場合には、各金融機関の日銀当座預金は減少するとともに、銀行券の発行は増加するのである。

　ところで、日銀当座預金が減少（銀行券の発行が増加）すると、所要準備額を割り込む危険性がでるため、割り込むことを避けたいと考える金融機関はコール市場での資金調達に向かわざるをえない。その結果、コールレートは上昇するので、銀行券の発行増は金融引締め（あるいは金融逼迫）要因となるのである。

　逆に、家計や企業からの預金が増えた場合、金融機関は日本銀行への現金持ち込みを通じて日銀当座預金を増やすことになる。これは日本銀行側から見ると、市中に出回っていた銀行券が再び日本銀行に戻ってくることを意味している。これを銀行券の還収という。ともあれ日銀当座預金が増加（銀行券の還収が増加）することにより所要準備額を上回る日銀当座預金を持った金融機関は、余裕分をコール市場で運用しようとし、その結果コールレートは下落するので、結局のところ、銀行券の還収増は金融緩和要因となるのである。

　ここで重要な点は、銀行券に対する家計や企業などの需要動向という日本銀行の意思決定とは無関係の事象が、日銀当座預金の増減要因になるということである。

2）財政等要因（財政資金受け払いの動向）

　日銀当座預金に影響を及ぼすもうひとつのルートは財政資金の受け払いの動向である。たとえば、家計や企業が政府に税金を支払う場合を考えてみよう。この場合、家計や企業が預金を引き出して納税したとすると、税金の国庫への納付は、家計や企業が利用している民間金融機関の日銀当座預金から政府預金への振替で処理される。この結果、日銀当座預金額は所要準備額を割り込むかもしれず、先ほどの銀行券要因の場合と同じ理由から、これはコールレートの上昇をもたらす。したがって、政府が財政資金を受け取ることは金融引締め要因となるのである。

　反対に、財政資金の支払いの場合を考えてみよう。ここでは、ある建設業者が公共事業を国から請け負い、その代金が日本銀行を支払人とする政府小切手で支払われたとしよう。建設業者は受け取った小切手を取引金融機関に持ち込んで現金化するが、この結果、政府預金から日銀当座預金への振替が生じ、これはこれまでの議論と同様にコールレートの下落をもたらす。つまり、財政資金の支払いは金融緩和要因となるのである。

　ここでも重要な点は、財政資金の受け払いという日本銀行の意思決定とは

関係のない政府活動の結果も、銀行券要因の場合と同様、日銀当座預金の増減要因になるということである。

3) 日本銀行の信用供与・回収

　銀行券の動向と財政資金の受け払いの動向という、日本銀行の行動とは独立した資金の流れが日銀当座預金を変動させることになるが、先に述べたように日本銀行は、オペによって日銀当座預金を自らの意思で増減させることができる。

　たとえば、銀行券と財政資金受け払いの動向の結果、日銀当座預金が減少し、金融が引き締まったとしよう。この状況を見て日本銀行は、①今の経済情勢から、このような金融引締めが生じるのは望ましくないので、買いオペによって金融機関に資金を供給し（これを日銀による**信用供与**と呼ぶ）、銀行券要因と財政等要因から生じた金融の引締めを相殺することも可能であるし、②それとは反対に、この程度の金融引締めでは今の情勢からすると不十分であるから、売りオペによって金融機関から資金を吸い上げ（これを日銀による**信用吸収**もしくは**信用回収**と呼ぶ）、一層の金融引締めを実現することも可能である。このように日本銀行は、銀行券要因と財政等要因をつぶさに観察しつつ、自らの判断で日銀当座預金の水準を適切なレベルに調整しているのである。

4) 日銀当座預金増減要因式

資金過不足と日銀の信用供与（回収）　　　これまでの議論をまとめると、

　　（4-1）　　日銀当座預金の増加（減少）＝　①銀行券の還収（発行）
　　　　　　　　　　　　　　　　　　　　　　　＋②財政資金の支払い（受取り）
　　　　　　　　　　　　　　　　　　　　　　　＋③日銀の信用供与（回収）

という「**日銀当座預金増減要因式**」が成立するということがわかる。

74

　この関係式の①と②の合計が日銀当座預金の増加をもたらすのであればそれを**資金余剰**と呼び、逆に、合計が日銀当座預金の減少をもたらすのであればそれを**資金不足**と呼ぶ。いうまでもなく、資金余剰のときには金融は緩和し、資金不足のときには金融は引き締まる。そして日本銀行は、この資金過不足（資金余剰と資金不足を総称してこのように呼ぶ）を観察し、日本銀行の政策意図とは異なる状態（たとえば、日本銀行は金融緩和を意図しているのに資金不足の状態、あるいは日本銀行は金融引締めを意図しているのに資金余剰の状態）が生じている場合には、積極的に信用の供与や吸収（回収）を行うのである。

　(4-1) 式は、1日でも成り立つし、月間や年間でも成り立つ。また、この関係式は、日本銀行以外の経済主体による自主的な経済行動がどれだけ日銀当座預金を増減させることになったのか、そしてそれに対して日本銀行はどういった対応をしたのかを示すものである。したがって、日本銀行の金融調節を考える上での基本公式といえよう。なお、日本銀行はホームページ上で、「日銀当座預金増減要因と金融調節」という統計を毎営業日に公表している（その他、月単位の統計や、月初めにその月の日銀当座預金増減要因の予想数字も公表している）。

　図表4-3は、日銀当座預金の増減要因と金融調節の実績である。そのうちの 2022 年7月に関しては、①銀行券要因は 1611 億円の発行超であり、②財政等要因は 8兆9730 億円の受け超であった。この結果、①と②を合計すると、9兆1341 億円の資金不足となったが、これに対して日本銀行が③2兆4699 億円の信用回収を実施したため、日銀当座預金は 11兆6040 億円減少したことがわかる。

資金過不足の変動が大きい理由　ところで、銀行券要因も財政等要因も、日本は欧米各国に比べるとその変動が大きいとされている。その理由を日本銀行ホームページにある「日本銀行金融調節の枠組み（本文その2）」を参考に見ていこう。まず、銀行券要因についてであるが、日本では個人決済の手段として小切手の利用が普及していな

図表 4-3　日銀当座預金増減要因と金融調節

(単位：億円)

	2022 年 5 月	2022 年 6 月	2022 年 7 月
銀行券要因（－は発行超）	16,033	−5,210	−1,611
財政等要因（－は受け超）	−173,640	−19,788	−89,730
資金過不足（－は資金不足）	−157,607	−24,998	−91,341
金融調節（－は回収）	23,756	60,165	−24,699
日銀当座預金（－は減少）	−133,851	35,167	−116,040

（資料）日本銀行「日銀当座預金増減要因と金融調節」

いということからもわかるように、日々の決済においては銀行券が頻繁に利用されている。そのため、年間について考えると、3 月には新年度向けの、ゴールデン・ウィーク前には行楽向けの、そして 12 月には年末・年始向けの現金需要が高まり、銀行券が大量に発行されることになる。逆に、これらの時期の後には、街中で利用された銀行券が金融機関に還流してくるので、銀行券の還収額が大幅に増えるのである。また、月末や週末に向けて銀行券発行額が増加し、月初めや週初めには還収額が増加するというパターンもみられる。

　財政等要因の変動幅は銀行券要因のそれ以上に大きい。これは、①政府預金の受け払いがすべて日本銀行に集中される仕組みとなっていること、②財政資金の支払い（年金等）を行う日と、財政資金の受入れ（税金等）を行う日が、所轄官庁ごとに別々の特定日に設定されていること、③法人税の受入れは決算期ごとに年 2 回、年金の支払いは年 6 回というように、事務処理の効率上、財政資金受け払いの頻度を小さく抑えていることなどが原因と考えられる。

3．日本銀行の金融調節の特徴

日本銀行の金融調節には、①資金過不足の日々の変動や季節的変動をでき

るだけ相殺し、コール市場に代表される短期金融市場の安定化を図るという
役割と、②金融を引き締めるとか緩和するとか、具体的な政策的意図を持っ
て短期金融市場の需給の変化を、自らがイニシアティブをとって作り出して
いくという2つの役割がある。このうちの①の役割を果たす金融調節を受動
的調節（defensive operations）と呼び、②の役割を果たす金融調節を積極
的調節（dynamic operations）と呼ぶ。

1）受動的調節

　まず、①の**受動的調節**を考えてみよう。日銀当座預金の増減要因のところ
でも見たように、日本銀行以外の経済主体が自主的な経済行動をとった結果、
銀行券要因と財政等要因の合計である資金過不足が日々発生する。もしこれ
を日本銀行が放置すると、おそらく市場は大混乱に陥ってしまうであろう。
たとえば、12月末の年末・年始向けの現金需要が高まる時期を想定してみ
よう。この時期は大量の銀行券が発行されることになるので、かなりの資金
不足が発生することになるが、もしこれに対して日本銀行が適切な量の信用
供与をしなければ、金融機関は資金の手当てのためにコール市場などの金融
市場へ殺到し、コールレートは急上昇してしまうだろう。こうしたことが起
こらないように、日本銀行は適切な量の信用供与や信用吸収を行うことによ
り、日々の資金過不足に対応しているのである。これが受動的調節である。

2）積極的調節

　次に積極的調節についてであるが、これを知るためには所要準備額につい
てさらに説明を加えねばならない。これまでの準備預金制度についての説明
では、民間金融機関は受け入れた預金に預金準備率を乗じた額を、所要準備
額として日本銀行に預けなければならないとしてきた。では、受け入れた預
金はどういった期間を基準に算定されるのであろうか。そして算定された預
金額に預金準備率を乗じて計算される所要準備額は、いつまでに日本銀行に
預ければよいのであろうか。金融調節のうちの積極的調節を知るためには、

これらの点を明らかにする必要がある。

準備預金制度の運用形態　　　　日本の準備預金制度では、預金の算定は月ご
：部分同時・後積み方式　　　　とに行われており、それに預金準備率を乗じ
て計算される所要準備額は、当該月の 16 日から翌月の 15 日までの間に日本
銀行に預けなくてはならないことになっている（所要準備額を預けることを
積み立てるという）。預金の算定期間と所要準備額の積立期間が約半月ほど
ずれるので、これを**部分同時・後積み方式**と呼んでいる。また、平均残高と
して見た日銀当座預金がこの所要準備額に達していればよく、積立期間の最
終日である 15 日を除けば、特定の日の日銀当座預金額はどのような値でも
構わない。

　積立期間の最終期日である 15 日までに積めなかった場合には、不足額に
対して公定歩合（基準割引率および基準貸付利率）プラス 3.75 ％の過怠金
が課されることになっている。逆に、従来は日銀当座預金残高が所要準備額
を上回って超過準備が生じても、次の積立期間への持ち越し（キャリーオー
バー）は認められていなかった（もっとも、1999 年 2 月に始まったいわゆ
るゼロ金利政策以降は、事実上超過準備は容認されていた）。

　今後の超過準備の扱いについては 2 つの方向性が考えられる。ひとつは、
2006 年 3 月の量的緩和政策の解除、同年 7 月のゼロ金利政策の解除といっ
た日本銀行の動きから判断して、かつてのように超過準備は認められなくな
るというものである。もうひとつは、現在は従来とは違って RTGS 化が導
入されているため、ある程度の超過準備を認めるといったものである。ただ
し、いずれが実現するとしても、超過準備は無利息であるから、金融機関は
過度にそれを積み増すことはないと考えられる。

　以上が「部分同時・後積み方式」と呼ばれる準備預金制度の運用形態であ
るが、ではこの方式は金融機関から見るとどのように映るのであろうか。

期日厳守と超過準備　　　　　　民間の金融機関にとって重要な点は、期日（当該
　　　　　　　　　　　　　　　　月の翌月の 15 日）までに所要準備額を積み立て
ることができなかったという事態は何としても避けなければならないという

点である。これは過怠金が課せられるといった理由からではなく、期日まで
にもし積み立てることができなかった場合、その金融機関の管理体制、人材
配置の不備等が公のものになり、そのことで日本銀行や金融関係者に対して
自行の評判を落としたくないという理由からである。

　しかし、期日までに必ず所要準備額を積み立てることが最優先事項であっ
ても、あくまで日銀当座預金は無利息であるから、期日前に積み立てること
や、余計に積み立てるということは、極力避けたいと金融機関は考えている
はずである。図表4-4は1990年1月から2012年の8月までの超過準備の推
移を示したものであるが、これを見ても明らかなように、ゼロ金利政策が始
まる1990年代後半よりも前の時期においては、超過準備はほとんど観察さ
れておらず、各金融機関は余計な積立を極力避けていたことがわかるであろ
う。なお、超過準備がほとんどないというのは、3章の（3-1）式の α が限
りなくゼロに近かったということを意味している。

所要準備額の積み進捗率　　　さて、16日から翌月の15日までの積立期間
中の所要準備額の達成度を、**所要準備額の積**

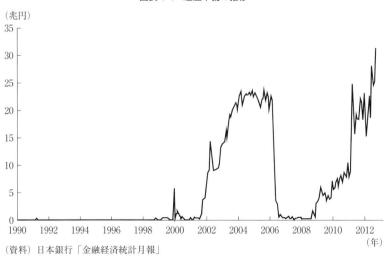

図表 4-4　超過準備の推移

（兆円）

（資料）日本銀行「金融経済統計月報」

み進捗率という。積立期間中、もし毎日均等に同じ額を積み立てるとすれば、その場合の所要準備額の積み進捗率は1日当たり約3.3％で、積立期間の最終日に100％に到達することになる。先ほど、金融機関は、期日までには必ず積み立てたいと考えている一方、余計に積み立てることや早めに積み立てることは極力避けたいと考えていると述べた。そこで、この相反する金融機関の考えに一番折り合いをつける積み方が、毎日均等に同じ額だけを積むという方法なのである。図表4-5では、この方法による経路を「標準経路」として実線で示している。

　なお、部分同時・後積み方式では、当該月が終了しないと積むべき額が確定しないという問題がある。たとえば、金融機関はある年の4月に新たに獲得した預金に預金準備率を乗じた額を、4月16日から5月15日までの間に積むわけだが、その額が確定するのは4月30日の営業終了後である。このため標準経路にしたがって積むといっても、積みの初日である4月16日から4月30日までは、積むべき額が確定していないということになる。もっ

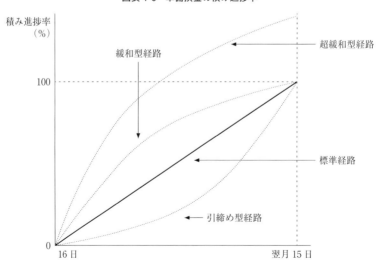

図表4-5　準備預金の積み進捗率

（資料）黒田晁生『入門金融　第3版』（東洋経済新報社、2002年）図5-1を参考に作成

ともこれはたいした問題ではない。なぜなら各金融機関とも、過去のデータ等を参考にして今月はこれくらいの預金が集まりそうだという予想を立てることが可能だからである。つまり、4月30日までは予想に基づいて、そして5月に入ってからは確定した額がわかるので厳密に再計算をし、積みの最終日である5月15日を目指すということになるのである。

積極的調節：金融引締めの場合

日本銀行の金融調節のうちの**積極的調節**に話を戻そう。積極的調節はこれまで説明した積みの進捗率という概念を使うと理解しやすい。ここではまず、日本銀行が金融引締めを意図している場合から考えよう。この場合、日本銀行は、売りオペを実行したり買いオペを控えたりして、日々の資金余剰に対する信用吸収を多めに、あるいは、日々の資金不足に対する信用供与を少なめにする。このことにより標準経路よりも積み進捗率を遅らせ、民間金融機関に積みの進捗が遅れているという危機感を持たせるのである（図表4-5の引締め型経路を参照）。すると民間金融機関は、コール市場で資金を調達して積みの進捗の遅れを取り戻そうとするから、その結果コールレートが上昇し、日本銀行が意図したような金融引締めが実現するのである。

積極的調節：金融緩和の場合

逆に、日本銀行が金融緩和を意図している場合には、買いオペを実行したり売りオペを控えたりして、日々の資金不足に対する信用供与を多めに、あるいは資金余剰に対する信用吸収を少なめにすることにより積みの進捗を標準経路よりも早め、民間金融機関に積みの進捗が進んでいるという安心感を与えるのである（図表4-5の緩和型経路を参照）。すると民間金融機関はコール市場での調達意欲を弱め（あるいは運用意欲を強め）、その結果コールレートは下落し、金融緩和が実現することになる。

積極的調節の限界

ところで、超過準備がないというのは、図表4-5でいえば、積みの最終日にはすべての民間金融機関が積み進捗率100％のところに到達しているということを意味している。では、ある金融機関が積みの最終日になってもまだ積み方が足りなかった場合には、

どうなるのであろうか。実はこういう場合には、日本銀行はきわめて柔軟に信用供与や吸収を行い、その金融機関が100％の積み進捗率を達成できるように計らっている。そういった意味では、文字通りの積極的調節は不可能ということになるが、日々の単位でいえば、信用供与や吸収の額を調整することで、積極的調節を実行する余地を日本銀行は持っているのである。

　最後に、図表4-5の超緩和型経路とは、ゼロ金利政策や量的緩和政策が発動されていた時期を描写したものである。先に述べたように、これらの政策の下では超過準備を持つことが事実上容認されていたため、積立期間の最終日には積み進捗率が100％のラインをオーバーする形状となっている。

4．金融政策の波及経路とタイム・ラグ

　ここでは、金融政策がどのような経路をたどってその効果を発揮することになるのかについて考えていこう。

1）マネー・ビューとクレジット・ビュー

　これまでの説明で明らかなように、金融調節とは買いオペや売りオペといった政策手段を用いて日本銀行が信用供与や吸収を行い、コールレートを望ましい水準に誘導しようというものである。たとえば、景気が低迷しているときに買いオペによってコールレートを下げ誘導すると、それが金利全般を下げることにつながり、その結果貸出金利も低下すると考えられる。貸出金利の低下は、投資を計画している主体にとっては資金調達コストの低下を意味するので、その他の条件が一定ならば、そういった主体による投資を増加させるはずである。それが今度は有効需要を刺激し、景気の低迷が止まる、あるいは景気が上向きになるという効果となって現れるのである。金融政策の波及経路（transmission mechanism）を金利の変動を通じて捉えようとするこのような見方は、一般にマネー・ビュー（money view）と呼ばれており、マクロ経済学の教科書にも必ずその説明のある、きわめて伝統的な見

方である。

　これに対して、**クレジット・ビュー**（credit view）は、銀行の与信能力（あるいは資金提供能力）を重視する見方である。90年代から21世紀初頭の日本がそうであったように、銀行が不良債権の処理に忙殺されていたり、借り手企業の担保価値が低下したり、あるいは銀行が適切な審査能力を失ってしまったりした場合には、たとえ金融調節によって金利が低下したとしても、銀行から企業への融資は増えない可能性がある。つまり、クレジット・ビューの立場に立つと、たとえ金融緩和政策がとられたとしても、有効需要に対する刺激は十分ではなくなってしまうのである。

2）タイム・ラグ

　次に、図表4-6を参考に金融政策のタイム・ラグ（時間の遅れ：time lag）について見ておこう。金融政策が発動されその効果が出るまでには通常3つのタイム・ラグがある。第1は**認知ラグ**である。金融政策が発動されるには、まず経済情勢に変化があり、その変化を日本銀行が認識しなければならない。このときのタイム・ラグが認知ラグである。第2のラグは**決定ラグ**である。経済情勢の変化を日本銀行が認識したとして、実際に政策が決定されるまでにはある程度の日数が必要であって、このタイム・ラグが決定ラグである。第3のラグは、政策が決定し発動されたとして、その政策が効果を発揮するまでの時間的遅れを示す**効果ラグ**である。

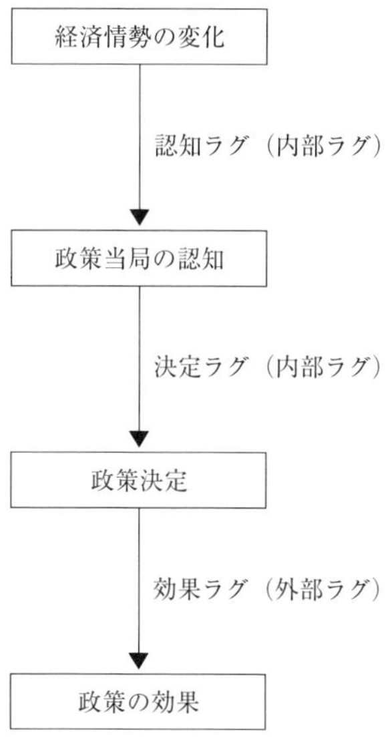

　ところで財政政策は、議会による予算審議などが必要になるため、通常、第2の決定ラグは相当大きいと思われる。これに対

図表4-6　金融政策のタイム・ラグ

```
┌──────────────┐
│  経済情勢の変化  │
└──────────────┘
        │   認知ラグ（内部ラグ）
        ↓
┌──────────────┐
│  政策当局の認知  │
└──────────────┘
        │   決定ラグ（内部ラグ）
        ↓
┌──────────────┐
│    政策決定     │
└──────────────┘
        │   効果ラグ（外部ラグ）
        ↓
┌──────────────┐
│    政策の効果    │
└──────────────┘
```

して金融政策は、ほぼ毎月2回のペースで金融政策決定会合が開催されているため、財政政策に比べるとその決定ラグははるかに小さいという特徴がある。第1の認知ラグに関しては、政策当局（政府、日本銀行）による認知スピードにさほどの差はないと思われるので、結局のところ、経済情勢の変化を認識し、政策の実施が決定されるまでのタイム・ラグ（認知ラグと決定ラグはいずれも政策当局の内部で生じるラグなので、両者を合わせて内部ラグと呼ぶこともある）は、金融政策の方がはるかに小さいといえよう。この点を指して、金融政策は機動性が高いといわれることもある。

しかし、金融政策に関する第3のラグである効果ラグ（このラグは政策当局の外部で生じるラグであるから、外部ラグと呼ばれることもある）は、相当大きいと考えられている。ある研究結果によれば、経済成長に与える効果がもっとも出るのは1年から1年半後、物価水準に与える効果についてはさらに遅れて2年から3年の期間が必要であるとされている。さらに、政策の発動時期が異なれば、このタイム・ラグが大幅に変わりうるという報告もある。

なぜ金融政策の効果ラグは、時間的に長いばかりでなく、その変化も大きいのであろうか。残念ながらこれに解答を与えるのは非常に難しい。というのも、効果ラグは先に述べた金融政策の波及経路にも深く関係することであるが、その波及経路そのものが十分には解明されていないからである。ただし、財政政策が公共支出の増減によって有効需要に直接影響を与えうるのに対し、金融政策の場合は、マネー・ビューの立場であれクレジット・ビューの立場であれ、金利変化や銀行の貸出能力の変化を通じた間接的な影響しか有効需要に持ちえない。このような事情から、金融政策の効果ラグは、時間的にも長く、政策の発動時期によってそのラグが変化するといった特徴があるものと推察できる。

5．非伝統的金融政策

　日本政府は、失われた 10 年とも形容されるバブル崩壊後の長引く景気低迷に対処するため、 1992 年から 99 年までの間に総額 120 兆円にも及ぶ「経済対策」を発動してきた。しかし、この経済対策が残した現実とは、それでも景気は回復しなかったという現実であり、巨額の財政赤字が発生して、これ以上の追加的財政支出は事実上不可能な状況になってしまったという現実であった。

　金融政策の面でも、日本銀行はこの時期一貫して金融緩和政策をとり続け、コールレートは 1995 年には 1 ％を下回るといった水準にまで低下したが、やはり一向にその政策効果は現れてこなかった。また、 1999 年にはいわゆる「ゼロ金利」政策が採用され、コールレートはほぼ 0 ％まで低下したにもかかわらず、 21 世紀に入ってからはより一層の景気低迷が明らかとなってしまった。

　こうした事情を背景に、日本銀行に対してさらなる金融緩和政策発動を求める声が高まり、ついに 2001 年 3 月 19 日、日本銀行は世界に例を見ない量的緩和政策を発動することになったのである。

　そもそも金融政策というのは、金利のコントロールを行うものであり、通常それはオペ等の手段を用いて実行されている。これがいわば「伝統的」な金融政策である。しかし、金利（この場合は名目金利）には非負制約（名目金利はゼロ％未満にはならないという制約）があるので、 1990 年代以降の日本の場合でも、金融危機後の米国の場合でもそうであるように、ひとたび金利がゼロ％近辺にまで低下してしまうと、金融政策にできることは何もなくなってしまうということになる。

　こうした局面においても金融政策として何かできることがあるのではないか、そういう観点から中央銀行が行う政策を一般に「非伝統的金融政策」と呼んでいる。この定義から明らかなように、非伝統的金融政策には特に決まった形式があるわけではない。ただ、これまで日本をはじめとして各国が

図表 4-7　ゼロ金利から量的緩和へ

1999 年	2 月 12 日	ゼロ金利政策の採用 　無担保コール翌日物レートを「できるだけ低め（0.15 ％）に推移するように促す」ことを決定
	4 月 13 日	時間軸政策採用
2000 年	8 月 11 日	ゼロ金利政策の解除（無担保コール翌日物レートの誘導金利を 0.25 ％に引き上げ）
2001 年	2 月 9 日	補完貸付（ロンバート型貸出）制度導入、公定歩合引き下げ（0.5 ％から0.35 ％へ）
	2 月 28 日	無担保コール翌日物レート引き下げ（0.25 ％から 0.15 ％へ） 公定歩合引き下げ（0.35 ％から 0.25 ％へ）
	3 月 19 日	量的緩和政策採用（日銀当座預金残高目標は 5 兆円）、結果としてゼロ金利の実現。時間軸政策継続
	8 月 14 日	日銀当座預金残高目標の増額（5 兆円から 6 兆円前後へ） 長期国債買い入れ増額（月 4000 億円から 6000 億円へ）
	9 月 18 日	日銀当座預金残高目標の増額（6 兆円から 6 兆円を上回る水準へ） 公定歩合引き下げ（0.25 ％から 0.10 ％へ）
	12 月 19 日	日銀当座預金残高目標の増額（6 兆円を上回る水準から 10 兆～15 兆円へ） 長期国債買い入れ増額（月 6000 億円から 8000 億円へ）
2002 年	2 月 28 日	長期国債買い入れ増額（月 8000 億円から 1 兆円へ）
	9 月 18 日	銀行保有株買い入れ公表 　11 月 29 日より買い入れ開始、2004 年 9 月末までに 2 兆 180 億円累計で買い入れ 日銀当座預金残高目標の増額（10 兆～15 兆円の水準から 15 兆～20 兆円の水準へ）
	10 月 30 日	長期国債買い入れ増額（月 1 兆円から 1 兆 2000 億円へ）
2003 年	3 月 5 日	日銀当座預金残高目標の増額（4 月 1 日より 17 兆から 22 兆円の水準へ増額）
	4 月 8 日	資産担保証券（ABS）買い取り表明（7 月より買い取り開始）
	4 月 30 日	日銀当座預金残高目標の増額（17 兆～22 兆円の水準から 22 兆～27 兆円の水準へ）
	5 月 20 日	日銀当座預金残高目標の増額（22 兆～27 兆円の水準から 27 兆～30 兆円の水準へ）
	10 月 10 日	日銀当座預金残高目標の上限の増額（27 兆～30 兆円の水準から 27 兆～32 兆円の水準へ） 時間軸コミットメントの明確化
2004 年	1 月 20 日	日銀当座預金残高目標の増額（27 兆～32 兆円の水準から 30 兆～35 兆円の水準へ）
2006 年	3 月 9 日	量的緩和政策の解除（金融市場調節の操作目標を、日銀当座預金残高から無担保コール翌月レートに変更） 無担保コール翌日物レートを概ね 0 ％で推移するよう促す
	7 月 14 日	ゼロ金利政策の解除（無担保コール翌日物レートを概ね 0.25 ％で推移するよう促す）

（資料）植田和男『ゼロ金利との闘い』（日本経済新聞社、2005 年）の図表 3-1 および日本銀行ホームページを参考に作成

図表 4-8　無担保コール翌日物レートの推移（1995 年 1 月から 2022 年 7 月）

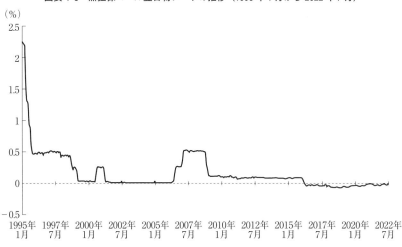

（資料）日本銀行「金融経済統計月報」

実施してきた非伝統的金融政策を見てみると、①量的緩和政策、②インフレ・ターゲット、③中央銀行によるリスク資産の買い取りの 3 つが非伝統的金融政策の代表例といえるであろう。以下では、このうちの①と②について掘り下げて考えていく（③については本文では触れないが、図表 4-7 にある資産担保証券（ABS）買い取りや、図表 4-13 にある ETF および J-REIT の買入れ拡大が、このリスク資産の買い取りの具体例となっている）。

1）量的緩和政策の概要

　2001 年 3 月 19 日にスタートした量的緩和政策は、金融政策の運営方針の転換を伴うものであった。それまでの運営方針は、金融調節の操作目標を**無担保コール翌日物レート**とし、それがゼロ％近辺（量的緩和政策採用の直前には 0.15％）になるよう誘導を図ることであった。しかし、量的緩和政策採用後は、金融調節の操作目標を**日銀当座預金残高**に変更し、その残高が 5 兆円程度になるように誘導することへと切り替わったのである。つまり、金利誘導から日銀当座預金残高という「量」志向への転換である。

図表4-7は、1999年2月のゼロ金利政策採用以降2006年までの金融政策の変遷をまとめたものであるが、それからも明らかなように、量的緩和政策発動後も日銀当座預金残高の目標額は数回にわたり積み増しされ、2004年1月20日以降は30兆円から35兆円という水準にまで引き上げられることになった。また、ゼロ金利政策や量的緩和政策の結果、コールレートはほぼゼロ％近辺で推移することになる（図表4-8参照）。

2) 量的緩和政策のメカニズム

日銀当座預金の使われ方：3つのルート　ところで、図表4-7の2001年3月19日のところからも明らかなように、この当時の金融情勢の下では、日銀当座預金残高が5兆円程度であればコールレートはほぼゼロ％になることがわかる。5兆円でゼロ％となるにもかかわらず、なぜ日銀当座預金残高の目標額は30兆円から35兆円程度という水準にまで増額されたのであろうか。

　これまで何度も指摘してきたように、日銀当座預金は無利息であるから、量的緩和政策によって日銀当座預金が所要準備額を大幅に超えた水準にまで増額されれば、各金融機関はその余裕分を、①民間企業への貸出増加、②債券市場での運用増加、③株式市場での運用増加という3つのルートに振り向ける可能性がある。図表4-9は、これら3つのルートを経て、どのように量的緩和政策の効果が発揮されるのかを見たものである。

　もともと金融政策というのは、金利に影響を与えることでその使命を果たそうという政策である。その背景にあるメカニズムとは、先にマネー・ビューとして紹介したように、金利の変動は企業の設備投資に強い影響力を持っており、たとえば金利が低下すると設備投資が増え、その結果として景気が刺激されることになるといったものである。しかし、金利はゼロ％よりも下がることはないのであるから、すでにゼロ％に達している状態からさらに金融を緩和しても、そういった政策が設備投資を刺激するといった効果ははなはだ心もとないといわざるをえない。このように考えると、①のルートがう

図表 4-9　量的緩和政策のメカニズム

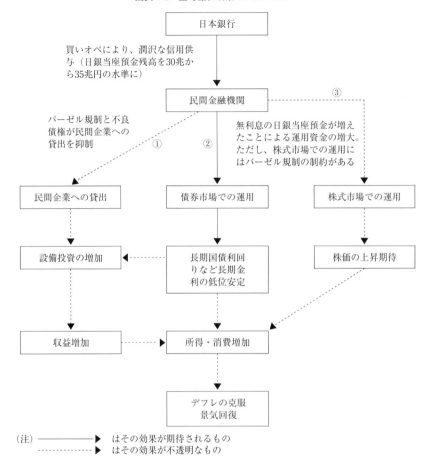

（注）　——————▶　はその効果が期待されるもの
　　　　----------▶　はその効果が不透明なもの

まく機能することを期待して日銀当座預金の大幅な増額が行われたとは考え
にくい。

バーゼル規制による貸出制約　　さらにここではバーゼル規制の存在にも触
　　　　　　　　　　　　　　　　れておく必要がある。5 章で詳しく解説す
るが、バーゼル規制とは、銀行が企業へ融資を行う場合には潤沢な自己資本
を持っていなければならないという規制である。ところが、特に 1990 年代

の半ば以降の日本の銀行は極端な自己資本不足に直面していたので、バーゼル規制の下では企業への貸出を増やすことはできなかったのである。この点から見ても、やはり①のルートが機能することを前提として量的緩和政策が実行されたとは考えられない。

　さらに、このバーゼル規制は③のルートにも影響を与えたと思われる。というのも、銀行が企業の株式を保有する場合にも、企業への融資と同じように潤沢な自己資本が必要とされていたからである。

日本の財政状況　残るのは②の債券市場での運用というルートであるが、実際このルートはもくろみどおりに機能した。この結果、民間金融機関による国債の保有は大幅に増大し、企業の設備投資に大きな影響を与える長期金利は低位で安定することになったのである（図表4-10参照）。

　ここで、②のルートがうまく機能した背景として、大幅な財政赤字という日本の財政状況とバーゼル規制に着目する必要がある。考えてみれば明らかなように、すでに巨額の国債を発行している政府がさらに国債を発行して財

図表4-10　長期国債（10年）応募者利回りの推移（2000年8月から2022年8月）

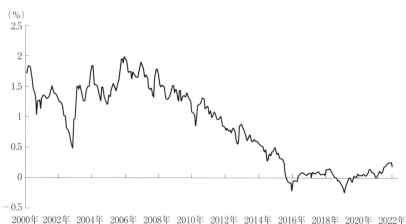

（資料）日本経済新聞デジタルメディア「NEEDS-FinancialQUEST」

政赤字を埋めるためには、新規に発行する国債は魅力的な金融商品となっている必要がある。つまり、国債にはそれなりの金利が付いてしかるべきなのである。しかし、かりに低金利のままでも大量に国債を買ってくれるという経済主体がいるのであれば話は別で、国債の金利は低位に留まることになるであろう。日本銀行から大量の資金を供給されていた民間金融機関は、国債の金利が低くても喜んで購入するという経済主体として行動したのである。というのも、民間金融機関にとっては、国債をどれだけ保有したとしてもバーゼル規制の制約を受けなくてもよいという事情があったからである。

　このように、日銀当座預金残高を大幅に増額した理由のひとつは、民間銀行による国債の大量購入を促し、結果として長期金利の低位安定を実現するためであったといえよう。理由のもうひとつは、次に説明する時間軸政策を用いることによって人々の期待に働きかけるためであったと思われる。

3) 時間軸政策

　図表4-9に戻ろう。これまでの議論で明らかなように、当初より①や③のルートについては、バーゼル規制があるためうまく機能するとは期待されていなかった。かといって、②のルートだけでは、長期金利が低位に安定するだけで、量的緩和政策の目的であるデフレの克服、景気回復を達成できない危険性がある。そこで日本銀行は、量的緩和政策を遂行するにあたって、それの効果を少しでも強めるために、いわゆる時間軸政策というものを量的緩和政策と並んで提示したのである。

　では、**時間軸政策**（時間軸効果あるいはコミットメント効果ともいう）とはどのような政策なのであろうか。実は時間軸政策とは、量的緩和政策の継続性を日本銀行が市場に対して強く約束するという政策であって、いわば日本銀行の意思の表明なのである。量的緩和政策が採用された2001年3月19日の段階で、日本銀行は、「量的緩和政策は、消費者物価指数（全国、除く生鮮食品。これをコアCPIとも呼ぶ）の前年比上昇率が安定的にゼロ％以上となるまで、継続する」という見解を発表していたが、この見解の中の

図表 4-11　日経平均（月間終値）の推移（1999 年 1 月から 2022 年 8 月）

（資料）日本経済新聞デジタルメディア「NEEDS-FinancialQUEST」

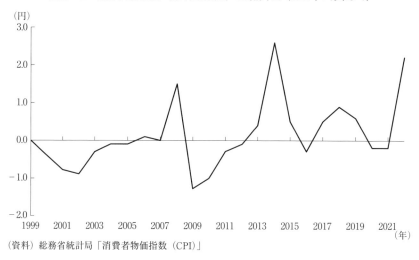

図表 4-12　消費者物価指数（除く生鮮食品）の対前年比（2022 年 7 月末まで）

（資料）総務省統計局「消費者物価指数（CPI）」

「継続する」という表現が時間軸政策の本質を表しているのである。なお、2003 年 10 月 10 日の金融政策決定会合において、この見解の内容は、足許のコア CPI インフレ率が安定的にゼロ％を上回ること、CPI インフレ率が

先行き再びマイナスになると見込まれないこと、さらにこの2条件が満たされても、経済金融情勢次第では量的緩和が継続されることもあるといったように、より強化された。

　このように、時間軸政策とは、ゼロ金利政策や量的緩和政策が発動されてからも株価や物価は低迷を続けていたという状況を踏まえ（図表4-11、4-12参照）、量的緩和政策は当面維持される、日本銀行の政策方針は絶対に揺るがないということを日本銀行が市場に対して強く約束し、その結果としてデフレ心理の緩和を狙った政策なのである。

4) インフレ・ターゲット

　インフレ・ターゲットとは、インフレ率の目標値を決めて、インフレ率がその水準に近くなることを目標に金融政策を実行するというものである。インフレ・ターゲットに期待されていたのは、経済の閉塞感が強まる中、ひとつの突破口としての役割であった。量的緩和政策により金利はゼロ％になったにもかかわらず企業の設備投資は改善せず、したがって景気も低迷したままでデフレ傾向も止まらない。そうした状況を打開する糸口をインフレ・ターゲットに見出そうというわけである。

　もともと、企業の設備投資等にとって重要なのは実質金利である。しかし、かりに名目上の金利がゼロ％でも、デフレが進行している場合には実質金利はプラスになってしまう。なぜなら、名目金利、実質金利、期待インフレ率の間には、

　　　　(4-2)　　実質金利＝名目金利−期待インフレ率

という関係があるからである。つまり、名目金利がゼロ％であっても、期待インフレ率が−1％（つまり1％のデフレ）であれば、(4-2)式から実質金利は1％となってしまう。しかし、インフレ・ターゲットを掲げて政策を遂行し、それによってもしインフレ率をプラスの値にできれば、(4-2)式から明らかなように名目金利がゼロ％の下では実質金利はマイナスとなるので、投資を誘発する効果がかなり期待できるとされたのである。

ところで、インフレ・ターゲットを掲げたとしても、現実にインフレが起こるかどうかは不明であるから、インフレ・ターゲットの有効性には当初より疑念の声もあがっていた。金融緩和政策を実行しているにもかかわらずインフレは起こっていないのだから、政策的にインフレを起こそうとしたとしても無理なのではないかというわけである。こういった声に配慮したためであろうか、日本銀行がインフレ・ターゲットの導入を明言したことはない。ただし、量的緩和政策に付随した時間軸政策は、ある意味ではインフレ・ターゲット的な要素を含んだ政策であるともいえよう。

　なお、ニュージーランド、イギリス、カナダ、スウェーデンなど、実際の金融政策としてインフレ・ターゲットを導入している国は数多いが、日本での主張とは異なり、インフレをある水準以下に留めるという政策として利用されている。日本でも今後は、この観点からインフレ・ターゲットの導入を求める声が強まる可能性がある。

5）量的緩和の効果

　これまでの議論のまとめとして量的緩和政策の効果を列挙しておこう。まず、量的緩和政策は金融システム不安の沈静化に大きく寄与したといえるが、その背景にあるのが時間軸政策である。時間軸政策によって日本銀行は、金融政策の方針は揺るがないという強いメッセージを市場に対して与えた。市場参加者の期待にこのような形で働きかけるということは、政策が効果を持つためには大変重要である。

　また、政策は揺るがないという時間軸政策により、短期金利ばかりではなく、長期金利をも低く抑えることが可能となった。もちろん、民間金融機関による国債の購入が長期金利の低位安定に寄与したのも事実であるが、6章で説明する金利の期間構造に関する期待理論からも明らかなように、短期金利に関する期待の変化は長期金利の水準に大きな影響力を持っている。つまり、短期金利が低位に安定していると、それが長期金利の低位安定に大きく寄与するのである。

　最後に、巨額の日銀当座預金を持った民間金融機関が、株式などのリスクを伴う資産におカネを振り向ける（これを資産再配置〔ポートフォリオ・リバランス〕効果ともいう）という図表4-9のルート③については、すでに述べたようにその効果は当初はほとんどなかったといえる。ただ、図表4-11の株価動向からも明らかなように、2003年の半ば前に底を打った日経平均は2008年秋のサブプライム・ローン危機のあたりまでは順調に上昇基調をとったのであるから、量的緩和政策が時間をかけて浸透し、企業収益の増加や投資マインドの変化などをもたらした可能性は否定できないかもしれない。

6．非伝統的金融政策の深化

1）サブプライム・ローン危機後の金融政策

　日本銀行は、リーマン・ブラザーズの破綻をきっかけに国際金融市場の動揺が深刻化した2008年秋以降、コールレートの誘導目標を0.1％前後へと引き下げるとともに、金融市場の安定確保と企業金融円滑化の支援を目的として、数々の対策を講じてきた。金融市場の安定確保の措置としては、米ドル資金の供給（ニューヨーク連邦準備銀行との間の為替スワップ協定）や補完当座預金制度（日銀当座預金のうち所要準備額を超える金額に対して0.1％の利息を付ける）の創設などがある。また、企業金融円滑化の支援としては、買いオペの対象となる社債やCPの適格性の範囲を広げるなどの措置がとられた。さらに、金融システム安定のための措置として、金融機関保有株の買い取りや金融機関に対する劣後ローンの供与などが行われている。

　時間軸政策の再登場　また、2009年の秋から冬にかけては、伝統的政策の枠組みの中で、期間がやや長めの金利の低下をもたらすために一層の金融緩和に取り組むことが決定されるとともに、この金融緩和を物価水準が安定的（インフレ率が1％程度）になるまで継続することが表明された。つまり、時間軸政策が再び採用されることになったわ

けである。また、目標とする物価水準も明確になっているので、インフレ・ターゲット的な要素をも取り込んだものであるといえよう。

2) 非伝統的金融政策のさらなる深化

　日本銀行は、政権側からの強い要請を受けたこともあり、2013 年に入ると緩和政策をさらに深化させていった。すなわち、2013 年 4 月の「量的・質的金融緩和」、2016 年 1 月の「マイナス金利付き量的・質的金融緩和」、同年 9 月の「長短金利操作付き量的・質的金融緩和」である（図表 4-13 参照）。

異次元の金融緩和（量的・質的金融緩和）　量的・質的金融緩和の実施にあたって日本銀行は、デフレ脱却のためには何でもする、したがって、今回の量的・質的金融緩和はこれまの緩和政策とは全く違う、いわば異次元の金融緩和であるということを高らかに宣言した。異次元の金融緩和策を実施するぐらいであるから、日本銀行は不退転の決意でデフレ脱却にあたっているのだと、市場にそう訴えることにより、人々の間に蔓延しているデフレマインドを払拭しようとしたわけである。

　2001 年から 2006 年にかけての量的緩和政策のときには、金融政策の操作目標は日銀当座預金残高であった。しかし、異次元緩和でも量的緩和のときと同じ日銀当座預金残高を操作目標にすると目新しさが一切なくなってしまう。そこで日本銀行は、量的緩和時の日銀当座預金残高に代えて、異次元緩和においてはマネタリー・ベースを操作目標とした。

　とはいえ、7 章であらためて定義するが、日銀当座預金に現金を足したものがマネタリー・ベースであって、しかも現金はそれほど大きく変動しないということを考えると、金融調節の操作目標を日銀当座預金残高にしようが、マネタリー・ベースとしようが大差はない。

マイナス金利の導入　2016 年 1 月からは、マイナス金利付き量的・質的金融緩和が導入された。導入された背景は量的

図表 4-13　深化する非伝統的金融政策

2013 年	1 月 22 日	「物価安定の目標」と「期限を定めない資産買入れ方式」の導入、2％のインフレを目指す デフレ脱却と持続的な経済成長の実現のための政府・日本銀行の政策連携発表
2013 年	4 月 4 日	**「量的・質的金融緩和」の導入** 金融市場調節の操作目標を、無担保コールレート翌日物からマネタリー・ベースに変更 マネタリー・ベースが、年間約 60～70 兆円に相当するペースで増加するよう金融調節を実施 長期国債買入れの拡大と年限長期化 　長期国債の保有残高が年間約 50 兆円に相当するペースで増加するよう買い入れを行う 　買い入れの平均残存期間を 3 年弱から 7 年程度へ延長。ETF（年間約 1 兆円）、J-REIT（年間約 300 億円）の買入れの拡大 「量的・質的金融緩和」の継続 　2％の「物価安定の目標」の実現を目指し、これを安定的に持続するために必要な時点まで継続する
2014 年	10 月 31 日	**「量的・質的金融緩和」の拡大** マネタリー・ベースが、年間約 80 兆円（約 10～20 兆円追加）に相当するペースで増加するよう金融市場調節を行う 長期国債買入れの拡大と年限長期化の拡充 　長期国債の保有残高が年間約 80 兆円に相当するペースで増加するよう買い入れを行う 　買い入れの平均残存期間を 7 年から 10 年程度へ延長。ETF（年間約 3 兆円）、J-REIT（年間約 900 億円）の買入れの拡大 「量的・質的金融緩和」の継続 　2％の「物価安定の目標」の実現を目指し、これを安定的に持続するために必要な時点まで継続する
2016 年	1 月 29 日	**「マイナス金利付き量的・質的金融緩和」の導入** 金融機関が保有する日本銀行当座預金に▲0.1％のマイナス金利を適用するを行う 　量：マネタリー・ベースが、年間約 80 兆円に相当するペースで増加するよう金融市場調節を行う 　質：長期国債の保有残高が年間約 80 兆円に相当するペースで増加するよう買い入れを行う 　買い入れの平均残存期間を 7 年から 10 年程度へ延長。ETF（年間約 3 兆円）、J-REIT（年間約 900 億円）の買入れの拡大 「マイナス金利付き量的・質的金融緩和」の継続 　必要な場合には、「量」・「質」・「金利」の 3 つの次元で、追加的な金融緩和措置を講じる
2016 年	9 月 21 日	**「長短金利操作付き量的・質的金融緩和」の導入** 長短金利操作（イールドカーブ・コントロール） 　短期金利：日本銀行当座預金のうち政策金利残高に▲0.1％のマイナス金利を適用する。 　長期金利：10 年物国債金利が概ね現状程度（ゼロ％程度）で推移するよう、長期国債の買入れを行う。 　資産買入れ方針　　ETF（年間約 6 兆円）、J-REIT（年間約 900 億円）の買入れの拡大 　オーバーシュート型コミットメント　　日本銀行は、2％の「物価安定の目標」の実現を目指し、これを安定的に持続するために必要な時点まで、「長短金利操作付き量的・質的金融緩和」を継続する

（資料）日本銀行「金融政策決定会合議事要旨」から作成

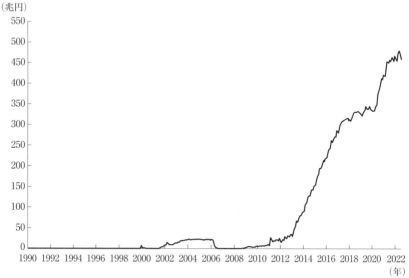

図 4-14　超過準備の推移（2022 年 9 月まで）

（兆円）

（年）

（資料）日本銀行「金融経済統計月報」

　な緩和政策に対する閉塞感である。図表 4-14 を見ればわかるとおり、2013
年以降、すでに十分な量的緩和が実施されてきた。しかし、デフレからの脱
却はまだ実現しておらず、しかもこのような超緩和をいつまでも続けること
もできない（緩和は買いオペによって実行されるので、民間銀行の保有する
国債残高が無限でない限り、いつまでも緩和を続けることはできない）。そ
こで日本銀行は、金利面でもさらなる金融緩和を行うべく、超過準備の一部
に対してマイナス金利を適用することにしたのである。
　マイナス金利の適用部分を有している金融機関は、このマイナス金利を上
回りさえすればたとえそれがマイナスのレートであろうとも、金融市場にお
いて他の金融機関に資金を貸し出すインセンティブを持つことになり、その
分、短期金融市場の金利に低下圧力がかかることになる。

長短金利操作付き量的・質的金融緩和
　　　　　　　　　　　　　　　　　　　一般に金融政策でできることは短
　　　　　　　　　　　　　　　　　　　期金利のコントロールであって、

長期金利はコントロール不可能であるとされてきた。ただ、投資を活発化させ、それによって経済を成長軌道に乗せるためにより重要な金利は、短期金利ではなく長期金利である。そういったことから2016年9月に、イールドカーブ・コントロールという名の下で、短期金利ばかりでなく長期金利のコントロールも目指す長短金利操作付き量的・質的金融緩和政策が実施されることになった（イールドカーブあるいは利回り曲線については6章で説明する）。

一連の緩和策への評価　図表4-14は、図表4-4に2022年9月までのデータを付け加えた図表であるが、異次元緩和の導入以降、超過準備が急激に積みあがっていることがわかる。この積極的な緩和姿勢の効果であろうか、株価は順調に推移し（図表4-11）、物価も異次元緩和の導入直後は堅調に上昇した（図表4-12）。しかし、2022年末の段階でも、デフレから脱却したとはいえない状況である。

また、非伝統的な政策をとればとるほど、日本銀行の資産は劣化していき、そのことが日本銀行に対する信認を毀損するのではないのかと懸念する声もある。また、あまりにリスクのある資産を日銀が買い取ってしまうとモラル・ハザードが発生するという問題もある。確かにそのとおりなのだが、日本銀行が資産の劣化をものともせず果敢に金融政策に取り組まなければ、再び日本経済は長期低迷に陥ってしまうという危険性があるのも事実である。

日本の場合、大幅な財政赤字が存在しているため財政出動をあてにすることができず、景気対策を主導する主体として日本銀行に過度な期待がかかっている。金利がきわめて低い状態でどれほど金融緩和に効果があるのかは疑問のあるところだが、大幅な財政政策の出動を期待できない以上、消去法的に金融政策への期待感が大きくなってしまっているのである。

コラム

期待インフレ率の代替指標

期待インフレ率は物価の動向を決める重要な要因であるが、実際に測定することはできない。そこで、以下の式で示されるブレーク・イーブン・インフレ率（Break Even Inflation rate：略称 BEI）が期待インフレ率の代替指標として利用されており、財務省のホームページで閲覧可能となっている。

ブレーク・イーブン・インフレ率（BEI）

＝固定利付国債の金利－物価連動債の金利

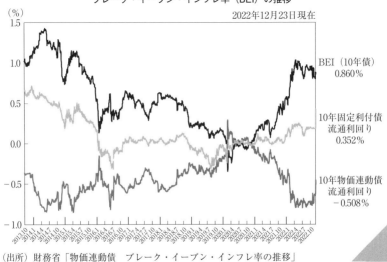

ブレーク・イーブン・インフレ率（BEI）の推移

（出所）財務省「物価連動債　ブレーク・イーブン・インフレ率の推移」

参 考 文 献

池尾和人『現代の金融入門［新版］』ちくま新書、2010 年

植田和男『ゼロ金利との闘い』日本経済新聞社、2005 年

内田浩史『金融』有斐閣、2016 年

北坂真一「期待で物価は上げられるか⑦」日本経済新聞朝刊、2016 年 11 月 30 日

櫻川昌哉「金融緩和の功罪⑧」日本経済新聞朝刊、2021 年 9 月 9 日

柴本昌彦「金融緩和の功罪⑦」日本経済新聞朝刊、2021 年 9 月 14 日

白井さゆり『超金融緩和からの脱却』日本経済新聞出版社、2016 年

代田豊一郎「金融政策の効果を測る①から⑪」日本経済新聞朝刊、2022 年 7 月 22 日、26 日から 29 日、8 月 1 日から 5 日、9 日

田中茉莉子『金融論への招待』新世社、2022 年

日本経済研究センター編『激論　マイナス金利政策』日本経済新聞出版社、2016 年

ポール・クルーグマン（山形浩生訳）『さっさと不況を終わらせろ』早川書房、2012 年

5

信用秩序維持政策

　この章では、信用秩序維持政策（プルーデンス政策：prudential policy）の現状や問題点を考察する。1 節では銀行業などに対する公的規制の根拠を検討し、2 節以降では、これまでの日本の金融行政の在り方とその問題点を概観したのち、バーゼル規制、日本銀行の最後の貸し手機能、預金保険制度などに言及する。また、信用秩序維持政策の存在はモラル・ハザードを招く危険性があることを指摘し、それへの対処策について説明を加える。

1．公的規制の根拠

　日本ばかりでなく、どこの国においても、金融業、その中でもとりわけ銀行業に対してはさまざまな公的規制が存在している。日本の場合は主として金融庁や日本銀行が、法令に基づいて銀行業の行動に関して厳しい規制や監視を加えている。こういった規制の目的は大まかにいって 2 つある。ひとつは独占や寡占による弊害を防ぐことであり、もうひとつは、銀行部門や金融市場の安定性を確保することにより、**信用秩序の維持**と**預金者保護**を図ることである。

　これら 2 つの目的のうち第 1 の目的は、すべての業種や産業に当てはまる規制目的であって、何も銀行業だけが特別というわけではない。しかし、信用秩序の維持と預金者保護という第 2 の目的は銀行業固有のものである。では、なぜ信用秩序の維持と預金者保護を図る必要があるのだろうか。

1) 決済システムの担い手

　第1に、銀行業は金融仲介や決済システムの担い手としてきわめて重要な役割を果たしており、その他の経済主体全体に対して一種のインフラ（基盤）的サービスを提供していると考えられるためである。

　それゆえ、もし銀行業が機能不全に陥ってしまった場合、その他の産業や国民経済全体に与える悪影響は計り知れないほど大きい。しかもこの悪影響は、国民経済全体に対して市場取引を通じて波及するのではなく、「外部不経済」として直接的に波及すると考えられる。このような外部性の存在は、市場の失敗を招くひとつの原因であることが知られており、したがって、経済厚生を向上させるという理由から公的規制の存在が正当化されるのである。

2) 銀行と預金者間の情報の非対称性

　第2に、銀行経営者は銀行の経営状態を把握しているが預金者はそうではないという情報の非対称性が、銀行経営者と預金者との間には存在するためである。このような情報の非対称性があると、何らかのきっかけからA銀行で**預金取り付け**（預金者が一斉に預金の払い戻しを請求するような事態）が発生した場合、B銀行の預金者もB銀行に対して取り付けを行う可能性がある。なぜなら、情報の非対称性のためB銀行の預金者がB銀行の経営状態を把握することは困難なので、とりあえず自分の預金の払い戻しを請求しようという行動が合理性を持ってしまうからである。しかも、現在の銀行はいわゆる部分準備で運営されている。つまり、預金者から受け入れた預金の大半は貸出等で運用されており、預金者への支払い準備として保有されているのはごく一部に留まっている。このため、たとえB銀行の経営状態には何の問題がなくても、B銀行は取り付けによってたちまち支払い不能に陥ってしまうであろう。すなわち、ある銀行での取り付けや破綻は、他の銀行へ次々に伝染してしまう危険性がある。

　こうした金融システム危機ともいうべき状況が発生してしまうのは情報の非対称性のせいであるが、先ほどの外部性の場合と同じように、情報の非対

称性は市場の失敗を招くひとつの原因であることが知られている。そのため、情報劣位者である預金者の代わりに、政府などの公的機関が銀行に対して規制を加えたり監視を続けたりすることで、経済厚生は向上する余地があるのである。

3) その他金融業の保護—サブプライム・ローン危機からの教訓—

　2007年夏のサブプライム・ローン危機以降の世界金融危機では、投資銀行（投資銀行業務を行っている金融機関）や保険会社といった通常の銀行業以外に対しても、米国政府やFEDが救済措置を講じた。こうした措置はどのように正当化できるのであろうか。

　救済されたベア・スターンズのような大手投資銀行は、資金のほとんどを短期金融市場からの借入に頼る一方、そこで得た資金を住宅担保証券といった証券化商品（この詳細は9章で述べる）や国債などで運用していた。そのため、何らかの事情により市場に不安心理が蔓延してこれら証券化商品や国債などをすぐには換金できない事態になると、投資銀行は短期金融市場においてデフォルト（債務不履行）の危険にさらされることになってしまう。

　さらに、大手投資銀行は資本市場では中核的プレーヤーであることが多く、世界中の多数の金融機関と取引関係を持っているのが通常である。このため、もし大手投資銀行がデフォルトになれば、その取引相手にも同様のリスクが降りかかることになるが、もしこれを通貨当局が放置すると、不安心理の連鎖から金融システム危機という状況にまで事態は深刻化してしまうかもしれない。こうしたことから、今回の世界金融危機では通常の銀行以外の業態である投資銀行に対しても救済措置が講じられたのである。

　保険会社AIGが救済された理由も基本的にはこれと同じである。というのも、AIGの経営危機の原因はその投資銀行的な活動にあったからである（AIGの場合は、クレジット・デフォルト・スワップ〔CDS〕というデリバティブ取引を世界中の多数の金融機関などと行っていたという特徴があったが、これについては10章で解説する）。

ただし、大手投資銀行が主として活動の場としている資本市場は、その参加者の大半はプロであるから、あくまで自己責任を原則とするのが望ましい。さらに大手投資銀行は、わずかな自己資本と多額の借入金をもとに過大な投資をしていたので、それを救済するとモラル・ハザードの問題が生じてしまう。したがって、銀行業以外をも救済するという当局の対応を評価する場合には、モラル・ハザードの問題と金融システム危機回避とのトレード・オフ関係を考慮しなくてはならない。リーマン・ブラザーズに対して救済措置が講じられなかったのも、すべてを救済すればモラル・ハザードが拡大してしまうことを嫌ったためであったと思われる。

2. 信用秩序維持政策の概要

金融システムの安定化を目的とした**信用秩序維持政策**（プルーデンス政策：prudential policy）とはいわば一種のリスク対策であるから、リスクの現実化を防ぐという対策と、現実化してしまったリスクが多方面に悪影響を及ぼさないようにするという対策の二段構えとなっていなければならない（図表5-1参照）。通常、前者を**事前的対策**、後者を**事後的対策**もしくは**セーフティー・ネット**と呼ぶ。

金融危機は突然発生するものではなく、その前兆としては経営体力のない銀行の破綻が観察されると思われる。ただしそういった銀行であっても、金融業を取り巻く経済環境全般が良好なときに破綻するというのはまれであって、通常は金融環境が悪化したときに破綻することになるであろう。したがって、リスク対策の第1段階である事前的対策は、かりに金融環境が悪化したとしても、個別的な破綻を生じさせないような内容となっていなければならない。

しかし、もちろんこれだけではリスク対策として十分ではない。リスク対策の第2段階である事後的対策は、かりに経営体力のない銀行が破綻したとしても、それがその他の銀行へと伝染して金融危機が生じないようなものと

図表5-1　信用秩序維持政策の概要

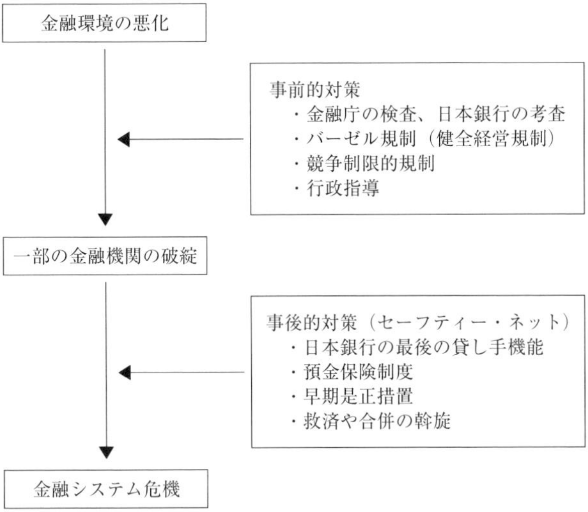

```
金融環境の悪化
        │
        │          事前的対策
        │            ・金融庁の検査、日本銀行の考査
        ◄───────    ・バーゼル規制（健全経営規制）
        │            ・競争制限的規制
        │            ・行政指導
        ▼
一部の金融機関の破綻
        │
        │          事後的対策（セーフティー・ネット）
        │            ・日本銀行の最後の貸し手機能
        ◄───────    ・預金保険制度
        │            ・早期是正措置
        │            ・救済や合併の斡旋
        ▼
金融システム危機
```

なっていなければならない。

　図表5-1にあるように、事前的対策には検査や考査、バーゼル規制などが含まれ、事後的対策には日本銀行の最後の貸し手機能や預金保険制度などが含まれる。これら数々の手段の中で、どの手段がもっとも重要であるのか、また、公的機関の介入姿勢の強弱はどの程度であるのかといった点については、時代の状況などにより大きく変化するのが通例である。

3．従来の事前的対策—競争制限的規制と行政指導—

1）護送船団方式

　競争制限的規制とは、銀行相互の競争を制限することで銀行業にある程度の超過利潤が発生するのを容認し、これにより金融システムの安定化を達成しようとする規制のことである。具体的には、預金金利規制、手数料規制、

業務分野規制、参入規制、店舗規制などがこれに相当し、つい最近まで信用秩序維持政策の中核をなしてきた。この立案・執行を担当していたのがかつての大蔵省（現在は財務省）である。

　この規制の名目は銀行業における過当競争の防止であったが、実際には銀行業の既得権を守ることに役立ってきた。既存の銀行自身、競争制限的規制の撤廃を望んでいたわけではなかったということも、この規制が銀行にとって都合の良いものであったことを示唆している。

　ここで、競争制限的規制の具体例をいくつか示しておこう。銀行の店舗はどこも似たようなつくりになっているが、これは店舗規制の結果である。また預金金利規制により預金金利の上限は制限されていたし、さらに、異業種の企業が新たに銀行業や証券業に参入することは、事実上不可能であった。

　こういった競争制限的規制の目的は、信用秩序の維持や預金者保護というよりは、ひとつたりとも銀行を潰さないという点にあった。しかもこの目的を達成するための金融行政は、明確で詳細な法令やルールに基づいていたというよりも、大蔵省が個々の金融機関に対して裁量的に行政指導を行うという形で実行されていた。こうした方針に基づく金融行政を**護送船団方式**（convoy system）というが、要するにこれは、もっとも経営体力が弱体化している銀行であっても経営破綻にならないよう、大蔵省があらゆる手立てを講じるというものであった。

　先ほどの店舗規制の例にしても、来客を促すような魅力的な店舗を建てることは、そういった店舗を建てる余裕がない弱小銀行の立場を相対的に弱くするので認められなかったのである。預金金利の上限規制にしてもその目的は同様で、優良銀行が高い預金金利を提示してしまうと、低い金利しか提示できない弱小銀行には不利になるから、預金金利に上限を設けていたのである。

2）国際化による競争制限的規制の形骸化

　しかし、1980 年代に入ると、金融を取り巻く環境が徐々に変化していっ

た。その変化の中でも特に重要なのは**金融の国際化**である。ここでいう国際化とは2つの側面があり、ひとつは海外の金融市場へ目を向ける日本企業（とりわけ優良な大企業）が増えたことである。もうひとつは、日本市場に目を向ける外国の金融機関が増えたことである。

　こういう状況下で従来の競争制限的規制を続けてしまうと、それは既存の金融機関にとっては必ずしも有利なことではなく、むしろその地盤沈下をもたらしてしまう危険性の方が高い。すなわち、競争制限的規制の継続は、その目的（銀行経営の安定化）に反するだけでなく、規制としての実効性をも失い始めたのである。その結果日本では、1980年代半ばから金融の自由化が徐々に進行することになった。さらに、国際化のうねりは1990年代に入ると情報技術革新の進展などにより一層加速し、それに伴い金融自由化への動きも1996年の日本版金融ビッグバン構想によりその頂点をきわめることになった。したがって、従来の競争制限的規制や行政指導は、その実効性を失うと同時にそのほとんどは廃止の傾向にある。

4．現在の事前的対策―バーゼル規制―

　競争制限的規制や行政指導による金融行政は、その実効性を完全に失いつつあるが、だからといって事前的対策の必要性そのものがなくなってきているわけではない。むしろ逆で、現在も事前的対策は信用秩序維持政策の中心であり続けている。ただし、かつてとは違って、現在の事前的対策は明確な法令やルールに基づいたものとなっている。その代表例が以下で詳しくその内容を説明するバーゼル規制（自己資本比率規制ともいう）である。なお、かつてはバーゼル規制を BIS 規制と呼んでいた。

1) バーゼル規制

　バーゼル規制とは、**国際決済銀行**（BIS：Bank for International Settlement）内に事務局を置いているバーゼル銀行監督委員会による自己資本比

率の国際的統一基準のことで、**信用リスク**（貸したおカネを回収できなくなるリスクのことで、デフォルトリスクあるいは貸し倒れリスクともいう）や**市場リスク**（株価、為替レート、金利などが変動することにより保有資産に損失が出るリスクのことで、マーケットリスクともいう）を考慮に入れた資産残高（このような資産残高をリスクアセットと呼んでいる）に対して、一定以上の自己資本の保有を義務付けるという内容となっている。

当初のバーゼル規制（これをバーゼルⅠと呼ぶ）は、日本では1993年度末からその適用が開始され、その後2度の改正を経て、2007年度末からは新しいバーゼル規制（バーゼルⅡ）の適用が始まった。また、リーマンショック後の世界金融危機を経て、バーゼル規制としては第3世代にあたるバーゼルⅢが2012年度末から段階的に導入された（完全実施は2028年初）。

バーゼルⅠおよびⅡでは、リスクアセットに対して、国際業務を営む銀行は8％以上の、国内業務だけの銀行は4％以上の自己資本を保有することが要求されている（バーゼルⅢについては6節参照）。これらを式で表すと、

$$(5\text{-}1) \qquad \frac{自己資本}{リスクアセット} \geq 8\% \qquad （国際業務を営む銀行）$$

$$(5\text{-}2) \qquad \frac{自己資本}{リスクアセット} \geq 4\% \qquad （国内業務だけの銀行）$$

と表現することができる。

2）リスクアセット

ここで、分母のリスクアセットとはどのようなものであろうか。図表5-2のある銀行は1から5までの5種類の資産を保有していたとしよう。この5種類の資産に対しては、信用リスクや市場リスクの程度に応じて資産固有のリスクウエイトがバーゼル銀行監督委員会により決められており、各資産額に固有のリスクウエイトを掛け合わせるとリスクアセットの額を算出することができる。なお、ここではバーゼルⅠのリスクウエイトをもとに議論を進める。これは、リスクウエイトに関する基本原則はバーゼルⅠで確立してい

図表 5-2　ある銀行のリスクアセット（バーゼル I のケース）

資　　　産		リスクウエイト	リスクアセット
1.　現金、OECD 加盟国中央政府向け債権等	100 万円	0 %	0 円
2.　日本国の政府関係機関向け債権	100 万円	10 %	10 万円
3.　OECD 加盟国所在の金融機関向け債権等	100 万円	20 %	20 万円
4.　抵当権付住宅ローン	100 万円	50 %	50 万円
5.　事業法人・個人向け債権等	100 万円	100 %	100 万円
合計	500 万円	合計	180 万円

るからである（バーゼル III のリスクウエイトについては 6 節で説明する）。

　この銀行が日本の国債を 100 万円保有していたとしよう。日本の国債は、図表 5-2 では 1 の「現金、OECD 加盟国中央政府向け債権等」に該当するので、そのリスクウエイトは 0 ％である。つまり、この銀行が国債を 100 万円保有していたとしても、それはリスクアセットとしては全く計上されないことになる。また、地方債を 100 万円保有している場合には、これは 2 の「日本国の政府関係機関向け債権」に該当するので、100 万円 × 10 ％の 10 万円だけリスクアセットとして計上される。図表 5-2 にあるように、もし銀行が 1 から 5 に該当する資産を各々 100 万円ずつ保有しているとすれば、この銀行の総資産は 500 万円であるが、リスクアセットの合計は 180 万円となる。

3）自 己 資 本

　自己資本とは、銀行にとって返済する必要も利払いの必要もない資金のことであって、大まかにいえば自己資本＝資本金＋内部留保である。したがって、自己資本が大きければ大きいほどその銀行には経営体力があるということになる。

　バーゼル規制における自己資本は、図表 5-3 に示したように、普通株等 Tier 1、その他 Tier 1、Tier 2 という 3 つのカテゴリーに分けられている。

普通株等 Tier 1	普通株式で調達した資金、内部留保
その他 Tier 1	優先株式等
Tier 2	劣後債、劣後ローン等および一般貸倒引当金等

（資料）金融庁「バーゼル3（国際合意）の概要」

5. バーゼル規制の意味するもの

　バーゼル規制とは、自己資本比率が高い銀行ほど経営の安全性も高くなるということを意味しているのであるが、この点を簡単な例を使って確認していこう。図表5-4は、AとBという2つの銀行が、自己資本の違いによって一方は倒産せず、他方は債務超過となってしまう場合を単純なバランスシート（貸借対照表）を用いて示したものである。ただ、これについて説明する前に、まずはバランスシートの読み方を見ておく必要がある。

1）バランスシートの読み方

　バランスシートとは、ある時点（たとえば毎年の3月末など）での資産残高と負債・資本残高といった財務状況をまとめたもので、左側に資産を、右側に負債・資本を計上したものである。重要な点は、バランスシートの読み方を理解することであって、ここでは、右側の負債・資本項目は「どこからおカネがきたのか」を表しており、左側の資産項目は「そのおカネは、いまはどうなっているか」を表しているということが理解できれば十分である。

　図表5-4左上のA銀行のバランスシートを使って具体的に考えていこう。ここには右側の負債・資本項目として、預金70、自己資本30と書いてあるが、これは、A銀行はこの時点で100のおカネを持っており、そのうちの70は預金者から預かった預金、残りの30はA銀行自身のおカネともいうべき自己資本であるということを意味している。なお、預金が負債項目に計上されているのは、預金者から要求があればいつでも払い戻す義務が銀行に

図表 5-4　銀行の自己資本と倒産の可能性

〈A銀行〉　　　　　　　　　　　　〈B銀行〉

資産		負債・資本			資産		負債・資本	
貸出	100	預金	70		貸出	100	預金	90
		自己資本	30				自己資本	10

資産価値の下落

資産		負債・資本			資産		負債・資本	
貸出	80	預金	70		貸出	80	預金	90
		自己資本	10				（債務超過）10	

　はあるからである。また、預金のような負債性の資金を自己資本に対比させて他人資本と呼ぶこともある。また、先ほどの「どこからおカネがきたのか」という表現を使えば、70は預金者から、30は銀行自身からということになる。

　また、左側の資産項目には貸出100とあるが、ここでも「そのおカネは、いまどうなっているか」という表現を使うと、A銀行はA銀行に存在している100のおカネをすべて貸出で運用しているということになる。

　このように、バランスシートというのは、あるおカネについてその出所と現在の状態を記したものに過ぎないのであるから、左側の資産項目と右側の負債・資本項目は必ず同額となるのである。

2）自己資本の重要性

　話を自己資本と倒産の可能性に戻そう。もともと100の資産をA銀行も

B銀行も持っていたのだが、経済環境の変化等により100の資産の価値が80にまで目減りしてしまったとしよう。A銀行は十分な自己資本を持っていたので、資産が20目減りしてしまっても、誰にも迷惑をかけずに自分自身のおカネである自己資本を使ってその目減り分を吸収することができる。しかし、B銀行には自己資本が10しかないのであるから自力でこの難局を乗り切ることはできない。

　この簡単な例からも明らかなように、バーゼル規制とは、銀行が保有する資産はさまざまな要因によってその価値が変動するということを踏まえ、かりに予期せぬ事態が起こって資産が目減りしたとしても、預金など他の主体から借り入れている部分に手をつけずに資産の目減り分をカバーできるよう、十分な自己資本を持つことを銀行に要求するものなのである。

3）自己資本比率を高めるための方策

　今、図表5-2で示した銀行は国際業務を営んでいて、その自己資本は9万円であったとしよう。するとこの銀行の自己資本比率は9万円÷180万円＝5％となってしまい、このままではバーゼル規制の国際統一基準である8％をクリアできなくなってしまう。クリアするには自己資本比率の、①分母であるリスクアセットを減らすか（分母対策）、②分子である自己資本を増やすしかない（分子対策）。

　分母対策と貸し渋り　①の分母対策として一番手っ取り早い方法は、リスクウエイトの高い「企業への貸出」（これは図表5-2の5に相当する）を減らすことでリスクアセットを圧縮することである。たとえば、企業への貸出の100万円は全額リスクアセットとして計算されていたわけであるから、それを全額回収すればこの銀行のリスクアセットは80万円まで圧縮されることになる。その結果、自己資本比率も9万円÷80万円＝11.25％へと上昇し、バーゼル規制を簡単にクリアできてしまう。これが1990年代半ば以降の不況時や金融危機の時に問題となっていた**貸し渋りや貸し剥がし**が発生した背景である。

分子対策　　　次に②の自己資本を増やす方法について考えてみよう。その代表的方法は、新株を発行して増資したり、劣後債を発行して資金調達をしたりすることである。これらは、いわばこの銀行が自力で自己資本増を図るための方法であるが、バーゼル規制をクリアすることに四苦八苦しているような銀行にとっては、これらの実現は事実上不可能と考えてもよいであろう。なぜなら、経営状態が健全ではない銀行の新株や劣後債を、それらが紙屑となってしまうというリスクを気にせずに、喜んで買ってもよいという奇特な人や組織が出現する可能性はきわめて低いからである。

　また、銀行が利益を上げることや銀行の保有株が値上がりすることによっても自己資本は増えるが、前者を銀行が短期間で実現できるかどうか不明であるし、後者はそもそも銀行の努力でどうにかなるといった事柄ではない。

　このように考えてみると、バーゼル規制をクリアするために有効で、短期間で達成可能もしくは銀行の自助努力で実現可能な分子対策というものを銀行は持っていないということになる。したがって、どうしても分子を増やしたい場合には他力に頼るしかない。その代表的方法が政府に公的資金を注入してもらうことである。なお、政府が公的資金を注入する場合には、当該銀行の発行する優先株（株主総会での議決権がない代わりに、配当の支払いについては優先的な権利を持つ株）を政府が購入するという形式をとるのが一般的である。

不十分だった公的資金　　　図表5-5は、これまで紹介した数々の分母対策と分子対策について、短期的に実効性があるかという観点からまとめたものである。これまでの議論でも明らかなように、実効性のある方策は2つしかない。公的資金の注入を受け入れるか、それとも貸し渋りをするかである。

　日本では1997年の秋に北海道拓殖銀行や山一證券が経営破綻し、その後金融危機ともいえるような状況となったが、それを受け98年と99年に主要行に対して公的資金の注入が実行された。ただし、この時の注入額は明らかに少なかったため、結局のところ、銀行はバーゼル規制をクリアするために

図表 5-5　自己資本比率を上昇させる方策とその実効性

	自己資本比率を上昇させる方策	短期的な実効性の有無
分子対策	・銀行が利益を上げる ・銀行の保有する有価証券（主として株式）の値上がり ・新株を発行して増資 ・劣後債の発行による資金調達 ・公的資金の注入を受ける	なし なし なし なし あり
分母対策	・貸し渋り、貸し剥がしを行う	あり

貸し渋りに走ったわけである。しかし、貸し渋りや貸し剥がしが横行してしまうと、景気が一層悪化し、それが新たな不良債権を生むことで銀行の自己資本比率がさらに悪化するという悪循環に陥ってしまう。つまり、公的資金注入を果敢に実行しなかったことが不良債権問題の解決を長引かせる結果につながってしまったと思われる。

6．バーゼル規制の展開

この節では、バーゼルⅢの主な内容と、それが日本の銀行に与える影響についてまとめておこう。

1）貸出先企業規模によるリスクウエイトの違い

バーゼルⅠでは、大企業向けの貸出であっても中小企業向けの貸出であっても、リスクウエイトは同じ 100％であった。しかし、これら貸出先がかりに倒産した場合、銀行経営に与える影響という意味で考えると、大企業への貸出が焦げ付いた場合の方がはるかに影響度は大きいと思われる。こういった点を考慮に入れ、バーゼルⅢでは貸出先を大企業、中堅企業、中小企業、

図表5-6　バーゼルⅢのリスクウエイトの一例

銀行の貸出先	リスクウエイト	
	バーゼルⅠ	バーゼルⅢ
現金、OECD加盟国中央政府向け債権等	0％	0％
日本国の政府関係機関向け債権	10％	10％
OECD加盟国所在の金融機関向け債権等	20％	20％
大企業(注1)	100％	100％
中堅企業(注1)	100％	100％
中小企業(注2)	100％	75％
個人向け債権等	100％	75％
抵当権付住宅ローン	50％	35％

（注1）借り手の格付けに応じてリスクウエイトを20％から150％とする
　　　　手法も選択可
（注2）与信額1億円程度未満
（資料）金融庁「バーゼル3（国際合意）の概要」

個人向け融資、住宅ローンにわけ、各々のリスクウエイトを図表5-6のように変更することになった。

2）リテール業務への影響

　バーゼルⅢでは、中小企業と個人向けの貸出や住宅ローンについてのリスクウエイトがバーゼルⅠに比べると大幅に低下する。したがって銀行は、大企業や中堅企業への貸出をこれら中小企業や個人に変更することにより自己資本比率を高めることができる。中小企業や個人向けの業務のことを**リテール業務**といい、これまでは地銀、第二地銀、信金、信組などがその主な担い手であったが、今後はこのリテール業務に大手銀行が本格的に参入するといった事態を予想することができよう（住宅ローンに関してはすでにこういった傾向が顕著となっている）。なお、銀行と中小企業や個人との価格交渉力を比較すると、これまでは圧倒的に銀行が優勢であったと思われるが、中小や個人向けの貸出はリスクウエイトが少なくて済むのであるから、その分金利を下げてほしいといった要求が中小企業等から出ることも予想される。

3) バーゼルⅢの特徴

資本保全バッファーの導入　バーゼルⅢでは、図表5-7にあるように、最低水準として普通株等 Tier 1 だけで 4.5％の自己資本が必要とされる。さらにバーゼルⅢでは、資本保全バッファー（capital conservation buffer）と呼ばれる新しい概念が導入されることになっている。

ここでいうバッファーとは緩衝材という意味であるから、資本保全バッファーは、経済や金融が危機的状況に陥った場合の補助的自己資本という意味合いのように思われるかもしれない。確かに、最低水準の4.5％を満たしてさえいれば銀行は国際業務を展開してかまわないので、補助的自己資本という理解でも間違いではない。しかし、資本保全バッファーとして要求される2.5％を下回ると、利益（もしくは資本）の処分あるいは社外流出に制限がかかり、株主への配当ができなくなったり、役員に対する報酬を支払えなくなったりする。このように利益処分に制限がかかる危険性がある以上、銀行

図表5-7　バーゼルⅢにおける自己資本の量の強化

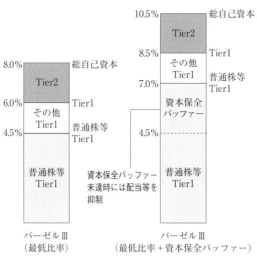

バーゼルⅢ　　　　　　　　　　バーゼルⅢ
（最低比率）　　　　　（最低比率＋資本保全バッファー）

（資料）金融庁「バーゼル3（国際合意）の概要」

は資本保全バッファー2.5％の水準を何とか維持しようとするだろう。した
がって実際上は、最低水準と資本保全バッファーを合計した7.0％が自己資
本の最低水準になると思われる。

カウンターシクリカル・バッファー
（counter-cyclical buffer）の導入　好況時には利益が上がりやすく自己
資本が充実していくので、銀行はバ
ーゼル規制を容易にクリアすることができる。その結果として貸出などが急
激に増え、経済を異常に過熱させてしまうという弊害がこれまでのバーゼル
規制にはあった。また、不況期には逆に、バーゼル規制を満たすため銀行が
貸し渋りを行い、不況がさらに悪化してしまうという弊害もあった。

　バーゼルⅢでは、こうしたバーゼル規制の持つ「景気増幅効果」（pro-
cyclicality）を抑えるため、当該国の与信が過度に拡張していると判断され
る場合には、当該国の判断によって最大2.5％の自己資本が必要となること
になっている（今のところ、与信が過度に拡張しているかどうかについては、
総与信／GDPのトレンドからの乖離を指標とすることになっている）。

邦銀等への影響　このような規制の強化は邦銀（特に３大メガバンク）
にどのような影響を与えるのであろうか。

　世界金融危機後、各行が普通株による資本調達や個人向け劣後債の販売な
どに尽力したため、各行の自己資本比率は良好な水準で推移しており、自己
資本比率の最低水準が数％上昇したとしても、激烈な影響は３大メガバンク
をはじめとする邦銀には発生しないように思われるかもしれない。

　しかし、バーゼルⅢでは、「国際的な金融システムの中で重要な金融機関」
として28社を選定し、選定された金融機関には1〜2.5％の自己資本比率の
上乗せが義務付けられることになっている。日本の３大メガバンクも「国際
的に重要」と認定されたため、自己資本の着実な積み上げが、とりわけ普通
株等Tier1の充実が、今後の大きな経営課題となるであろう。

4）マクロ・プルーデンス

　これまでプルーデンス政策は、個々の銀行の経営改善や健全性確保が、金

融システムの安定確保につながるという考え方に基づいていた。これをミクロ・プルーデンスと呼んでいる。

　しかし、リーマンショック以後の金融危機においては、ミクロ・プルーデンスという個別対応だけでは金融システム危機を回避できないことが明らかになってきた。これがマクロ・プルーデンスと呼ばれる考え方であり、その内容については図表5-8に示したとおりである。

　では、なぜこのようなマクロ的視点が重要となってきたのであろうか。ひとつは、個々の金融機関にとっては限定的と考えられるリスクであっても、そのリスクをテイクした多くの金融機関がその解消を同一方向に一気に行えば、想定外の価格変動が市場で起こりうることが明らかとなってきたからである。さらには、デリバティブ等の新しい金融技術の登場は金融機関の行動スピードを著しく高めるとともに、ヘッジファンド等の多様な機関投資家の存在により、監督当局がリスク全体を把握できなくなっているからでもある。

　また、ミクロ・プルーデンスのもとであまりに規制を複雑にすると、銀行の経営自由度が狭まり、効率的な運営を阻害してしまう危険性もある。そういった意味からも、市場全体の動向を把握し金融システム危機を防ぐという

図表5-8　マクロ・プルーデンス

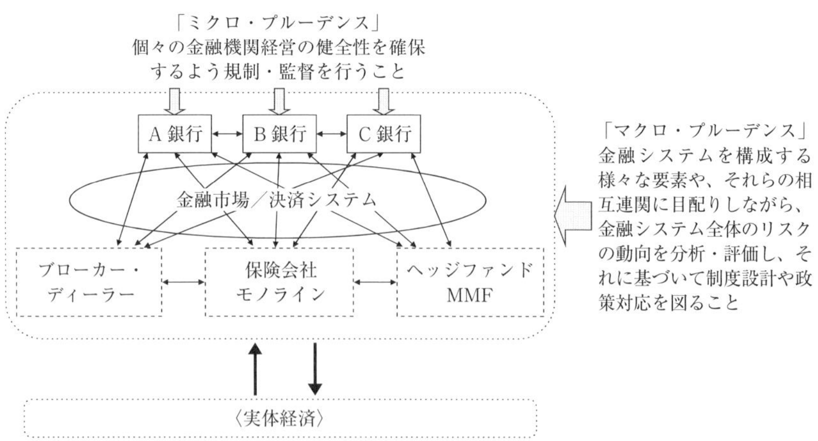

「ミクロ・プルーデンス」
個々の金融機関経営の健全性を確保
するよう規制・監督を行うこと

「マクロ・プルーデンス」
金融システムを構成する様々な要素や、それらの相互連関に目配りしながら、金融システム全体のリスクの動向を分析・評価し、それに基づいて制度設計や政策対応を図ること

（資料）日本銀行金融機構局「金融機関経営とリスク管理の高度化」2012年2月

マクロ・プルーデンスの視点は、今後、より重要になってくると思われる。

7．事後的対策（セーフティー・ネット）

　経営体力の弱い一部の銀行が預金の支払い不能に陥ったり、場合によっては倒産したりしたとしても、それが金融システム全体を巻き込んだシステミック・リスクにつながらないようにするための枠組みが事後的対策である。その代表例は、日本銀行の最後の貸し手機能（lender of last resort）と預金保険制度である。

1）最後の貸し手機能（日銀特融）
　最後の貸し手機能とは、金融市場での取引が著しく困難となって資金の偏在が解消しない場合や、健全な金融機関が何らかの事情で流動性不足に陥り、それを放置すれば3章で説明したシステミック・リスクの顕在化が発生する危険性があるときに、日本銀行が必要な流動性供給を行う機能のことである。このうち、流動性不足に陥った金融機関への資金提供を**日銀特融**と呼んでいて、どのような利率で資金提供を行うのか、担保を要求するのかしないのかについては、個別案件ごとに政策委員会において決定することになっている。ところで、法貨を発行する唯一の主体である日本銀行は、その気にさえなれば、どれだけでも資金提供することが可能となってしまう危険性がある。そこで、日銀特融に代表される最後の貸し手機能を発揮する場合には、以下の4原則（日本銀行のホームページ参照）に基づいてその可否が判断されることになっている。

原則1：システミック・リスクが顕在化する危険性があること。
　この原則がもっとも重要である。あくまで日銀特融の目的は、3章で説明したシステミック・リスクの顕在化を防ぐことであって、個別金融機関の救済ではない。したがって、金融機関が流動性不足や経営困難に陥った原因が、

①実質上すでに経営が破綻状態にあり、その結果としての預金支払い能力の喪失によるものなのか、それとも、②一時的な流動性不足（前にも述べたように健全経営の銀行でも、何らかの事情により預金の払い戻し請求が集中すれば、一時的には流動性不足になる可能性がある）によるものなのかを区別し、日銀特融は②のケースにのみ適用されねばならない。また、3章で説明した考査とオフサイト・モニタリングには、こうした区別を迅速かつ正確に行い、最後の貸し手機能を適切に発揮するための準備を整えるという大切な役割がある。

原則2：日本銀行の資金供与が不可欠であること。
　日銀特融は、利率や担保の面で、日本銀行による通常の資金供給に比べると、金融機関にとっては有利な条件が提示される場合が多い。したがって、簡単に特融を受けられるとすると、それによる資金供給をあてにして金融機関が健全な経営を維持する努力を怠ってしまうというモラル・ハザードが起きる危険性がある。そのため、可能な限りの解決策を模索するとともに、特融による資金提供は必要最小限に留まらなければならない。

原則3：モラル・ハザード防止の観点から、関係者の責任の明確化が図られるなど適切な対応が講じられること。
　この原則は、日銀特融が行われたとしても、システミック・リスクの顕在化は防止できたが、当該金融機関のみは破綻してしまうというケースに適用されるものである。こういうケースで日銀特融が実施される場合には、金融機関の経営者や株主などのモラル・ハザードを防止するため、破綻した金融機関の処理の際に、経営責任を負うべき経営者と株主や出資者の責任が明確化される見込みがあることを、事前に確認すべきである。

原則4：日本銀行自身の財務の健全性維持に配慮すること。
　日本銀行への信認が失われると、日本銀行による金融政策の運営や業務の

遂行に支障が出てしまう危険性がある。したがって日銀特融を実施する際には、日本銀行自身の財務の健全性維持に配慮すべきということをこの原則は示している。

2）預金保険制度

　一方、原則１の①の状態の銀行に対してはどのような対処が可能であろうか。モラル・ハザードの発生を回避するには①のような銀行には最後の貸し手機能を使わない方が望ましいが、かといって、放置したままでは①のような銀行の破綻がシステミック・リスクを顕在化させ、金融システム危機の引き金となりかねない。そこで重要となるのが**預金保険制度**である。

　この制度を最初に整備したのは米国であったが、その後の経験から個別銀行の破綻が金融システム危機にまで拡大するのを防ぐのにきわめて有効であることが知られている。日本では 1971 年にこの制度が発足した。

　日本の預金保険制度は、政府、日本銀行、民間金融機関の出資によって設立された認可法人「**預金保険機構**」によって運営されている。図表 5-9 は預金保険制度の概要をまとめたものであるが、対象となる金融機関は非常に網羅的であり、これらの金融機関は預金保険制度への加入が義務付けられている。

　預金保険制度の目的は、①預金者等の保護と信用秩序の維持、②破綻金融機関に関わる資金決済の確保である。このうちの①については、預金保険機構が加盟金融機関から年間保険料として被保険預金額の 0.042 ％（決済用預金）、0.029 ％（一般預金等）を徴収し、預金者１人当たり１金融機関について、合算して元本 1000 万円までの預金とその利息の払い戻しを保証している。なお、金融機関が破綻した場合に、預金保険機構が預金の払い戻しをすることを**ペイオフ**と呼んでいる。

　これまでのところ、日本でペイオフが実施されたのは 2010 年に経営破綻した日本振興銀行向けの１例だけであるが、預金保険のもうひとつの発動方式である合併等（合併、事業譲渡、営業譲渡、買収など）に伴う資金援助は

図表 5-9　預金保険制度の概要

	日本	米国
機関名	預金保険機構 Deposit Insurance Corporation of Japan (DICJ)	連邦預金保険公社 Federal Deposit Insurance Corporation (FDIC)
設立年	1971 年	1934 年
性格	公的機関	公的機関
職員数	408 名（2021 年度定員）	5,776 名（2020 年末、フルタイム換算数）
対象金融機関	【強制加盟】日本国内に本店のある次の金融機関：①銀行法に規定する銀行、②長期信用銀行法に規定する長期信用銀行、③信用金庫、④信用組合、⑤労働金庫、⑥信金中央金庫、⑦全国信用協同組合連合会、⑧労働金庫連合会、⑨商工組合中央金庫	【強制加盟】①銀行、②貯蓄組合（savings associations）
対象預金	【対象預金等】①預金、②定期積金、③掛金、④元本補塡契約のある金銭信託、⑤金融債（保護預り専用商品に限る。） 【対象外預金等】①外貨預金、②譲渡性預金、③募集債である金融債および保護預り契約が終了した金融債、④受益権が社債、株式等振替法の対象である貸付信託または受益証券発行信託、⑤特別国際金融取引勘定において経理された預金（オフショア預金）、⑥日本銀行からの預金等（国庫金を除く。）、⑦対象金融機関からの預金等（確定拠出年金の積立金の運用に係る預金等を除く。）、⑧機構からの預金等、⑨無記名預金等 また、次の預金等は保護されない①他人（仮設人を含む。）名義の預金等、②導入預金等	【対象預金等】①当座預金口座、②譲渡性払戻指図書（預金）勘定（Negotiable Order of Withdrawal（NOW）accounts）、③普通預金口座（Savings accounts）、④市場金利連動型普通預金口座（Money market deposit accounts（MMDAs））、⑤定期預金（譲渡性預金（CD 等））、⑥銀行が発行したキャッシャーズチェック（Cashier's checks）、送金為替（money orders）等 【対象外預金等】①株式、②債券、③ミューチュアルファンド、④生命保険契約、⑤年金、⑥地方債、⑦米国財務省証券
付保限度額	対象預金等のうち、決済用預金（無利息、要求払い、決済サービスを提供できること、という 3 要件を満たす預金）は全額、それ以外の預金等については預金者 1 人当たり元本 1000 万円までと破綻日までの利息等の合計額	単一名義口座・共同名義口座などのオーナーシップカテゴリーについて（主なものは 8 つ、その他個別に保護される場合あり）、各 25 万ドル（利息は内数）
保険料率	定率保険料率（2021 年度） ・決済用預金：0.042 % ・一般預金等：0.029 % （実効料率：0.031 %）	可変保険料率 0.015-0.40 %
その他	・農林中央金庫、農業協同組合、漁業協同組合等は、「農水産業協同組合貯金保険機構」に加入している ・証券会社は「投資者保護基金」、生命・損害保険会社は、「保険契約者保護機構」に加入している	・信用組合の預金は National Credit Union Administration（NCUA）により保護される

（資料）預金保険機構「令和 2 年度預金保険機構年報」

図表 5-10　資金援助の実績（2022 年 3 月末現在）

（単位：億円）

年度	資金援助の件数	金銭贈与		資産買取	その他
		救済先向け	破綻先向け（衡平資金援助）		
1992	2 件	200		－	80
1993	2 件	459		－	－
1994	2 件	425		－	－
1995	3 件	6,008		－	－
1996	6 件	13,158		900	－
1997	7 件	1,524		2,391	40
1998	30 件	26,741		26,815	－
1999	20 件	46,374		13,044	－
2000	20 件	51,530		8,501	－
2001	37 件	16,394	－	4,064	－
2002	51 件	23,325	－	7,949	－
2003	0 件	－	－	－	－
2004	0 件	－	－	－	－
2005	0 件	－	－	－	－
2006	0 件	－	－	－	－
2007	0 件	－	－	－	－
2008	1 件	2,564	－	17	－
2009	0 件	－	－	－	－
2010	0 件	－	－	－	－
2011	1 件	462	1,153	530	－
2012	0 件	－	－	1	－
2013	0 件	－	－	－	－
2014	0 件	－	－	－	－
2015	0 件	－	－	－	－
2016	0 件	－	－	－	－
2017	0 件	－	－	－	－
2018	0 件	－	－	－	－
2019	0 件	－	－	－	－
2020	0 件	－	－	－	－
2021	0 件	－	－	－	－
合計	182 件	189,165	1,153	64,210	120

（資料）預金保険機構「資金援助実績表」

図表 5-11　資金援助スキームの例

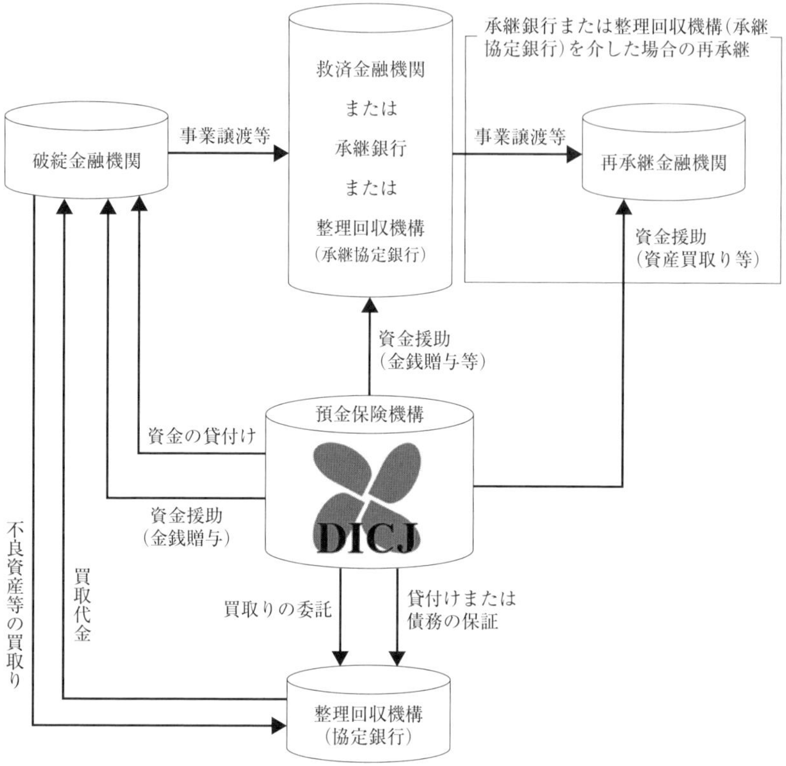

（資料）預金保険機構「資金援助スキーム図」

2002 年まではかなり頻繁に行われていた（図表 5-10 参照）。合併等に伴う
資金援助とは、主として預金保険制度の目的の②に沿ったものであって、経
営破綻あるいは経営困難に陥った金融機関を他の金融機関が救済を目的に合
併などを行うときに、預金保険機構が救済する側の金融機関に資金援助（金
銭贈与、資産買取、債務引受、貸付など）する方式である。金融危機が峠を
越えたこともあり、ここ数年は資金援助の実績はほとんどない。また、図表
5-11 のような破綻処理に伴う資金援助スキームの存在もセーフティー・ネッ
トのひとつと考えられよう。

8. モラル・ハザードとその回避

預金保険制度や最後の貸し手機能といった事後的対策の数々は、確かに金融システム危機を回避するのに有効であるが、あまりにもそれらが充実してしまうとモラル・ハザードを引き起こしてしまうという弊害も発生する。そこでこの節では、事後的対策に伴うモラル・ハザードや、その回避策について考えていこう。

1) 護送船団方式下での事後的対策

第2次大戦後の護送船団行政の下では、ある金融機関が経営困難に陥った場合の事後的対策として、まず大蔵省をはじめとする公的当局が当該金融機関に人材を派遣し、その経営に直接介入するという方式がとられていた。それでも経営が改善せず自力再建が困難であると判断されると、当該金融機関と関連のある金融機関や近隣の金融機関を公的当局が「説得」し、支援の要請や救済合併の斡旋などを行ってきた。こういった救済方式が可能であったのは、公的当局の裁量がきわめて大きかったため、その意向にしたがわないとのちのち不利な扱いを受けてしまうといった不安感や、逆にその要請にしたがって支援の手を差し伸べた場合には、特別なはからいを受けられるかもしれないという期待感が関連金融機関にはあったからである。このように、「銀行は1行たりとも潰さない」というスタンスで金融行政が行われていたわけであるから、法令やルールで明確にはなっていなかったものの、銀行預金に対しては政府が保証している完全に安全なものという認識を人々は持っていたと考えられる。

2) セーフティー・ネットのモラル・ハザード

ところで、預金の安全性が完全に保証されてしまうと、預金者による金融機関の選別が起こらなくなり、経営状態の悪い金融機関であっても、経営状態の良い金融機関と同じ利率で預金を集めることが可能となる。本来は、経

営状態が悪い銀行は良い銀行に比べて、リスクに見合った分だけ高い金利をつけて預金を集めなければならないはずであるし、場合によっては、経営状態の悪い銀行がいくら高い金利を提示しても、預金が集まらないといった事態でさえ起こりうるはずである。

　しかし、預金が完全に保証されるというセーフティー・ネットが存在すると、金融機関は預金者からのそういった選別を受けなくても済むようになる。したがって、セーフティー・ネットは本来的には預金者の保護を目的とした制度であるにもかかわらず、預金集めのために高い金利を支払わなくてもよくなるという形で、経営状態が良くない銀行に利益をもたらす結果となるのである。しかもこうした利益は、銀行の経営状態が悪ければ悪いほど大きくなると考えられる。この意味で、セーフティー・ネットの存在は、銀行のリスク負担を促進させてしまう危険性があるといえよう。これがセーフティー・ネットの存在によるモラル・ハザードの発生として知られている問題である。

3）現行預金保険制度のモラル・ハザード

　現在はどうであろうか。これまで見てきたように、現在の預金保険制度では預金の払い戻しが完全に保証されているわけではない。しかし、決済用預金は今でも全額保護であるし、利息の付く預金であっても異なる銀行に分散して預けさえすれば、事実上全額保護という状況を預金者自らが簡単に作りあげることが可能である（1億円の利息付き預金を全額保護したければ、10の銀行に分散して預けるだけでよい）。したがって、護送船団方式の時代と同じように、預金者が銀行を選別するといった事態は今でも考えにくく、モラル・ハザードが発生する下地は絶えず存在しているといえよう。

4）早期是正措置

　では、これに対してどのように対処すればよいのであろうか。まずは、情報劣位者である預金者に代わって、金融庁や日本銀行が検査や考査を通じて

図表 5-12　早期是正措置の概要

区分	自己資本比率		措置の内容
	国際統一基準	国内基準	
1	2.25％≦普通株式等 Tier1 比率＜4.5％ 3％≦ Tier1 比率＜6％ 4％≦総自己資本比率＜8％	4％未満	経営改善計画（原則として資本増強に係る措置を含む）の提出およびその実行
2	1.13％≦普通株式等 Tier1 比率＜2.25％ 1.5％≦ Tier1 比率＜3％ 2％≦総自己資本比率＜4％	2％未満	資本増強に係る合理的と認められる計画の提出・実行、配当・役員賞与の禁止またはその額の抑制、総資産の圧縮または抑制等
2 の 2	0％≦普通株式等 Tier1 比率＜1.13％ 0％≦ Tier1 比率＜1.5％ 0％≦総自己資本比率＜2％	1％未満	自己資本の充実、大幅な業務の縮小、合併または銀行業の廃止等の措置のいずれかを選択した上当該選択に係る措置を実施
3	普通株式等 Tier1 比率＜0％ Tier1 比率＜0％ 総自己資本比率＜0％	0％未満	業務の全部または一部の停止の命令

（資料）金融庁「金融庁の 1 年（2020 事務年度版）」2021 年 12 月

銀行経営を厳しく監視し、銀行のリスク選択に一定の制約を課すことが重要である。ただし、制約を課す根拠は護送船団時代のような当局の恣意的判断に基づくものではなく、客観的なルールに基づいたものでなければならない。幸い、バーゼル規制という国際統一基準が存在するのであるから、それに基づいて問題銀行をあぶり出し、迅速・的確にそういった銀行を排除することが肝要である。その際に大きな役割を果たすのが**早期是正措置**である（この他、早期是正措置の対象とはならない（健全な）金融機関に対しても、予防的意味合いから早め早めの経営改善を促す「早期警戒制度」がある）。この措置は、図表 5-12 にあるように自己資本比率を基準として銀行をいくつかのカテゴリーに区分し、自己資本比率の低いところには市場からの排除（業務の停止命令）を含む厳しい措置が講じられるというものである。

5）問題先送りの弊害

　日本では 2002 年頃まで、金融機関は不良債権処理に苦しみ、経済も長い

不況に陥っていた。そうなった原因のひとつは、護送船団行政の負の遺産とでもいえばよいのであろうか、問題銀行を迅速・的確にあぶり出し、市場から排除するという仕組みが整っていなかったから、すなわち、問題先送りという旧弊にとらわれていたからである。

　ところで、問題先送りはどのような結末をもたらすのであろうか。ここでは、問題先送りの典型的ケースとして、問題銀行を排除する仕組みがなかった場合にどのような事態が生じ、どういったコストがかかるのかを考えてみよう。

　経営が悪化し、このままでは破綻してしまうような銀行が存在しているとしよう。迅速な排除の仕組みがない一方で、セーフティー・ネットが整備されている場合には、この銀行の経営陣はおそらく次のように考えるのではないか。①セーフティー・ネットの存在により、この銀行でも通常の金利で預金を獲得できる。②獲得した預金をハイリスク・ハイリターンの投資案件に振り向ける。③それがうまく成功すれば破綻を免れることができる。④失敗したらこの銀行は破綻だが、もともと破綻の危機にあったわけであるから、失敗は事態の一層の悪化を意味しない。⑤しかも、有限責任制の下では、経営陣や株主の責任がとことん追及されるわけではない。⑥さらに、セーフティー・ネットが整っているので、預金者にはほとんど迷惑がかからない。

　このように、銀行経営者にとっては、ハイリスク・ハイリターンという博打的行動をとることがむしろ合理的な選択となりうるのである。この議論は、歴史がその正しさを証明している。

　米国では1980年代末に、住宅ローンを専門とする貯蓄貸付組合（一般にS＆Lと呼ばれていた）という業態が経営危機に陥った。S＆Lのほとんどは、一挙に経営危機から脱するべく、ハイリスク・ハイリターンの投資案件に飛びつき、その結果、S＆Lの危機は一層深刻なものとなってしまった。米国政府はその処理に、何と22兆円もの公的資金を注入せざるをえなかったのである。

　日本でも排除が遅れたために損失が拡大したケースがある。それは、当局

から健全であるとの「お墨付き」をもらってからわずか数ヶ月後の 1998 年 10 月に破綻した日本長期信用銀行（長銀）のケースである。破綻後に調べてみると、お墨付きが出た時点はもとより、それよりも前の時点ですでに、長銀は債務超過に陥っていた。最終的には破綻処理に 3 兆 6000 億円もの公的資金が使われたのであるが、排除の仕組みさえ整っていれば、これほど多額の債務超過にはなっていなかったはずである。

こういった経営危機をもたらした経営者の責任は重大であるし、株主がそれをチェックできなかったというのも大きな問題である。しかし、公的当局の責任もきわめて大きいといわざるをえない。もし公的当局が問題を先送りせずに、適切に処理をしていれば、ずいぶんと話は違っていたであろう。公的当局の迅速で適切な介入が必要だったのである。ただし、この場合の介入は、かつてのような裁量的介入ではなく、あくまで透明性のある、明確なルールに基づいた介入でなければならない。

6）今後の信用秩序維持政策の柱

これまでの議論を要約すれば、今後の信用秩序維持政策の柱は次の 2 つである。ひとつは、公的当局による銀行経営の監視強化である。とりわけ、金融機関が十分な自己資本を持っているか、リスク管理体制は整っているかといった点について、公的当局は裁量ではなくバーゼル規制に代表されるような明確なルールに基づいて監視を強化しなくてはならない。その際、金融庁の検査と日本銀行の考査は、いずれも銀行への立ち入りを伴うものであるから、非常に大きな役割を果たすことになると思われる。特に金融庁の検査は、金融庁の前身である大蔵省時代の検査が相当おざなりなものであったという批判に応える意味でも、今後のさらなる充実を期待したいところである。なお、監視を強化した結果、十分な自己資本を持ち、リスク管理体制も万全な金融機関に対しては、その行動を最大限拘束しないようにすることも重要であろう。

もうひとつは、早期是正措置の厳格な適用である。監視の結果、ひとたび

金融機関の経営に問題点が見つかったならば、一切の裁量をはさむことなく、経営計画の見直しや場合によっては粛々と破綻処理をするといった姿勢が重要である。

　以上の2点を厳格に適用していくことにより、かつての護送船団行政に頼ることなく、客観的かつ速やかに金融システムの安定化を達成することができると思われる。

コラム　リレーションシップ・バンキング（略称リレバン）

　銀行の貸出金利の水準は、借り手企業の安全度に依存して決定される。デフォルト率が高い企業には高水準の貸出金利が提示されることになるが、企業の安全度を知るためには、財務諸表などに代表される定量的情報を入手し、それを分析することが必要である。しかし、企業の安全度は定量的情報だけで判断されるべきものではない。定性的情報も同様に重要である。ここで定性的情報とは、経営者の能力や中核となる事業の存在、あるいは従業員のモラールの高さなどであるが、これらは定性的情報であるため、より的確に、そして低コストで入手するためには、銀行と企業との間に、長期継続的なリレーションシップ（取引関係）が存在していなければならない。そしてそういう関係を築きあげるためには、頻繁に担当者が企業を訪問するなど、きめ細やかな対応が必要となる。金融庁では、信用金庫や地方銀行などの主として中小企業を顧客とする金融機関に対して、間柄重視の地域密着型金融の推進を促しているが、これをリレーションシップ・バンキングと呼んでいる。これは今後、大手銀行に比べて小回りの効く地域金融機関にとっての典型的なビジネス・モデルになるかもしれない。

参 考 文 献

池尾和人『現代の金融入門［新版］』ちくま新書、2010 年

植田和男「経済教室　米金融危機　出口を探る 2」日本経済新聞朝刊、2008 年 9月 19 日

金本悠希「信用リスク・アセットの算出方法の見直し（確定版）」大和総研、2022年 7 月 4 日

小平龍四郎「金融規制の衝撃 (3)」日本経済新聞朝刊、2012 年 5 月 23 日

白井俊介「国際金融規制（バーゼル規制の最近の動向）」国の債務管理の在り方に関する懇談会、2016 年

6

貨幣の進化と需要

この章の1節と2節では、貨幣がどのように進化して現在のような銀行券が出現するにいたったのかを概観する。3節では貨幣の3つの機能について言及し、4節と5節では、ケインズの流動性選好説に基づいて貨幣の需要理論を展開する。最後の6節では金利の期間構造理論を説明する。

1. 貨幣の誕生

1) 物々交換から間接交換へ

およそ自給自足で生きている人にとっては、貨幣は無用の長物である。それ自体、着ることも食べることもできないのであるから、貨幣を必要としないのは当然である。しかし、人間社会はいつまでも自給自足が続くわけではなく、人々の行動範囲の広がりとともに他人との関わりが生じてくる。その結果、山で自給自足していて魚を食べることなどできなかった人が、海で生活している人との取引により山の幸と海の幸を交換し、それによって山の人は食べたことがなかった海の幸を、そして海の人は山の幸を味わうことができるようになる。いわゆる、**物々交換**の始まりである。

ただ、物々交換はそれほど容易な交換形態ではない。なぜなら、物々交換が成立するためには、山の人が持っているものを海の人がほしがり、海の人が持っているものを山の人がほしがるという偶然（これを**欲望の二重の一致**

と呼んでいる）が成立しなければならないからである。さらにこの偶然が成立したとしても、交換比率についても同意をみなければ物々交換は成立しない。これではあまりにも不便である。そこで人類の叡智は間接交換という方式を生み出したのである。

　間接交換とは、社会の多くの人がその価値を認めているものを媒介とした交換である。たとえば山の人はきのこを持っていて、卵に交換したいと思ったとしよう。この場合、山の人はまずきのこを売って交換の媒介物を入手し、次いで交換の媒介物を使って卵を購入するということになるが、ここで使用された交換の媒介物が貨幣の起源となったのである。

2) 商品貨幣から金属貨幣へ

　交換の媒介物は、多くの人にその価値が認められ、受け入れられているという性質を持っていなければならない。このような性質を**一般的受容性**という。どういった財が一般的受容性を持ち、交換の媒介物として利用されるのかは、その社会の状況や地理的条件により異なるので一概にはいえない。しかし取引範囲がさほど広がっていないような段階では、たとえば小麦のように、交換の媒介物としても利用されうるしそれ自体が商品としても利用されるというのが一般的であった。このような交換の媒介物は**商品貨幣**（commodity money）と呼ばれている。

　取引範囲がなお一層広がると、商品貨幣は次第に一般的受容性という性質をより強く持っている金や銀を素材とした**金属貨幣**（metallic money）に取って代わられるようになる。というのも、金属貨幣は貨幣としての適格条件、すなわち、①持ち運びに便利なこと、②耐久性があること、③品質が均等で、分割や統合が可能なこと、④価値が安定していること、⑤ほかとの識別が容易なこと、⑥少量で大きな価値を持つこと、などを比較的よく満たしていたからである。

　金や銀が貨幣として利用され始めたときには、貨幣といっても一定の品位（金・銀の純度）と量目（金・銀の重さ）を持っているわけではなかった。

したがって、利用するたびに品位・量目を確かめる必要がある。このような品位・量目の一定していない金属貨幣を**秤量貨幣**（money by weight）と呼ぶが、秤量貨幣は使い勝手がよくない。そこで、秤量の手間を省きたいという欲求と鋳造技術の進歩などにより、一定の品位と量目を持った貨幣が登場することになる。**個数貨幣**（あるいは計数貨幣：money by tale）の誕生である。この貨幣は、使用のたびに秤量する必要はなく、ただ個数を数えるだけで一定の金額の取引に使用することができたので、このように呼ばれている。

　個数貨幣は確かに使い勝手がよいのであるが、誰がその品位と量目を保証し鋳造していたのだろうか。それは、その個数貨幣が流通している地域を支配している権力者（国王や有力諸侯など）であった。どういった品質の個数貨幣を鋳造するのかといった権利を**造幣高権**（あるいは鋳造高権：coinage prerogative）というが、ひとたび権力者が造幣高権を手中に収めると、権力者による貨幣への「刻印」が貨幣としての証となるのであるから、国費調達の手段として、あるいは私的蓄財の手段として、貨幣の品質を落とす（これを貶質という）という行動をとる権力者が続出するようになる。つまり、ここにおいて初めて、貨幣価値とその素材価値との間に乖離が生じたのである。

2．銀行券の出現

1）金匠手形

　貶質の横行は円滑な経済取引を当然のごとく阻害してしまう。実際17世紀前半のロンドンには、国家による度重なる貶質により品位の劣る貨幣が大量に出回っており、自分の保有する貨幣の鑑定を求めたいという市民が多数存在していた。

　その鑑定を請け負ったのが金匠（goldsmith）である。金匠とは金銀細工

師であって、もともとはアクセサリーや工芸品を作っていたのであるが、金や銀の鑑定に高い能力を誇るとともに、その保管にも定評を持っていた。その金匠が、顧客が持ち込んだ金属貨幣の品位を鑑定し、一定期間後にそれを返却するという業務を始めたのである。この業務にあたって金匠は、金属貨幣の預り証を発行したが、それを**金匠手形**（goldsmith note）と呼ぶ。

　さて、顧客は、自分の大事な資産である金属貨幣を金匠に預け、一定期間後に金匠手形を提示することで預けた金属貨幣を返してもらうという行動をとっているわけだから、当時の金匠に対する社会的信頼感は絶大なものがあったと思われる。ここで重要な点は、一定期間後に金匠手形を持って金匠のところに行けば、いつでも持ち込んだ金属貨幣を返してもらえるという点である。実は、この金匠手形こそが銀行券の起源ともなったと考えられるのだが、それはどうしてであろうか。

2）金匠手形の機能

　ある人が金匠に鑑定を依頼し、預かり証としての金匠手形を受け取ったとしよう。ここでこの人に商談が入り、早急な支払いの必要が生じたとする。しかし今この人には金匠手形はあるものの、金属貨幣の持ち合わせはない。そこでこの人は商談相手に対して、金匠手形はあるのだがまだ期日が来ておらず、したがって手元に金属貨幣はないと言ったとしよう。すると商談相手からは意外な答が返ってきたのである。それは、金匠手形での支払いで構わないという答であった。つまりこの段階で金匠手形は、金属貨幣に代わる支払いの手段となったわけである。

　ところで、なぜ商談相手は金匠手形での支払いを受け入れたのだろうか。それは、金匠手形に記入されている期日以降であればいつでも、金匠手形と引き換えに金属貨幣を入手できると、この商談相手が信じていたからである。また、信じていたからこそ、商談相手は期日が来たとしても、金匠のところへ行って金属貨幣を返してもらおうとはしなかったはずである。いつでも好きなときに金匠手形は金属貨幣との交換が可能である。しかも、金匠手形は

支払いの手段として利用できる上に、金属貨幣に比べればはるかに持ち運びに便利なのである。このような場合には、およそどんな人であっても、金属貨幣との交換を要求しないであろう。

3）金匠の原理

　今度は、金匠の観点から見てみよう。自分の発行した金匠手形は支払いの手段として利用されており、なおかつ、自分に対する信頼感と金匠手形の持つ便利さにより、人々は金匠手形と金属貨幣との交換を要求しない。この点にいち早く気付いた金匠の中に、預かった金属貨幣以上の金匠手形を発行（これを「金匠の原理」と呼ぶ）する者が現れたのである。この**金匠の原理**は近代的な銀行業務を規定する基本原理であるといわれているが、要するにこれは、金匠手形が**兌換銀行券**（金属貨幣との交換を約束した銀行券）として発行されることになったことを意味している。

　こうした発券業務は相当儲かる業務だったようで、17世紀も後半に入ると、金匠のみならず一定の社会的信用を持つ者が続々と発券業務に参入するようになっていった（以下ではこうした発券業務を行う者を銀行と呼ぶ）。そうした場合にありがちなことではあるが、中には信用度が必ずしも高いとはいえないような銀行も紛れ込むようになってしまい、兌換に応じる気など全くないまま銀行券を発行する銀行や、兌換場所として山間僻地を指定して、事実上の兌換を不可能にしてしまうという銀行が続出したのである。

4）中央銀行の成立と預金通貨

　流通している銀行券が複数あり、しかもその信用度が銀行券によってかなり違うというのは、銀行券の流通にとって致命的なことである。そこで各国とも、銀行券の発行をひとつの銀行に独占させるというシステム（集中発行制度という）を採用することになるのである。そうした場合、存在する銀行の中でもっとも信用度の高い銀行が発券業務を独占することになり、それが中央銀行となっていく。その代表例がイングランド銀行である。イングラン

ド銀行は 1694 年から独自の銀行券を発行していたが、もともと王室との結びつきが強かったこともあり、その発行する銀行券はイングランド国民から圧倒的な支持を得ていた。その後、1833 年に、イングランド銀行の発行する銀行券には法貨としての強制通用力が与えられ、1844 年のピール銀行条例によりイングランド銀行は正式に中央銀行となった。以後今日にいたるまで発券業務を独占している。

では、中央銀行の設立に伴って、それまで独自の銀行券を発行していた数多くの銀行はどうなったのであろうか。実はそうした銀行は、預金を受け入れる銀行として生き残っていったのである。生き残りの当初は、中央銀行が発行する唯一の銀行券を単に「保管」するだけであったが、やがてその保管された預金による決済を提供するようになっていった。つまり、預金があれば、手元に現金がなくても支払いを完了できるのである。これは現代にもつながる議論であって、その基本的原理は 3 章で説明した銀行預金口座間の決済とまったく同様である。

3. 貨幣の機能

ここまで貨幣の進化の歴史を概観してきたが、そもそも貨幣とはどのような機能・役割を果たさねばならないのであろうか。ここでは以下のように 3 点を指摘しておこう。

1) 一般的交換手段としての機能（支払い手段としての機能）

貨幣のもっとも重要な機能は、交換の媒介物として誰にでも受け取ってもらえるという一般的交換手段としての機能である。これは、ここまでは一般的受容性という言葉で表してきたものである。この機能により交換に要する取引費用を大幅に削減することが可能となるのである。

2) 価値尺度としての機能（計算単位としての機能）

　価値尺度としての機能とは、あらゆる財・サービスの価値を単一の基準で表示するという機能である。たとえば日本であれば、「ペットボトル飲料は150円」、「食パン1斤は200円」、「地下鉄料金は180円」、「ボーリング1ゲームは600円」、「映画代は2000円」といったように、すべての財・サービスを「円」という共通の単位で表示することが可能である。ここでは5種類の商品を例示したが、すべて円表示なので価格表示も5つだけであった。もし円という共通の単位がなければ、この場合10の相対価格（ペットボトル飲料1本＝食パン0.75斤、ペットボトル飲料6本＝地下鉄5回分など）が存在することになる。また、もし財・サービスが1000個あれば、その相対価格の数は49万9500にもなってしまう（一般的には、n個の財・サービスがあれば、$n(n-1)\div2$の相対価格が存在する）。価値尺度としての機能がいかに便利であるか明らかであろう。

　ところで、この価値尺度としての機能と、一般的交換手段としての機能のどちらがより重要なのかについてはかねてより論争が続いてきた。本源的機能はひとつであるべきだとする考え方である。しかし今日の貨幣を考えると、この論争にあまり意味があるとは思われない。というのも、今日の貨幣は2つの機能を同時に果たしており、2つの機能をもって貨幣の本源的機能と考えるのが妥当だと思われるからである。

3) 価値貯蔵手段としての機能

　交換はすべてが同時に行われるわけではない。たとえば小麦を生産している農家がエアコンを買いたいと思っている場合、農家は小麦を売って貨幣を入手し、エアコンの特売日などを待って買いに行くであろう。つまり、小麦の売りとエアコンの買いの間には時間的なズレがあるのであって、その間に貨幣がその価値を保持してくれていないと困るのである。これを価値貯蔵手段としての機能という。

4. 貨幣の需要

　この節では貨幣の需要を考えよう。ただし、貨幣の需要といったとき、な
ぜ人々は貨幣をほしがるのかということを考えようというわけではない。貨
幣がほしいのであれば、その人の所得が増えればよいだけのことだからであ
る。

　貨幣以外の金融資産、たとえば債券や株式の場合、利子や配当といった収
益を得ることが可能である（こういった収益を**インカム・ゲイン**と呼ぶ）。
また、債券や株式は、その価格が購入時よりも高くなれば、**キャピタル・ゲ
イン**と呼ばれる値上がり益を得ることも可能である。しかし、金融資産を貨
幣という形態で保有していると、インカム・ゲインもキャピタル・ゲインも
得られない。だとすれば、貨幣の保有にはそういった収益獲得の可能性を放
棄してもよいと思うだけのメリットが存在しているはずである。そのメリッ
トを明らかにすることが貨幣の需要を考えるということにほかならないので
あるが、ここでは流動性という概念を用いて貨幣の需要を分析したケインズ
（John Maynard Keynes）に依拠して議論を進めていこう。

　ケインズによる貨幣の需要に関する理論は、彼の主著「雇用、利子及び貨
幣に関する一般理論」において展開されており、一般的には流動性選好説
（theory of liquidity preference）と呼ばれている。その説の中でケインズは、
人々が貨幣を保有する動機（理由）を以下の3つに分類した。すなわち、取
引動機（transaction motive）、予備的動機（precautionary motive）、そし
て投機的動機（speculative motive）である。

1）取引動機
　取引動機とは、人々は日々の取引を実行するために貨幣を保有するという
動機であり、したがって、取引量（あるいは所得）が増えるにしたがって、
取引動機に基づく貨幣需要（あるいは貨幣の取引需要）は増えると考えられ
る。

　そもそも、取引のために貨幣が必要となるのは、売りと買いの間に時間的ズレがあるためである。たとえば、家計はひと月に一度給料をもらい、毎日少しずつ必要な財・サービスを購入するというのが一般的であるが、給料の受け取りと財・サービスへの支払いには時間的ズレがあるために、絶えず手元に支払いに必要な貨幣を持っていなければならない。また、企業の場合には、商品の売り上げ代金を回収する間にも、賃金の支払いや仕入れなどをせねばならず、通常の企業活動をする上でやはり手元に貨幣を保有する必要がある。このように、資金の出入りのタイミングには本来的にズレがあるため、家計も企業も、その取引量（あるいは所得）に応じた貨幣を持つ必要があるのである。

　ところで、貨幣の取引需要は、支払い習慣や金融システムの整備状況によって大きく左右されると考えられる。たとえば、日本は米国とは違って、日常の支払いに小切手を利用することはほとんどないし、クレジットカードの利用頻度も米国ほどではない。したがって、米国よりは日本の方が貨幣の取引需要は大きいと考えられる。また、その日本でも、給料の支払いは銀行口座への振込みというのが一般的であるし、また公共料金などの支払いは預金口座からの自動振替で簡単に行うことができるので、こういったシステムが整っていない場合と比べれば、貨幣の取引需要は小さくなると思われる。

　しかし、支払い習慣や金融システムは短期的に変化するものではないので、ここではとりあえずこれらが不変であるとすると、貨幣の取引需要は、先に述べたように取引量もしくは所得が増えるにしたがって増大すると考えられる。

2）予備的動機

　予備的動機とは、予測できない将来の不確実性に備えて（あるいは、いざというときに支払いができるように）、手元に貨幣を保有するという動機である。不意の病気や入院などへの備えであるとか、地震などの災害が起こったときのために手元に貨幣を保有するというのがその一例である。ケインズ

は、予備的動機に基づく貨幣需要（あるいは貨幣の予備的需要）も所得に依存して決まると考えた。

　しかし、急に金利が上昇するような場合に備えて、手元に貨幣を保有しておくということも予備的動機の一例となると思われる。なぜなら、金利が急上昇するようなときには、利子収入が得られる金融商品を確実に購入できるよう、予備的に手元に貨幣を持っている必要があるからである。したがって、貨幣の予備的需要は金利にも依存することがわかる。

　ところで、予備的動機と取引動機を明確に区別するのは相当困難なことである。なぜなら、予測できない将来の不確実性に備えてというのが予備的動機なのであるが、予測できるかできないかの区別そのものが非常にあいまいだからである。このあいまいさは次に述べる投機的動機と予備的動機の区別にも同様に当てはまる。このような事情から現代の金融論では、予備的動機を単独でとりあげることはせず、所得に依存する予備的動機を取引動機に、そして金利に依存する予備的動機を次に述べる投機的動機に含めて考えるというのが一般的となっている。本書でも、以下では取引動機と投機的動機の２分法を採用する。

3）投機的動機

　この節の冒頭でも述べたように、債券や株式を保有すれば、インカム・ゲインやキャピタル・ゲインといった収益を手にする可能性があるが、同時にこれらの金融資産には、その値が下がるというリスクが絶えず存在する。一方、貨幣は、それを保有していても利子収入は得られないが、貨幣の名目上の資産価値は一切変化しないという利点がある。つまり、貨幣以外の金融資産は収益性では優れているが、安全性という意味では貨幣に勝るものはないのである。

　こうした特徴を持つ貨幣を、金融資産のひとつとしてどれだけ保有しようとするのかが**投機的動機**に基づく貨幣需要（あるいは貨幣の投機的需要）であり、ケインズは金利がそれに大きな影響を与えると考えた。たとえば金利

が低いときには、金融資産を債券で保有していてもさほどの収益は得られないため、人々は多めに貨幣を保有すると思われる。一方、金利が高いときには、債券や定期預金などで金融資産を保有した方が有利となるので、その分貨幣の保有は減るであろう。すなわち、金利が低い（高い）ときには、貨幣保有の機会費用（opportunity cost）は小さく（大きく）なるので、貨幣保有は増加（減少）するのである。ここで、**機会費用**とは、ある行為を行うことで失われる他の行為からの収益であって、貨幣保有の機会費用は利子収入ということになる。というのも、貨幣を保有することによって、債券や定期預金で保有していれば得られたはずの利子収入が失われるからである。

4）流動性の罠

　金融資産は貨幣と債券の2種類だけであって、貨幣には利子が付かず、債券には確定利子があるとしよう。金利が下限に達した場合には、貨幣の投機的需要はどうなるであろうか。金利はマイナスになることはないので、金利の下限というのは金利がゼロ％ということである。ここで、2章で説明した金利と債券価格の関係、すなわち、「金利が下がる　⇔　債券価格が上昇する」、「金利が上がる　⇔　債券価格が下落する」という関係を思い起こそう。この関係から明らかなように、現在の金利水準が下限であれば、そのときの債券価格は最高値となっているはずである。したがって、下限に達している金利がもし変化するとしたら上昇するしかないが、その場合には最高値にある債券価格は下落することになる。つまり、この状態で債券を保有すれば間違いなく損失を被るのであるから、すべての金融資産は貨幣で保有されることになる。

　ケインズはこの異常な状態を**流動性の罠**（liquidity trap）と呼んだ。流動性の罠の状況下では誰も債券に投資せず、このことが生産部門への資金の移動を妨げ、非生産的な部門に資金を滞留させることになるので、経済の停滞は一層深刻になると指摘したのである。

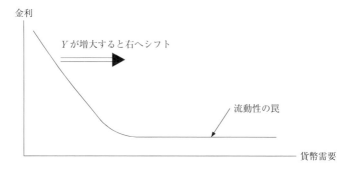

図表6-1　貨幣需要曲線

5) 貨幣需要関数

　これまでの議論から、貨幣の取引需要は所得に依存し、投機的需要は金利に依存することがわかる。したがって、貨幣の需要を L、所得を Y、金利を r とすると、貨幣需要関数は、

　　　　(6-1)　　$L = L(Y, r)$

と表現でき（右辺の L は関数記号である）、所得 Y が増えると貨幣需要 L は増え、金利 r が上昇すると L は減ることになる。これを示したのが図表6-1 である。金利が下限に達しているところで貨幣需要曲線は横軸に水平となっているが、これが流動性の罠の状態である。したがって流動性の罠とは、貨幣需要の金利弾力性が無限大の状態のことであると言い換えることもできる。また、図表の貨幣需要曲線は Y が一定として描かれているが、もし Y が増えると（減ると）、貨幣需要曲線は右側（左側）へシフトする。

6) 貨幣需要理論の展開―ボーモル=トービン・モデル―

モデルの概要　　ボーモル（William Baumol）とトービン（James Tobin）は、貨幣保有の便益と費用を分析することによってケインズの流動性選好説を発展させ、取引動機に基づく貨幣需要は、所得だけではなく金利にも依存することを示した。ボーモル=トービン・モデルにおける貨幣保有の便益とはその利便性をさす。一方、貨幣保有の費用

とは機会費用のことである。ここに2種類の金融資産があるとしよう。ひとつは利子が付かない貨幣で、もうひとつは利子が付く預金である。したがって、ボーモル=トービン・モデルにおける貨幣保有の利便性とは、貨幣を持っていれば何かを買おうとするたびに銀行へ行く必要はないという利便性のことであり、これは流動性が完全な貨幣の特性から生じるものである。また、貨幣保有の費用である機会費用とは、預金のまま残しておけば得られたであろう利子収入のことである。

貨幣保有の最適水準：具体例　さて、ある家計が1年間の所得 Y 円を、1年間かけて全額使う場合を想定しよう。この場合、この家計が保有するべき貨幣の最適水準はどれだけであろうか。

　図表6-2を使っていろいろなケースを考えていこう。最初のケースは銀行へ行く回数が1回だけのケースで、この場合、今日のうちに銀行から Y 円を全額引き出し、それを1年かけて毎日少しずつ均等に使っていくことにな

図表6-2　ボーモル=トービン・モデル

(1) 銀行へ1回だけ行くケース

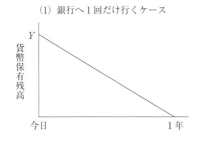

(2) 銀行へ2回行くケース

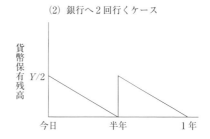

(3) 銀行へ n 回行くケース

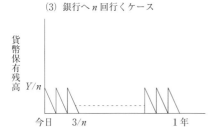

る。図表6-2の（1）には、このケースにおける貨幣保有残高の1年を通じた変化が示してある。今日の貨幣保有残高はY円で、1年後にそれはゼロとなるケースであるから、この家計の平均貨幣保有残高は$Y/2$円となる（図表の（1）の三角形の面積と考えてもよい）。

　次に、銀行に2回行くケースを考えよう。このケースでは、今日は$Y/2$円だけ引き出して最初の半年間で使い、半年後にもう一度銀行へ行って残りの$Y/2$円を引き出し、後半の半年でそれを使うのである。図表6-2の（2）からも明らかなように、この場合の1年間の平均貨幣保有残高は$Y/4$円となる（同じ三角形が2つできるが、三角形の面積の和が平均貨幣保有残高となっている）。

　次に、銀行へ行く回数をn回と一般化してみよう。これまでの例から簡単に類推できるように、n回銀行へ行く場合にはその都度Y/n円を引き出し、それを$1/n$年で使い切ることになる。したがって、図表6-2の（3）にあるようにこのケースの平均貨幣保有残高は$Y/2n$円となる（この場合同じ三角形がn個できるが、n個の三角形の面積の和が平均貨幣保有残高となっている）。

貨幣保有の最適水準：数式による展開

　さて、この家計が保有するべき貨幣の最適水準はどれだけであろうか。それを知るためには最適なnを選択すればよい。というのも、最後の一般化したケースの結果から明らかなように、平均貨幣保有残高は$Y/2n$と表され、この中での未知数はnだけだからである。あるいは、次のように言い換えてもよいかもしれない。すなわち、銀行へ行く回数のnが多ければ多いほど貨幣の平均保有残高は小さくなり、その結果預金から得られる利子収入は増大する。しかし、銀行へ行く回数が増えるということはそれだけ面倒である。この便益と不便さを両天秤にかけて、最適なnを見つけ出せばよいのである。

　さて、銀行へ行って預金を引き出すたびにbという費用がかかるとしよう。ただしこの費用には、時間的費用や面倒だという心理的費用も含まれる

ものとする。また、n 回銀行へ行く場合の貨幣の平均保有残高は $Y/2n$ であるから、預金の金利を r とすると、n 回銀行へ行った場合には $rY/2n$ だけの利子収入を失っていることになる（これが貨幣保有の機会費用である）。したがって、銀行へ行く回数が n 回のときの総費用（C とする）は、

(6-2)　総費用（C）＝預金を引き出すときの費用＋失われた利子収入（機会費用）

$$= nb + \frac{rY}{2n}$$

となる。合理的な家計は、この総費用が最小になるように銀行へ行く回数 n を決定するが、費用最小化の条件は、

(6-3)　$\dfrac{\mathrm{d}C}{\mathrm{d}n} = b - \dfrac{rY}{2n^2} = 0$

である。この式を n について解くと費用を最小化する最適な n を求めることができる。すなわち、

(6-4)　$n = \sqrt{\dfrac{rY}{2b}}$

である。

また、貨幣の平均保有残高は $Y/2n$ であったから、この n に（6-4）式の結果を代入すると、貨幣の最適な平均保有残高は $\sqrt{\dfrac{bY}{2r}}$ となることがわかる。

この結果から明らかなように、ボーモル＝トービン・モデルによれば、取引動機に基づく貨幣需要は所得 Y だけでなく金利 r にも依存することがわかる。

5. 貨幣の需給と金利

モノやサービスの価格はそれらの需給により決定されるのと同様に、貨幣の価格である金利は貨幣の需要によって決定される。この点を図表6-3で確

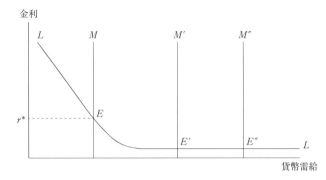

図表 6-3　貨幣の需給と金利

認しておこう。ケインズの流動性選好説から導かれる貨幣需要曲線については、すでに図表 6-1 で見たとおりであるが、ボーモル゠トービン・モデルの結果を加味しても、幸い貨幣需要曲線の形状には影響がない。そこであらためて貨幣需要曲線を L として図表 6-3 に示しておこう。では、貨幣の供給曲線はどのような形状となるだろうか。通常の財の供給曲線は右上がりに描かれるのが一般的であるが、貨幣の供給曲線 M は、議論を簡単にするために中央銀行が貨幣供給量の水準をコントロールしていると仮定して、図表 6-3 にあるように垂直線として描かれる場合が多い。

金融政策の効果（マネー・ビューの場合）　　さて、L と M の交点 E（均衡点）では貨幣の需給が均衡しており、そのときの金利 r^* が均衡金利となっている。

　ここで、貨幣供給量を増やすといった金融緩和政策が発動され、貨幣供給曲線 M が M' までシフトしたとしよう。すると、新しい均衡金利は r^* よりも低下することになるので、投資が誘発され景気は刺激を受けることになる。しかし、均衡点 E' の状態からさらなる金融緩和政策が発動されたとしてもその効果は全くない。なぜなら、E' ではすでに流動性の罠の状態になっているからである。すなわち、M' を M'' までシフトさせるような金融緩和政策が発動されたとしても、金利に変化はなく、したがって、金利の変化を通

図表6-4　貨幣需要曲線の形状と金融政策の効果

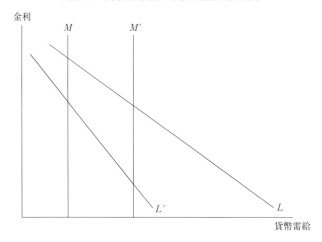

じた景気刺激効果もなくなってしまう。つまり、経済が流動性の罠の状態に
陥ると、金融政策はその有効性を失うのである。
　次に、貨幣需要曲線の形状も金融政策の効果に大きな影響を与えることを
図表6-4で見ておこう。図表6-4には、傾きの緩やかな貨幣需要曲線 L と、
傾きの急な貨幣需要曲線 L' が描かれている（つまり貨幣需要の金利弾力性
は L よりも L' の方が小さい）。貨幣供給量が M から M' へと増加した場合、
傾きの急な貨幣需要曲線 L' の場合には均衡金利がより低下することがわか
る。したがって、同じだけの貨幣供給量の増加があったとしても、貨幣需要
曲線の傾きが急なほど（あるいは貨幣需要の金利弾力性が小さいほど）、金
融政策の効果は大きくなることがわかる。

6．金利の期間構造

　国債などの債券から得られる収益率のことを、一般的に**利回り**（yield）
という。たとえば、償還価格100円の1年満期の国債を今日90円で購入し、
それが約束どおり今から1年後に100円で償還されたとしよう。すると、こ

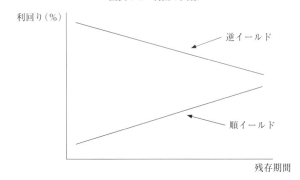

図表 6-5　利回り曲線

利回り（％）

逆イールド

順イールド

残存期間

の国債から得られる利益は償還価格 100 円 − 購入価格 90 円 = 10 円なので、これを購入価格 90 円で割ると 1 年で約 11.1 ％の収益率がこの国債から得られることになる。これが利回りである。

　さて、利回りは、債券の信用度（償還に不安はないか）、流動性（現金化したいときにすぐに売却できるか）、残存期間（満期までの期間）などによって変動するが、残存期間に着目して利回りの決定を考察するのが**金利の期間構造**（term structure of interest rates）理論である。図表 6-5 のように、縦軸に債券の利回り、横軸に債券の満期までの残存期間をとり、ここに**利回り曲線**（yield curve）を描くとしよう。もし残存期間が長いほど利回りが高いのであれば、利回り曲線は右上がりとなる（これを**順イールド**と呼ぶ）。逆に、残存期間が短いほど利回りが高いのであれば、利回り曲線は右下がりとなる（これを**逆イールド**と呼ぶ）。ここでは、議論を簡単にするために残存期間の長い（短い）債券の利回りを長期（短期）金利とすると、順イールドは短期金利よりも長期金利の方が高い状態、逆イールドは短期金利よりも長期金利の方が低い状態ということになる。

　ところで、利回り曲線は順イールドとなる場合が多いのであるが、逆イールドになるケースもしばしば観察されている。その場合には銀行の収益に大きな影響が出ると考えられる。なぜなら、一般的に銀行は、預金という形で

短期資金を調達し、それを長期の貸付や長期国債への投資に振り向けているが、逆イールドの状態では調達金利（ここでは預金金利）の方が貸出金利や国債利回りよりも高くなるので、いわゆる**逆ざや**が発生してしまうからである。

　このような銀行への影響以外にも、利回り曲線の形状はのちに述べるように金融政策運営にも大きな影響を与えることがわかっている。したがって、利回り曲線の形状を説明しようとする金利の期間構造理論について多くを知ることが重要となるのである。以下では、3つの代表的な理論を紹介していこう。

1）期待仮説

モデルの概要　　金利の期間構造理論の中でもっとも基本的なものは**期待仮説**（expectation hypothesis）である。この仮説では、投資家は各種の資産から得られる期待収益率を比較して、それが一番良い資産で資金を運用すると仮定されている。したがって、長期と短期の資産が存在し、もし長期資産の期待収益率の方が高いのであれば、投資家は長期資産での運用を選択することになる。また、資産間の**金利裁定**（金利差を利用して利益をあげようとする行為）に対する障害は一切ないものとしよう。この想定により、たとえ資産間に金利差があったとしてもそれは自動的に消滅することになる。

　ここに、長短2種類の国債があるとしよう。長期国債の満期は2年で、長期国債から得られる期待収益率（長期金利あるいは長期国債の利回り）は毎年kになると予想されている。また、短期国債の満期は1年で、最初の1年目の金利（利回り）はrとなることがわかっており、2年目の金利（利回り）はr^*になると予想されている。

　このような想定のもとで投資家が1の資金を長期国債で2年間運用したとすると、2年後にはそれは$(1+k)^2$となる。また、短期国債で2年間運用した場合には、1の資金は2年後には$(1+r)(1+r^*)$となる。期待仮説では

よりよい期待収益率の得られる資産での運用を投資家は選択するのであるから、この長短国債での運用に差が生じるのであれば収益率のよい方だけを保有しようとするだろう。したがって均衡状態では、

$$(6\text{-}5) \quad (1+k)^2 = (1+r)(1+r^*)$$

が成立するはずである。ここで、(6-5) 式を展開して得られる $r \times r^*$ は、ゼロに近い値となると思われるので、それを近似的にゼロと置けば、(6-5) 式を

$$(6\text{-}6) \quad k \fallingdotseq \frac{r+r^*}{2}$$

と表現することも可能である。

期待仮説と利回り曲線　　　(6-6) 式は、長期金利の水準は短期金利のほぼ平均として表現できるということを示している。したがって、もし将来の短期金利は変化しないと予想される場合には（すなわち $r=r^*$ ならば）、(6-6) 式から $r=k$ となるので、横軸に水平な利回り曲線が得られることになる（図表6-6 参照）。また、将来の短期金利が今後上昇すると予想される場合には（すなわち $r<r^*$ となる場合には）、(6-6) 式から $r<k$ となるので利回り曲線は右上がり（順イールド）となる。逆に将来の短期金利が下落すると予想される場合には（すなわち $r>r^*$ となる

図表6-6　利回り曲線の形状

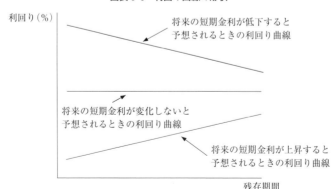

場合には)、$r>k$ となるから利回り曲線は右下がり(逆イールド)となる。

このように期待仮説は、将来の短期金利に関する予想が、長期金利と短期金利との関係、したがって利回り曲線の形状を決めるという非常にわかりやすい仮説である。ただし、期待仮説では、順イールドの方が逆イールドよりも発生回数が多いという点をうまく説明できない。というのも、特定の時期であるならともかく、一般的には将来の短期金利が現在よりも高くなるのか低くなるのかは、ほぼ同じ確率となるはずだからである。

2) 流動性プレミアム仮説

流動性プレミアム仮説(liquidity premium hypothesis)は、期待仮説のこのような弱点を補う理論である。期待仮説では、長短の国債の違いは満期とその利回りだけであって、デフォルト(債務不履行)の危険はいずれの国債にもないとされていた。しかし、たとえデフォルトの危険はないとしても、国債には価格変動のリスクが存在するので、満期前に現金化しようとした場合には思いがけないキャピタル・ロスを被る危険性がある。だとすれば、もし長短の国債の金利が同じであれば、投資家はリスクの少ない短期国債を選好するであろうし、逆に投資家に長期国債を選好させるようとするならば、リスクに見合った上乗せ(プレミアム)が長期国債の金利には付いている必要があろう。しかも、価格変動のリスクは、満期までの期間が長ければ長いほど大きくなるので、残存期間の長い国債になればなるほど、短期金利に上乗せされるプレミアムは大きくなっていく。したがって、流動性プレミアム仮説にしたがえば、利回り曲線は右上がりになるのである。

流動性プレミアム仮説は、すべての利回り曲線が右上がりとなることを主張するものであって、右下がりになることは想定していない。その意味では流動性プレミアム仮説の現実説明力は決して高くはない。ただ、期待仮説に流動性プレミアム仮説を加味すれば、将来の短期金利の動向が利回り曲線の形状を決めるという期待仮説の結論を維持しつつ、現実として利回り曲線は右上がりの場合が多いということも説明可能になるのである。図表6-7はそ

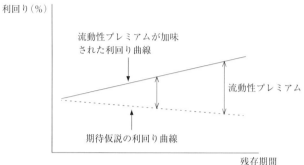

図表6-7　期待仮説に流動性プレミアム仮説を加味した場合の利回り曲線

利回り(%)

流動性プレミアムが加味
された利回り曲線

流動性プレミアム

期待仮説の利回り曲線

残存期間

の一例である。ここでは、将来の短期金利が少しだけ低下すると予想されているものとしよう。この場合の利回り曲線は、期待仮説にしたがえば図表6-7の破線のように緩やかな右下がりとなる。しかし、これに流動性プレミアム仮説の結論、すなわち、残存期間が長くなるにつれて流動性プレミアムはより大きくなるという結論を加味すると、実線で示したように、利回り曲線の形状は右上がりとなるのである。

3) 市場分断仮説

　投資家にとっては、資金運用の計画期間と、実際に購入する国債の満期までの残存期間は一致する方が望ましい。もし計画期間よりも残存期間の方が長いのであれば、計画期間の終了時にその国債を売却せざるをえず、この場合には先の流動性プレミアム仮説のところで説明した価格変動のリスクに直面してしまう。逆に、計画期間の方が残存期間よりも長い場合も不都合な事態になりうる。なぜなら、計画期間の途中でもう一度資金の運用計画を立てなければならないが、その時にどの程度の金利（利回り）で運用できるのかを、現在時点で予想するのはきわめて困難だからである。

　こうした不便さを投資家が完全に排除したいと思う場合には、計画期間と完全に一致するか、計画期間とほぼ同じくらいの残存期間を持つ国債での運

用を図るしかない。もし投資家がこのように行動したとすれば、満期の違う
資産間の裁定取引は行われず、したがって、短期の金利も長期の金利も、そ
の各々に対する需給によって決定されることになる。これが**市場分断仮説**
（market segmentation hypothesis）である。

　市場分断仮説の場合には利回り曲線の形状をどのように考えればよいのだ
ろうか。たとえば、短期国債の需給関係が崩れ、超過供給（需要）が発生し
たとしよう。この場合には、短期国債価格が下落（上昇）し、同時に短期国
債の金利は上昇（下落）するから、（長期国債の需給関係が一定ならば）利
回り曲線は右下がり（右上がり）となる。このように、市場分断仮説のもと
では、短期や長期の国債に対する需給関係によって利回り曲線の形状が決ま
ることになるので、順イールドの発生の方がその回数は多いという事実を説
明することはできない。ただし、①残存期間が少なくなってくるにつれて利
回り曲線の形状は大きく変動する、②機関投資家をはじめとして国債市場で
の有力なプレーヤーは、残存期間の短い市場に参加することが多い、という
ことも事実である。市場分断仮説は、これらの事実に関してはある程度の説
明能力を持っているといえよう。

4）政策への影響

　ここまで、金利の期間構造理論を見てきたが、どの理論が成立するのかに
よって、経済政策の運営方針は大きな影響を受ける。たとえば、流動性プレ
ミアム仮説を加味した期待仮説が成立しているとすれば、中央銀行は短期金
利を誘導することによって、長期金利も含めた金利全般に影響を及ぼすこと
が可能となる。

　一方、市場分断仮説が妥当であるならば、いわゆるオペレーショナル・ツ
イストと呼ばれている政策手法が有効となる。これは、1960年代、ケネ
ディ政権下の米国で実施された手法で、設備投資などを刺激するために長期
金利を引き下げる方策を実施する一方、海外から短期資金を取り込むため短
期金利を引き上げる方策を実施するといった政策手法のことである。ただし、

現代的観点からいえば、長期金利のコントロール手段というものを中央銀行も政府も持っていないというのが実情であって、現代においてこのオペレーショナル・ツイストが実施される可能性はきわめて小さいといえるであろう。

　最後に、金利の期間構造に関する数多くの実証分析では、期待仮説（＋流動性プレミアム仮説）を支持する結果の方が多い。

コ　ラ　ム
キャッシュレス化

　2010 年に 13.2 ％だった日本のキャッシュレス決済比率は 2021 年に 32.5 ％まで上昇し、目標（2025 年に 40 ％）到達も視野に入りつつある。一方、海外の主要国では 2018 年の時点ですでにキャッシュレス化比率が 50 ％を超えているところも多く（韓国ではクレジットカードによる支払いが主流でキャッシュレス化比率は 95 ％、その他中国 77 ％、カナダ 62 ％など）、こうした国々に比べると日本はかなり遅れている。北欧のデンマークやスウェーデンもキャッシュレス化が相当進んでいるが、デンマークでは、現金に触れる機会が乏しい子供たちを対象とした金銭感覚を養うためのアプリまである。またスウェーデンでは、現金を使っている人は外国人旅行者だけだとも言われている。ところで、日本のように現金決済が主流だとどのようなデメリットがあるのだろうか。一つはコストで、ATM や店頭レジで現金を扱うコストは年間で 1.6 兆円になるとの試算もある。さらに現金には、これは誰が持っていた現金であるという印がつかないから、現金決済はマネーロンダリングや脱税の温床となる危険性もある。韓国でクレジットカード決済促進策が導入されたのは脱税防止が大きな目的だった。

参 考 文 献
伊部和晃「なぜキャッシュレス化を進めるべきなのか」NRI Management Review、
　Vol. 41、2019 年
柴沼武『金融論』創成社、1995 年
鈴木真実哉・藤原洋二・沈徹・田端克至・小林慎哉『金融入門』昭和堂、1992 年
藤原洋二編『現代の金融』昭和堂、2009 年

マネーストックと信用創造

この章の1節ではマネーストックの定義と種類を示し、2節ではマネーストックの持つ政策的意義を紹介する。3節では、銀行の持つ特殊な機能、すなわち、貸出という行動を通じてマネーを大量に供給できるという信用創造機能を説明する。4節は、マネーストックのコントロールは可能なのかに関する論争について解説を加える。

1. マネーストックの定義

　現代社会では、現金（日本銀行券と硬貨）ばかりでなく民間銀行等の提供する預金も決済手段として機能している。したがって、経済全体に流通している通貨の残高である**マネーストック**を定義する場合にも、預金を含めて定義するのが一般的となっている。図表7-1からも明らかなように、どういった預金までを含めるのかによってマネーストックの定義は変わるので、以下では、代表的なマネーストック指標について見ていくことにしよう。なお、マネーストックはこれまでマネーサプライと呼ばれていた。しかし、日本銀行が、国際的な慣行にしたがって2008年6月以降はマネーサプライ統計をマネーストック統計と名称変更したため、本書でもマネーストックという名称を用いることにする。

　まず、もっとも狭義のマネーストックはM1（エム・ワンと読む）と呼ばれるものである。これは、現金通貨と預金通貨（主として普通預金と当座預

図表7-1　マネーストック統計の各指標の構成

(1)マネーストック統計における各指標

M 1	現金通貨＋預金通貨（預金通貨の発行者は、全預金取扱機関）
M 2	現金通貨＋預金通貨＋準通貨＋CD（預金通貨、準通貨、CD の発行者は、国内銀行等〈マネーサプライ統計の M 2＋CD 対象預金取扱機関と一致〉）
M 3	現金通貨＋預金通貨＋準通貨＋CD（預金通貨、準通貨、CD の発行者は、全預金取扱機関）
広義流動性	M 3＋金銭の信託＋投資信託＋金融債＋銀行発行普通社債＋金融機関発行 CP＋国債＋外債）

(2)各通貨の定義

現金通貨	銀行券発行高＋貨幣流通高
預金通貨	要求払預金（当座、普通、貯蓄、通知、別段、納税準備）－対象金融機関保有小切手・手形
準通貨	定期預金＋据置預金＋定期積金＋外貨預金
CD	譲渡性預金

(3)国内銀行等と全預金取扱機関の定義

国内銀行等	国内銀行（除くゆうちょ銀行）、外国銀行在日支店、信用金庫、信金中央金庫、農林中央金庫、商工組合中央金庫
全預金取扱機関	「国内銀行等」＋ゆうちょ銀行＋信用組合＋全国信用協同組合連合会＋労働金庫＋労働金庫連合会＋農業協同組合＋信用農業協同組合連合会＋漁業協同組合＋信用漁業協同組合連合会

（注）上記は、いずれも居住者のうち一般法人、個人、地方公共団体などの保有分が対象
（資料）日本銀行調査統計局「マネーストック統計の解説」2021 年 7 月

金からなる）の合計として定義されている。

　M 2（エム・ツー）は M 1 よりも広義のマネーストックの定義で、M 1 に定期性預金（準通貨ともいう）などを加えたものである。定期性預金は、普通預金や当座預金とは違って直接的に決済手段として利用できるわけではないが、満期日前であっても解約して現金化することができる。つまり、容易に決済手段に転化可能な預金ということから、マネーストックの定義に含めるのが一般的となっている。

　M 2 と M 3（エム・スリー）ではマネーの定義は同じであるが、M 3 のほ

図表7-2　マネーストック（月中平均残高）

（単位：億円）

年	M2	M3	M1			準通貨	CD	広義流動性
				現金通貨	預金通貨			
2015	9,064,060	12,225,345	6,164,839	866,708	5,298,131	5,688,305	372,200	16,503,526
2016	9,368,699	12,573,398	6,598,042	916,934	5,681,109	5,647,534	327,822	16,843,608
2017	9,739,925	12,996,285	7,118,852	958,563	6,160,290	5,562,682	314,750	17,355,522
2018	10,024,562	13,325,016	7,556,007	996,882	6,559,125	5,466,717	302,292	17,730,233
2019	10,262,029	13,594,584	7,956,750	1,023,177	6,933,573	5,349,082	288,752	18,025,613
2020	10,926,297	14,324,397	8,822,571	1,064,836	7,757,734	5,216,677	285,149	18,759,728
2021	11,626,959	15,116,851	9,689,784	1,111,013	8,578,771	5,084,000	343,067	19,802,197
2022	11,951,713	15,489,470	10,161,138	1,138,937	9,022,201	4,970,710	357,622	20,415,422

（資料）日本銀行「マネーストック統計」

うが対象とする金融機関の範囲が広くなっている。また、M3に投資信託や国債などを含めたもっとも包括的なマネーストックの指標を広義流動性と呼ぶ。なお、図表7-2から明らかなように、マネーストックに占める現金通貨の割合はごくわずかで、預金通貨や準通貨が大半を占めていることに注意してほしい。

2．マネーストックの政策的意義

1）2段階アプローチ

　一般に中央銀行が金融政策手段を用いて直接的にコントロールできるのは**操作目標**（操作変数ともいう：operating target）だけである。中央銀行は、これをコントロールすることによって金融政策の**最終目標**を実現しようとしているのだが、操作目標と最終目標の関係は決して安定的とはいえず、さらには、操作目標が変化したとして、所望の効果が最終目標に現れるまでにはかなりの時間がかかるという問題点もある。

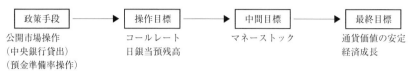

図表 7-3　金融政策の2段階アプローチ

| 政策手段 | → | 操作目標 | → | 中間目標 | → | 最終目標 |

公開市場操作　　　　コールレート　　　マネーストック　　通貨価値の安定
（中央銀行貸出）　　日銀当預残高　　　　　　　　　　　　経済成長
（預金準備率操作）

　このような場合、中央銀行は、操作目標と最終目標との間に**中間目標**
（intermediate target）を置き、操作目標→中間目標、中間目標→最終目標
という形で2段階に分けて最終目標の達成を図る場合がある。これを図表
7-3にあるように**2段階アプローチ**と呼んでいる（政策手段→操作目標のス
テップをも考慮に加え3段階アプローチと呼ぶこともある）。中間目標は操
作目標と最終目標の「つなぎ役」であるから、中間目標として選ばれる変数
は、①操作目標（コールレートや日銀当座預金）によってコントロール可能
なこと、②最終目標との間に安定的な関係があるとともに最終目標に先行し
て動くこと、③統計上の速報性があること、などの特性を持っていることが
望ましい。

2）中間目標としてのマネーストック

　以上のような特性を持ち、中間目標としてもっとも望ましいとされたのが
マネーストックである。というのも、マネーストックと物価やGDPとの間
には、マネーストックが増えると物価やGDPも上昇するといった安定的な
関係が存在していたからである。そこで、欧米主要国（米国、ドイツ、イギ
リス、カナダ）の各中央銀行は、1970年代から80年代にかけて次々とマネ
ーストックを中間目標として採用していった。

　日本銀行の場合は、マネーストックを中間目標であると公表したことはな
い。ただし、1973年から74年にかけてのいわゆる狂乱物価（74年の卸売
物価は37％、消費者物価も26％上昇した）という苦い経験と、欧米諸国が
続々とマネーストックを中間目標に導入し始めたという状況を受け、日本銀
行では1970年代半ば以降、最終目標としては通貨価値の安定をより重視し、

同時に中間目標に限りなく近いものとしてマネーストック統計を注意深く見
守るようになっていった。

3）情報変数としてのマネーストック

　しかし、1980年代から90年代にかけて、欧米諸国の中央銀行は、中間目
標を設定せずに政策運営を行うようになっていった。そのため、マネース
トックの位置付けもかつての中間目標という位置付けから一歩後退し、現在
では情報変数という位置付けとなっている。ここで**情報変数**とは、通貨価値
の安定を目指して金融政策を運営する上で潜在的に重要な情報を持っている
ため、中央銀行が分析の対象とする経済変数のことである。日本銀行の場合
も欧米諸国の中央銀行と同様、現在ではマネーストックを情報変数として利
用している。

　欧米においても日本においても、マネーストックの位置付けが変わった理
由は、マネーストックと物価やGDPなどとの関係がかつてよりも不明瞭に
なってしまったからである。こうしたことを背景に日本銀行では、マネース
トックを中間目標に近い経済変数として扱うのではなく、為替レート、貸出
量、長短の金利差などの他の経済変数と同様、情報変数として扱うように
なったのである。

4）貨幣の所得流通速度

　ここに1万円札が1枚だけあり、Aさんがそれを持っていたとしよう。
もしAさんがBさんから何かを買ったときにこの1万円札を使い、そして
BさんがCさんから何かを買ったときにもこの1万円札を使ったとすると、
1万円札1枚で2万円分の取引が行われたことになる。ここで1万円札は、
AさんからBさん、BさんからCさんへと2回移動しているが、この移動
回数のことを**貨幣の所得流通速度**（velocity）と呼び、Vで表すとしよう。
また、マネーストックをM、経済の取引総額をTとすると、ここではV
は2回、Mは1万円、Tは2万円であるから、これらの間には、

(7-1)　　$MV = T$

という関係が成立していることになる。(7-1) 式は、今の仮想例の場合だけではなく、経済取引が貨幣を用いて行われている限りかならず成立するのは明らかである。なお、取引総額 T は名目 GDP にほぼ等しいと思われるので、(7-1) 式の T を名目 GDP に置き換えて示すと、

(7-2)　　$MV = $ 名目 GDP

となる。したがって、貨幣の所得流通速度 V は、名目 GDP をマネーストック M で割ったものとして定義できるのである。

　もともと貨幣の所得流通速度は、マネーストックが中間目標としてふさわしいかどうか、最終目標（この場合の最終目標は物価の安定というよりは名目 GDP の水準である）との間に有意な関係があるかないかを判定する材料として利用されていた。もしふさわしいとすれば、貨幣の所得流通速度はかなり安定的な値をとるはずだからである。しかし、図表 7-4 が示しているように、貨幣の所得流通速度は趨勢的に低下するとともに、最近では 1 を大幅に下回るようになってきている。つまり、マネーストックと名目 GDP との

図表 7-4　貨幣の所得流通速度（名目 GDP/M 2：1980 年から 2021 年）

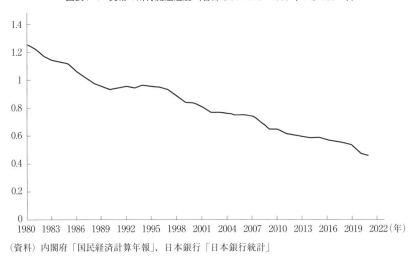

（資料）内閣府「国民経済計算年報」、日本銀行「日本銀行統計」

間には安定的な関係を見出せないのであり、この点から見ても、マネーストックが現在では中間目標ではなく情報変数として扱われているのも当然といえよう。

3. 信 用 創 造

　預金、とりわけ当座預金や普通預金などの要求払い預金には決済機能があるという点はすでに述べたが、このことにより銀行は、貸出を通じてマネー（預金）を創出するという**信用創造**機能を発揮できるのである。もっとも、以下の説明で明らかになるように、この機能は個別の銀行によって発揮される機能ではなく、銀行部門全体によって発揮される機能であるという点に注意が必要である。

　銀行がある人に貸出を実行する場合を考えてみよう。貸出は現金の手渡しで行われるわけではなく、一般的には、この人がこの銀行に開設している預金口座への振込みにより実行される。つまり、銀行側から見れば、貸出とは自行に開設されているこの人の預金口座に貸出額を印字して書き込むだけで完了するのであって、極端な言い方をすれば、紙とインクさえあれば銀行はいくらでも貸出を行うことができるのである。

　なぜこのようなことが可能かというと、銀行預金には決済機能が備わっているからである。この点で銀行は、証券会社や保険会社やノンバンクとは決定的に違っている。銀行以外の金融機関は、それらが発行する金融手段（保険証書や貸出証書）に決済機能が備わっていないため、資金の提供を実行しようとするならば事前にその資金を確保しておく必要がある。これに対して銀行は、自身が発行する金融手段、すなわち預金さえあれば貸出を実行できるのである。

1) 直感的説明
　具体的に考えていこう（図表 7-5 参照）。銀行 A は、預金者から合計 10

163

図表 7-5　信用創造の仕組み

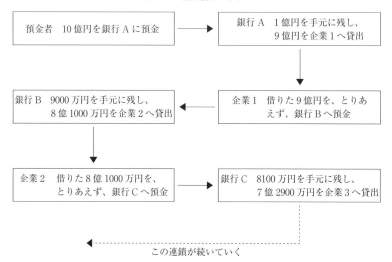

預金者　10 億円を銀行 A に預金	銀行 A　1 億円を手元に残し、9 億円を企業 1 へ貸出
銀行 B　9000 万円を手元に残し、8 億 1000 万円を企業 2 へ貸出	企業 1　借りた 9 億円を、とりあえず、銀行 B へ預金
企業 2　借りた 8 億 1000 万円を、とりあえず、銀行 C へ預金	銀行 C　8100 万円を手元に残し、7 億 2900 万円を企業 3 へ貸出

この連鎖が続いていく

億円の預金（これは貸出とは無関係に生じる預金であって本源的預金と呼ぶ）を預かっているとしよう。銀行 A は、すべての預金者が一斉に押しかけてきて預金を全額引き出すことは起こりえないこと、また、日々の預金引き出しに応じるためには預金の 10 ％程度を手元に置いておけば十分であることを、経験的に知っているとしよう。そこで銀行 A は、10 億円の 10 ％にあたる 1 億円だけを手元に残し、残り 9 億円を企業 1 に貸し出したとする。

　9 億の貸出を受けた企業 1 は、とりあえずその 9 億円を銀行 B へ預金（これは貸出の結果として生じる預金であって派生的預金と呼ぶ）したとしよう。この時点で、銀行 A と銀行 B を合わせて考えると、当初は 10 億円しかなかった預金が 19 億円へと増えていることになる。

　続いて銀行 B も銀行 A と同じように、企業 1 からの預金 9 億円の 10 ％である 9000 万円だけを手元に置き、残り 8 億 1000 万円を企業 2 へ貸し出したとしよう。そして企業 2 もその 8 億 1000 万円をとりあえず銀行 C に預金したとすると、この段階での預金増額は 27 億 1000 万円にまで増加している。

　さらに銀行 C も、やはり 8 億 1000 万円の 10 ％である 8100 万円だけを手

元に置き、残りの7億2900万円を企業3へ貸し出すのである。すると預金総額は34億3900万円となる。

このようにして預金と貸出の連鎖は連綿と続いていくが、最終的には預金総額はいくらになるのであろうか。10億円＋10億円×0.9＋10億円×0.9^2＋10億円×0.9^3＋……を計算すればよいのであるが、これは初項が10億円、公比0.9の無限級数である。一般に初項がa_1、公比rの無限等比級数の和は、$-1<r<1$の場合には、$a_1/(1-r)$となることがわかっている（無限等比級数の和の公式）から、その公式を当てはめて計算すると、預金総額は最初の本源的預金10億円を含めて合計100億円となる。まさに銀行は、銀行部門全体で考えた場合、貸出という行為を通じて預金というマネーを創造しているのである。

ところで、企業1、2、3は、何かの支払いの必要性があって借りているわけだから、借りたおカネを取引銀行に全額預金するという想定は非現実的に思われるかもしれない。確かに、たとえば企業1はB銀行へ全額預金した後で、ある程度の現金を引き出すであろうから、全額預金という想定はこの時点では非現実的である。

しかし、企業1は引き出したおカネを何らかの支払いに利用したとして、受け取り手もそのおカネを現金のまま保有するであろうか。もちろん現金のまま保有する部分がないとまではいえないものの、大部分については、受け取り手は自身の預金口座への入金を選択すると考える方が適切なのではないだろうか。なぜなら、銀行預金は決済手段として利用可能であるばかりでなく貯蓄手段でもあるからである。つまり、（特に高額の）支払いには預金振替の方が便利であること、預金で置いておけば利息収入も得られること、もし現金が必要であればいつでもATM等を使って引き出すことが可能であることなどを踏まえると、現金のまま手元に保有するよりは預金として預けておいた方が、便利で、安全で、有利なのである。したがって、B銀行単一で考えれば、預金から現金が引き出されるという点を無視できないとしても、銀行部門全体で考えれば、預金のほとんどは現金への交換を求められること

なく預金のまま留まるのであって、借りたおカネを全額預金しておくという
図表7-5の想定は、それほど非現実的な想定ではないと思われる。

2) 信用創造の仕組み

　先ほどは信用創造の仕組みを具体例にしたがって説明したが、今度はきち
んとフォーマルに説明していこう。今、銀行が新規に1の預金を受け入れた
として、それを全額貸出に回したとしよう。単一の銀行だけをとりあげれば、
1の貸出の結果として生じた預金が、預金振替などにより他銀行への預金と
して流出していくことは当然考えられる。しかし、銀行部門全体で考えれば
預金のほとんどはやはり預金のまま留まるのであって、現金として銀行部門
から流出する割合は相当に低いと考えられる。その理由は、すでに述べたよ
うに、預金は便利で、安全で、有利だからである。

　ここで、預金としての歩留まり率をαとしよう。すると、銀行が1の貸
出を行った結果、預金として銀行部門内に留まる割合はαで表すことがで
きるので、銀行部門から現金として流出する割合は$1-\alpha$となる。また、準
備預金制度の下では、銀行部門に預金として留まったαに預金準備率（こ
こではβとする）を乗じた$\alpha\beta$を、銀行は日本銀行に所要準備額として預け
る必要がある。

　このように、銀行が新規に1の資金を入手してそれを貸し出す際には、
$1-\alpha$と$\alpha\beta$の合計である$1-\alpha+\alpha\beta$の資金が銀行から流出することになる
ので、銀行はこの$1-\alpha+\alpha\beta$の資金を事前に手元に置いておく必要がある。
したがって、逆に考えれば、もし銀行が手元に1の資金を持っていたとすれ
ば、$1-\alpha+\alpha\beta$の逆数である$1/(1-\alpha+\alpha\beta)$だけの貸出を実行できるはずで
ある（図表7-6の右下参照）。

　この$1/(1-\alpha+\alpha\beta)$を**信用乗数**（credit multiplier）または、**貨幣乗数**
（money multiplier）と呼んでいるが、$0<\alpha<1$、$0<\beta<1$なので、信用乗
数の値は1よりも大きくなる。また、αは個別銀行だけをとりあげれば1
に近い値とはならないかもしれないが、銀行部門全体について考えれば1に

図表7-6　信 用 創 造

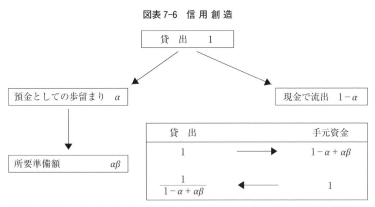

（資料）池尾和人『現代の金融入門』（ちくま新書、1996年）の図2-4を参考に作成

限りなく近い値になると思われる。

　信用乗数に具体的な数字を当てはめてみよう。預金準備率 β を1％、預金としての歩留まり率 α を90％とすれば、信用乗数は約9.17となる。つまり、銀行は新規の資金1を元手にして、その約9.17倍の貸出が可能であり、この貸出という行動を通じてマネー（預金）を創造しているのである。

3）ハイパワード・マネー

　ところで、銀行が新規に1の資金を入手したということを出発点に信用創造の仕組みを見てきたが、銀行はこの1の資金をどこから入手したのであろうか。考えられるルートは、①ある人や組織からの本源的預金というルート、②他の金融機関等からというルート、そして③中央銀行からというルート、の3つである。

　このうちの①については、個別銀行であれば確かに新規に資金を入手するルートのひとつである。しかし、銀行部門全体として考えれば、ある銀行への預金は、他の銀行の預金からの引き出しによってなされることになるので、銀行部門全体として考えると①は新規に資金を入手するルートにはなりえない。②についても同じことがいえる。他の金融機関等からの借入などにより

この銀行の資金は増えたとしても、他の銀行の資金は同額だけ減っているので、銀行部門全体で考えれば、新規に資金を入手したことにはならないのである。したがって、銀行部門全体としての新規の資金の入手先は、③で示した中央銀行からのルート以外にはありえないということになる。

　中央銀行が銀行部門に対して供給する新規の資金のことを**ハイパワード・マネー**と呼ぶ（**マネタリー・ベース**または**ベース・マネー**とも呼ぶ）が、ハイパワード・マネーは日本銀行の民間経済部門に対する債務とも考えられる。したがってハイパワード・マネーは、日本銀行の発行している日本銀行券（現金）と日銀当座預金の合計として定義される。

　さて、先ほどの信用乗数のところでは、銀行が手元に1の資金を持っていれば、その信用乗数倍だけの貸出を実行できると書いたが、ハイパワード・マネーを H、貸出を L としてこれを式で示すと、

$$(7\text{-}3) \quad L = \frac{1}{1-\alpha+\alpha\beta} H$$

となる。この式からも明らかなように、銀行はハイパワード・マネーを入手できれば、その信用乗数倍だけの貸出を実行することができるのである。

4) クレジット・ビュー（再論）

　貸出が実行される場合、端的にはそれは預金増となるという点はすでに述べたが、預金はマネーストックの重要な構成要素であるから、貸出の増減とマネーストックの増減の間には強い相関関係があると考えられる。したがって、貸出 L の代わりにマネーストック M を使って（7-3）式を書き換えると、

$$(7\text{-}4) \quad M = \frac{1}{1-\alpha+\alpha\beta} H$$

が得られる。

　ここで、少しだけ金融政策に触れておこう。図表7-7は、信用乗数（M2/ハイパワード・マネー）の推移を見たものであるが、バブル崩壊以降、信用乗数が大幅に低下しているのがわかるであろう。またこの傾向は量的緩

図表7-7　信用乗数の推移（1980年から2022年）

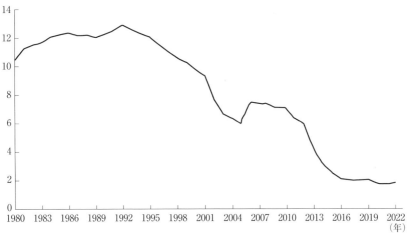

（資料）日本銀行「日本銀行統計」

和政策導入後も変わらなかった。

　ところで、4章で述べたように、量的緩和政策とは日銀当座預金残高を増額させるという政策であるから、まさにそれは、ハイパワード・マネーを増やすという政策にほかならない。しかし、図表7-7が示唆しているのは、量的緩和政策によってハイパワード・マネーを大量に供給しても、それに見合う貸出増が生じなかったためマネーストックは思うように増えず、信用乗数は一段と低下したということである。

4．マネーストック論争

1）マネーストックとハイパワード・マネー

　(7-4) 式から明らかなように、マネーストック M は、α が大きければ大きいほど、β が小さければ小さいほど、そして H が大きければ大きいほど増えるということがわかる。しかし、α は人々の現金に対する志向性や社

会的習慣により定まっているもので、制度や政策で簡単にその値を上げ下げすることは不可能である。また β の変更も、かつては金融政策手段のひとつではあったが、現在のところ β の変更を政策手段として利用しないという中央銀行が増えてきている（日本銀行の場合も 1991 年を最後に β の変更を行っていない）。したがって、(7-4) 式を右辺から左辺への因果関係（右辺が決まると、その結果左辺も決まる）として読めば、マネーストックを増減させるためには H を増減させる以外に方法はないといえよう。

2) 標 準 理 論

　4章で述べたように、日本銀行は公開市場操作により民間銀行への資金供給をコントロールしているが、たとえば買いオペの場合、日本銀行が債券等を民間銀行から購入した代金は、その銀行の日本銀行当座預金へ振り込まれる。つまり、公開市場操作による資金供給のコントロールというのはまさにハイパワード・マネーの量を制御することなのであって、その制御を通じてマネーストックの水準を管理するというのが金融政策の枠組みといえる。

　今述べた考え方は、(7-4) 式を右辺から左辺への因果関係と捉える考え方であって、一般的には**標準理論**と呼ばれており、マクロ経済学の教科書ではこの標準理論に則した説明が載っている場合が多い。ところが、この標準理論に対しては、金融政策の舵取り役である日本銀行自身が強く反論している。日本銀行の主張は一般的には**日銀理論**と呼ばれているが、それは標準理論とは逆に、(7-4) 式を左辺から右辺（左辺が決まると、その結果右辺が決まる）への因果関係と捉える考え方である。

3) 日 銀 理 論

　日銀理論の核心は、ハイパワード・マネーよりも銀行貸出の方が時間的に先行するという点にある。前節の1) や2) で説明したように、銀行が貸出を行うと、その結果として事後的に銀行はハイパワード・マネーを必要とする（図表7-6 の右下枠内の上段参照）。したがって、こうしたハイパワード・マ

170

ネーの需要に対して、もし日本銀行がその供給を怠ってしまうと、需給のバランスが大きく崩れ金融市場に大混乱が生じてしまうであろう。そうならないようにするには、銀行によるハイパワード・マネーの需要に対して、それに見合うだけの供給を日本銀行が「受動的」に行うしかない。つまり、日銀理論によれば、日本銀行はハイパワード・マネーの供給を自主的に決めることができないということになる。

4) 標準理論からの反論

これに対して標準理論側の人たちは、日銀理論が主張する時間的先行関係は認めるものの、それと因果関係とは別であるとして強く反論している。銀行が貸出を行えば、その結果ハイパワード・マネーが必要となるという点は明らかなのであるから、銀行は貸出を実行する際に、どれだけのハイパワード・マネーを利用できるのか事前に考慮に入れるはずである。したがって、ハイパワード・マネーの供給は制限されていると銀行が予想するならば、銀行は貸出を控えるであろうし、逆に制限されていなければ、貸出を控えることはしないはずである。しかも、ハイパワード・マネーの供給元は日本銀行だけなのであるから、もし日本銀行がハイパワード・マネーの供給を事前に決めた額しか行わないと宣言し、それを銀行側が信用したとすれば、ハイパワード・マネーの制御によって貸出を、ひいてはマネーストックをコントロールするという標準理論が成立するはずである。

5) 日銀の再反論と評価

この標準理論側からの反論に対して日本銀行は、米国の実例をあげながら再反論している。米国では1980年代初頭、標準理論に近い方式で金融運営を行った結果、市場金利が大きく乱高下してしまった。というのも、事前にアナウンスしたハイパワード・マネーの供給に対して、もし少しでもそれに見合わない予想外のハイパワード・マネーの需要が発生してしまった場合には、需給のバランスが一挙に崩れ、想定外の金利水準となってしまうからで

ある。日本銀行の立場からすれば、市場金利の乱高下のような混乱を招きかねない理論は、たとえその理論の論理的主張には首肯すべき点が多々あるにしても、金融政策の実施責任者としてその主張に則った政策運営はできないというわけである。

　この日銀理論と標準理論との論争は、一般的に**マネーストック論争**といわれていたが、最近では、標準理論をやみくもに信奉する論者はほとんどいない。

　ただし、量的緩和政策のときのように、日銀当座預金残高を積み増すという形でハイパワード・マネーの供給を日本銀行が行っていたのも事実である。この点を踏まえれば、日本銀行がハイパワード・マネーの唯一の供給者であるということを重視する標準理論の考え方にも、日本銀行は敬意を払うべきであろう。

コ　ラ　ム
テイラー・ルール

　政策の運営はシンプルでわかりやすい方が望ましい。とりわけ金融政策では市場との対話が重視されているので、複雑な政策運営はどこの国においても敬遠される傾向にある。ではシンプルでわかりやすい政策運営とはどのような運営であろうか。そのひとつの答はあるルールに基づいて機械的に政策を運営することであろう。スタンフォード大学のジョン・テイラー教授は1993年に、のちにテイラー・ルールとして知られることになる、

$$r = p + 0.5\,y + 0.5\,(p-2) + 2$$

という関係式を発表した。ここで、r はフェデラル・ファンド・レート（日本のコールレートのような短期金利）の予想値、p は過去四半期のインフレ率、y は実質 GDP のトレンドからの乖離率である。この中で p と y は観察可能な数値であるから、たとえば p が 2 ％、y が 1 ％だとすると、r は 3.5 ％と予想できることになる。つまり、テイラー・ルールを使うと、中央銀行の政策運営を市場関係者は容易に予想できるのである。また、政策効果を強くするために時にはサプライズも必要であろうが、この場合もテイラー・ルールは有用である。というのも、市場関係者の予想値が中央銀行にはわかるので、それだけ裏をかきやすくなるからである。

参 考 文 献——————————————————————
池尾和人『現代の金融入門［新版］』ちくま新書、 2010 年
翁邦雄『ポスト・マネタリズムの金融政策』日本経済新聞出版社、 2011 年
日本銀行調査統計局「マネーストック統計の解説」2021 年
藤原洋二編『現代の金融』昭和堂、 2009 年

8

国際金融の基礎

この章では、国際金融に関するいくつかの基本的なトピックスを考察する。まず1節で外国為替市場の仕組みを概観し、2節では為替リスクや為替ポジションについて言及する。3節と4節では先物為替や為替スワップ取引を解説し、次いで5節では為替レートの決定要因を考える。6節では国際収支表の見方や貿易・サービス収支の不均衡をどのように解釈すべきかを論じ、最後の7節では、為替制度の選択の問題を扱う。

1. 外国為替市場と為替レート

1) 外国為替市場の概要

24時間マーケット　　　**外国為替市場**（foreign exchange market）は、円、ドル、ユーロといった通貨を交換（売買）する市場で、図表8-1にあるように、世界のどこかの市場は必ず開いている、いわば24時間マーケットである。ただし、各市場の開始時間や終了時間はあくまで目安で、東京市場は9時に開いて17時に閉じるというわけではない。各国の市場参加者がもっとも活発に取引している時間帯を、たとえばそれが日本であれば東京市場、イギリスであればロンドン市場と呼んでいるだけである。

図表 8-1　外国為替市場の国際連鎖（夏時間の場合の目安）

(日本時間)

	1	2	3	4	5	6	7	8	9	10	11	12	13	14	15	16	17	18	19	20	21	22	23	24
ウェリントン				░	░	░	░	░	░	░	░													
シドニー					░	░	░	░	░	░	░	░	░											
東京									░	░	░	░	░	░	░	░	░							
香港										░	░	░	░	░	░	░	░	░						
シンガポール										░	░	░	░	░	░	░	░	░						
バーレーン													░	░	░	░	░	░	░	░	░	░		
フランクフルト																░	░	░	░	░	░	░	░	░
ロンドン	░	░														░	░	░	░	░	░	░	░	░
ニューヨーク	░	░	░	░	░	░															░	░	░	░

（資料）尾河眞樹『〈新版〉本当にわかる為替相場』日本実業出版社、 2016 年

図表 8-2　インターバンク市場と対顧客市場

日本銀行
（財務省の代理）

（インターバンク市場）

（市場介入）

銀　行

銀　行　　　　　外為ブローカー

銀　行

（対顧客市場）

企　業　　　　個　人　　　　機関投資家

インターバンク市場と対顧客市場

外国為替市場の参加者は、銀行をはじめとした金融機関、商社、メーカーなどの企業、個人、機関投資家等、多岐にわたるが、一般に外国為替市場という場合にはインターバンク市場を指す（図表 8-2 参照）。

　かつては外為ブローカーがインターバンク取引の仲立ちをする取引形態が支配的であったが、現在は**電子ブローキング**（EBS：Electronic Broking

System）を利用した銀行同士の直接取引が主流となっている。

　また、日本では、財務省の代理として日本銀行が外国為替市場に介入する場合がある。急激な円高や円安が起こったときに介入のタイミングとなる場合が多いが、後述するように、外国為替市場の取引金額は非常に大きいので、日本銀行の介入額自体で需給動向に影響を与えることは事実上不可能である。そういう意味では介入の効果には疑問符を付けざるをえない。ただし、介入を通して、今の円高や円安を好ましいとは思っていないという通貨当局の意思を市場に伝達することはできる。

実需取引と資産運用取引　東京外国為替市場の１日当たりの取引額は4000億ドル程度で、市場が１年間で250日開いているとすると、年間の取引額は100兆ドルにもなる（図表8-3参照）。

図表 8-3　東京外国為替市場の規模と概要

1営業日平均取引高（億ドル）	
2016年4月中	3,990
2019年4月中	3,755
2022年4月中	4,325
通貨別取引構成比（％、 2022年4月中取引）	
ドル／円	63.7
ユーロ／ドル	6.4
ユーロ／円	6.9
その他	23.0
取引相手先別シェア（％、 2022年4月中取引）	
対金融機関取引	92.0
対非金融機関取引	8.0
取引形態別構成比（％、 2019年4月中取引）	
スポット	34.4
フォワード	14.4
為替スワップ	47.4
通貨スワップ	1.0
通貨オプション	2.8

（資料）日本銀行「外国為替およびデリバティブに関する中央銀行サーベイ（2022年4月中取引高調査）について：日本分集計結果」2022年11月

1ドルを140円としてこの100兆ドルを円に換算すると1京4000兆円となるが、日本のGDPは約550兆円であるから、東京外国為替市場では実にその25倍もの取引が行われていることになる。しかも、日本の場合、GDPに占める輸出入の割合はせいぜい30％程度なので、輸出入に関連して外貨を売買する取引（これを**実需取引**という）以外の取引、すなわち、資産運用に関連する取引が東京外国為替市場の取引の大半を占めていることになる。これは東京外国為替市場だけに見られる現象ではなく、世界のその他の外国為替市場においても同様である。

媒介通貨としてのドル　また、外国為替市場の取引では、取引の片方はドルであることが多く、たとえば円を売ってユーロを買いたいと思っている主体も、円とユーロを直接交換するのではなく、円をとりあえずドルに換え、次いでドルをユーロに換えるという手順を踏むのが通常である。では、なぜ円とユーロの直接交換よりも、ドルを媒介とした間接交換が行われるのであろうか。それは、市場参加者にとって重要なことは迅速に所望の通貨を売買することにあり、その目的のためには、ドルを媒介とする方が便利だからである。また、ひとたびドルが**媒介通貨**として君臨すると、より多くの取引がドルがらみになっていくので、いわば雪だるま式にドルがらみの取引が増えていくことになる。

国別に見た外国為替市場の規模　世界最大の外国為替市場はロンドン市場である。その中心地はシティーといわれている地域で、ここにはグローバルな活動を展開する世界中の金融機関が集結している。19世紀後半からロンドンは国際金融の中心地であったこと、そのため、金融取引に精通した人や組織が多数存在すること、また、1980年代の金融ビッグバンで規制が取り除かれ、一層使いやすい市場となったこと、以上のような理由からロンドンが世界最大の外国為替市場として君臨し続けている。1位のロンドン市場に2位のニューヨーク市場を加えると、世界全体の半数以上の取引が行われていることになる。

　一方、東京市場は、1980年代から90年代半ばあたりまではもう少しシェ

図表 8-4　世界の主要外国為替市場の 1 営業日平均取引高

(単位：10 億米ドル、〈　〉内はシェア、【　】内は増減率)

2016 年 4 月中	2019 年 4 月中	2022 年 4 月中
①イギリス　2,406〈36.9%〉	①イギリス　3,576〈43.2%〉	①イギリス　3,755〈38.1%〉
②米国　1,272〈19.5%〉	②米国　1,370〈16.5%〉	②米国　1,912〈19.4%〉
③シンガポール　517〈7.9%〉	③シンガポール　640〈7.7%〉	③シンガポール　929〈9.4%〉
④香港　437〈6.7%〉	④香港　632〈7.6%〉	④香港　694〈7.1%〉
⑤日本　399〈6.1%〉	⑤日本　376〈4.5%〉	⑤日本　433〈4.4%〉
⑥フランス　181〈2.8%〉	⑥スイス　264〈3.2%〉	⑥スイス　350〈3.6%〉
⑦スイス　156〈2.4%〉	⑦フランス　167〈2.0%〉	⑦フランス　214〈2.2%〉
⑧オーストラリア　121〈1.9%〉	⑧中国　136〈1.6%〉	⑧ドイツ　184〈1.9%〉
⑨ドイツ　116〈1.8%〉	⑨ドイツ　124〈1.5%〉	⑨カナダ　172〈1.7%〉
⑩デンマーク　101〈1.5%〉	⑩オーストラリア　119〈1.4%〉	⑩中国　153〈1.6%〉
グローバル・ベース　5,066【▲5.4%】	グローバル・ベース 6,581【+29.9%】	グローバル・ベース 7,508【+14.1%】

(注 1) 各国市場は国内分の二重計上を調整。グローバル・ベースは国内・海外分の二重計上を調整しているため、各国市場の合計はグローバル・ベースに一致しない。
(注 2) グローバル・ベースおよび各国市場の計数は、修正される可能性がある。
(資料) 日本銀行「外国為替およびデリバティブに関する中央銀行サーベイ（2022 年 4 月中取引高調査）について：日本分集計結果」2022 年 11 月

アが高かったのだが、最近ではロンドンやニューヨークに大きな差をつけられ、シンガポール市場や香港市場とともに、アジアの金融市場のひとつという位置付けとなっている（図表 8-4 参照）。

2) 為替レートの表示方法

自国貨建てと外貨建て　外国為替市場は外貨を交換する場であるから、当然そこでは交換レートも決まることになる。それが**為替レート**（exchange rate）である。日本では、外貨 1 単位に対して自国通貨がどれだけになるか、すなわち 1 ドル 80 円といった表示方法をとっているが、このような表示方法を自国貨建て為替レートという。これに対して為替レートは 1 円 12.5 セントといった表示の仕方も可能であり、これを外貨建て為替レートという。

増価（減価）、切り上げ（切り下げ）　1ドル80円から1ドル70円になるような場合を円高になるというが、これはドルに対する円の価値が増したということであるから、円の**増価**ともいう。逆に1ドル80円が100円へと円安になるような場合には、ドルに対する円の価値が減るので**減価**ともいう。

また、為替レートの**切り上げ（切り下げ）**という表現が用いられることもあるが、これは固定相場制での固定レートの変更の場合の用語である。すなわち、現在の固定レートが1ドル360円だとして、それが1ドル308円（400円）へと円高（円安）方向に固定レートが変更されるような場合、切り上げ（切り下げ）という表現が用いられる。

2. 為替リスクと為替ポジション（持高）

1）為替リスクとは何か

ここに100ドルあるとしよう。今の為替レートが1ドル80円なら100ドルは8000円である。しかし、為替レートが円高方向へと変化し、たとえば1ドル75円になったとすると、100ドルの円価値は8000円から7500円に低下してしまう。為替レートの変動によるこのような損失を**為替差損**と呼ぶ。

逆に1ドルが80円から85円へと円安になれば、100ドルの円価値は8000円から8500円に増える（これを**為替差益**と呼ぶ）。

このように、為替レートの変動により、外貨の価値が円換算でいくらになるのかを確定できない場合を総称して**為替リスク**と呼んでいる。

2）為替ポジション

為替ポジション、あるいは**為替持高**とは、外貨建て資産の債権残高と債務残高の差額のことで、債権残高の方が多い場合を**ロングポジション**（あるいは買い持ち）、債務残高の方が多い場合を**ショートポジション**（売り持ち）

と呼び、これらロングポジションとショートポジションを合わせて**オープン
ポジション**という。また、債権残高と債務残高の差額がない場合を**スクエア**
と呼ぶ。債権残高、債務残高という言葉がわかりにくければ、ドルの売りと
買いを比べて、買いが多い場合がロング、売りが多い場合がショートと考え
てもよい。

　ではなぜこの為替ポジションが重要となるのかだが、それは、先に述べた
為替リスクはポジションがオープンの場合にのみ発生するからである。

スクエアとリスクヘッジ（回避）　ここで、１万ドルのロングポジション
にある銀行を想定しよう。この場合、
円高・ドル安（円安・ドル高）になれば銀行には為替差損（差益）が発生す
る。為替レートの変動で利益を得たいと考えるのなら、１万ドルをそのまま
ドルで保有し、円安・ドル高となることに賭けるのもひとつの方策である。
しかし、為替リスクを回避したいのであれば、銀行はポジションをスクエア
の状態にする必要がある。この場合の選択肢は以下の２つである。

　①　１万ドルのドル資産を売却して、為替リスクから完全に脱却する。
　②　１万ドルのドル負債を抱えることにより、為替リスクを中和する。

　どちらでもスクエアの状態になるが、銀行などでは②の方策を採用するの
が一般的である。というのも、銀行は取引相手から絶えず外貨の売りや買い
の注文を受けるが、①のように外貨を完全に手元から手放してしまうと、そ
ういった取引相手の売買の意向に応えることができなくなってしまうからで
ある。

３．スポット（直物）とフォワード（先物）

　図表8-3 の取引形態別構成比のところにあるように、外国為替市場での取
引は、**スポット（直物：spot）取引**、**フォワード（先物：forward）取引**、
そしてこれら２つを合成した為替スワップ取引の３つからなっている。
　ここで直物取引とは、契約と同時に外貨の受け渡しが行われる取引で、そ

の際に適用される為替レートを**直物為替レート**（spot exchange rate）と呼ぶ。これは１節の２）で紹介した為替レートと同じであり、私たちが日常の生活で耳にする為替レートはこの直物為替レートのことである。

　これに対して先物取引とは、将来のあらかじめ定めた決済日に、現在の契約に基づき外貨の売買を行う取引で、その際に適用される為替レートを**先物為替レート**（forward exchange rate）という。つまり先物取引とは、契約だけを現時点で行い、実際の金銭のやり取りは、あらかじめ定めた１ヶ月後であるとか３ヶ月後に行う取引である。なお、先物取引を含めたデリバティブについての詳しい説明は 10 章で行う。

1) 先物取引の利点

　１ヶ月後に 100 万ドル受け取る予定の企業を想定しよう。この場合、１ヶ月後の直物（スポット）為替レートがどのような水準となるかは不明であるため、この企業が受け取る 100 万ドルの円価値は、今から１ヶ月の間に円高が進めば小さくなるし、逆に円安が進めば大きくなる。しかし、受け取る円価値がどうなるのかわからないという状況は、この企業にとって大変不便に違いない。このようなときに威力を発揮するのが先物取引である。

　この企業は、１ヶ月先物で 100 万ドルを売るという先物取引契約を、今日結んだとしよう。今日の１ヶ月先物為替レートが１ドル 80 円だとすると、この企業は１ヶ月後に入手する 100 万ドルが 8000 万円になることを、今日時点で確定することができる。１ヶ月経って直物為替レートが１ドル何円になっていようとも、この企業は今日結んだ先物契約にしたがって 8000 万円を入手できるのである。このように、先物取引には、１ヶ月先や１年先のドルが、円でいくらになるのかを現時点で確定できるという利点がある。

2) 為替スワップ取引

　為替スワップ取引とは、直物と先物を、同時かつ反対方向に取引することである。具体的には、「ドルの直物買いと先物売り」、もしくは、「ドルの直

物売りと先物買い」を行うことを指す。では、この為替スワップ取引が外国
為替市場において大きなウエイトを占める主要な取引形態となっているのは
なぜだろうか。この点を具体例で考えてみよう。

　今、ある銀行に、取引先の輸出企業から、3ヶ月先物で1万ドルを売りた
いという先物契約の申し込みがあったとしよう。このとき、この銀行のポジ
ションはどのように描写できるだろうか。

　まずこの銀行は、（この輸出企業による先物ドル売りに応えて）3ヶ月先
物で1万ドルを購入するので、先物ドルのポジションはロングとなる。為替
リスクをなくすためには、先物ドルを同額分だけ売ってスクエアにすればよ
いのであるが、通常は、先物について同額の取引を見出すことは困難な場合
が多い。そこでこの銀行は、先物ドルを売る代わりに、容易に取引が成立し
うる直物取引を使って、同額の直物ドルを売るという行動に出るのが一般的
である。こうすることで、この銀行には、新たに直物ドルのショートポジ
ションが発生するが、直物と先物の区別をせずにこれらを総合して考えると、
とりあえずこの銀行はポジションをスクエアの状態にすることができるから
である。

　もちろん、直物と先物は区別すべきものであるから、これで取引が終わる
わけでない。そこで銀行は折を見て、1万ドルの直物買いと、同額の先物売
りという為替スワップを実行するのである。こうすることで、この銀行のポ
ジションは、直物ポジションについても先物ポジションについてもスクエア
となり、為替リスクを完全に回避することができるのである。

4．為替スワップと金利裁定

1）先物カバー付き金利平価式
　資産運用の場合には、為替スワップはどのように利用されているのであろ
うか。

ここに1円あるとしよう。これを1年間、利回り（金利）rの日本の国債で運用した場合、1円は1年後に$1+r$円となる。

　次に、1円を米国債で運用する場合を考えよう。そのためにはまず1円をドルに換える必要があるが、（直物）為替レートを1ドルs円とすると、1円は$1/s$ドルとなる。米国債の利回り（金利）をr^*としてこの$1/s$ドルを米国債で運用すれば、1年後にそれは$\frac{1}{s}(1+r^*)$ドルとなる。しかし、1年後の為替レートは現時点ではわからないので、この$\frac{1}{s}(1+r^*)$ドルが円でいくらになるのかは不明である。ではどうしたらよいのか。先物為替を利用して$\frac{1}{s}(1+r^*)$ドルを売る契約を今日の時点で結べばよい。つまり、1円をドルに換える（直物ドル買い）と同時に、$\frac{1}{s}(1+r^*)$ドルを先物で売るという為替スワップ取引を、今日時点で実行すればよいのである。ここで、1年先物の為替レートが1ドルf円であるとすると、1年先物で$\frac{1}{s}(1+r^*)$ドルを売るという契約を今日結ぶことによって、1年後の$\frac{1}{s}(1+r^*)$ドルは$\frac{f}{s}(1+r^*)$円となることを今日の時点で確定できるのである。

　この結果、日本で運用した場合の$1+r$円と、米国で運用した場合の$\frac{f}{s}(1+r^*)$円を比較し、どちらか有利な方で運用すればよいということになる。したがって均衡状態では

$$(8\text{-}1) \quad 1+r=\frac{f}{s}(1+r^*)$$

が成立する。この式を**先物カバー付き金利平価式**という。

2）先物為替レートの決定

　(8-1) 式はこのままでは多少扱いづらいので、右辺を次のように変形しておこう。すなわち、

$$(8\text{-}2) \quad 1+r=\left(1+\frac{f-s}{s}\right)(1+r^*)$$

である。ここで右辺を展開すると、$1+r^*+\frac{f-s}{s}+\frac{f-s}{s}r^*$となるが、最後の項はかなり小さな値となると考えられる（たとえばfが100円、sが99

円、r^* が1%ならば、この項の値は約 0.0001 となる）から、近似的にそれをゼロと考えることにしよう。すると（8-2）式は、

$$(8\text{-}3) \qquad r \doteqdot r^* + \frac{f-s}{s}$$

と書き直すことができる。したがって、両国の金利と直物為替レートの値がわかれば、この式から自動的に先物為替レートがどういう水準になるかを計算することが可能となる。また、（8-3）式からわかるように、

$$r \gtrless r^* \Leftrightarrow f \gtrless s$$

であるから、日本の方が米国に比べて金利が高ければ（低ければ）、先物為替レートは直物為替レートよりも円安（円高）となる。なお、先物為替レートの方が円安の場合を**ドルフォワード・プレミアム**と呼び、先物為替レートの方が円高の場合には**ドルフォワード・ディスカウント**と呼ぶ。

5．為替レートの決定要因

　為替レートの変動要因は何かという点を明らかにするのがこの節の目的であるが、誤解が生じないようにあらかじめ断っておくと、為替レートの変動要因を明らかにしたとしても、為替レートの将来値を予測することが可能となるわけではない。現在の経済学で明らかにできるのは、ある事象は円安要因となるとか別の事象は円高要因となるとか、そういった程度のことまでである。

1）購買力平価説（PPP：Purchasing Power Parity）

　購買力平価説とは、通貨の購買力が為替レートを決めるという考え方であり、為替レート決定理論の中の古典ともいうべきものである。言うまでもなく通貨の購買力は、その国の物価動向に大きな影響を受けるので、要するに購買力平価説とは、為替レートは、物価水準や物価水準の変化（すなわち、インフレ、デフレ）によって決定されるというものである。

ここで、東京とニューヨークで同じような生活をした場合、東京での1ヶ月の生活費が24万円、ニューヨークでは3000ドルであったとしよう。このとき、購買力平価説では、為替レートは3000ドル＝24万円、つまり1ドル80円になると考えるのである。一般的には、日本の物価水準をP、米国の物価水準をP^*、為替レートをeとして、

　　(8-4)　　$P = P^* \times e$

という関係が成り立つような為替レートeが購買力平価説に基づく為替レートということなる。

ビッグマック指数　　イギリスの経済専門誌『エコノミスト』は、ビッグマック指数という指標を毎年発表している。これは、マクドナルドで販売されているビッグマックの価格で各国の購買力平価を割り出して、現実の為替レートが購買力平価レートとどの程度乖離しているかを示すものである。その概要は図表8-5にあるとおりだが、2022年7月21日時点でビッグマックは米国では5.15ドル、日本では390円であるから、ビッグマックで計算した購買力平価レートは1ドル75.73円である。このときの現実のドル円レートは137.83円だったので、日本の場合、現実の為替レートはビッグマックで測った購買力平価レートに比べて45.1％円安になっていることになる。

図表8-5　ビッグマック指数

	ビッグマック価格	ビッグマックで測った購買力平価レート	現実の為替レート（2022年7月）	現実の為替レートの評価
米国	＄5.15			
オーストラリア	A＄6.70	1.30	1.45	10.2％安い
中国	24.00元	4.66	6.75	30.9％安い
ユーロ圏	€4.65	0.90	0.98	7.5％安い
日本	390円	75.73	137.83	45.1％安い
韓国	4,600ウォン	893.20	1313.45	32.0％安い
スウェーデン	SKr 57.00	11.07	10.2	8.5％高い

（資料）The Economist, *The Big Mac index*、2022年7月21日

2）相対的購買力平価

　ビッグマックは確かにいろいろな国の人々に愛されている食べ物であるが、この単一の商品で物価水準を代理させることはできないし、かりにビッグマックではなくて、消費者物価指数や卸売物価指数などの指標を利用したとしても、そもそも文化や習慣の違う国々の購買力を物価水準で比較することには問題点も多い。たとえば、東京では多くの人がお茶やソバにおカネを使うが、ニューヨークではお茶がコーラに、ソバがホットドッグになるであろう。したがって、単純に東京とニューヨークの生活費を比較してもあまり意味がない。

　こういった理由から、購買力平価レート自体を求めるのではなく、(8-4) 式を変化率の式に書き直して、両国のインフレの影響を受けると為替レートはどのような水準に変化していくのかという観点から購買力平価を考える方が実用的ともいえる。ここで、Δ という記号はある変数の変化分を表すとしよう。すると、ΔP は物価水準の変化分ということになるから、$\Delta P/P$ は日本のインフレ率を表すことになる。同様に $\Delta P^*/P^*$ は米国のインフレ率、$\Delta e/e$ は為替レートの変化率をそれぞれ表す。このようにして (8-4) 式を変化率に書き換えると $\Delta P/P = (\Delta P^*/P^*)(\Delta e/e)$ となるので、近似的には、

$$(8\text{-}5) \quad \frac{\Delta P}{P} \doteqdot \frac{\Delta P^*}{P^*} + \frac{\Delta e}{e} \quad \Rightarrow \quad \frac{\Delta P}{P} - \frac{\Delta P^*}{P^*} \doteqdot \frac{\Delta e}{e}$$

が成立する。

（8-5）式導出のための補足　P^* が ΔP^* だけ増加し、e が Δe だけ増加したとき、P の増加分を ΔP であるとする。この場合、(8-4) 式から、次式が成立する。

$$P + \Delta P = (P^* + \Delta P^*)(e + \Delta e)$$

両辺を P で割ることによって、次式が得られる。

$$\frac{P + \Delta P}{P} = \left(\frac{P^* + \Delta P^*}{P^*}\right)\left(\frac{e + \Delta e}{e}\right)$$

なぜなら右辺を P で割ることは、P^*e で割ることと同じであるからである。

上の式を簡単にすると以下のようになる。

$$1 + \frac{\Delta P}{P} = \left(1 + \frac{\Delta P^*}{P^*}\right)\left(1 + \frac{\Delta e}{e}\right)$$

右辺を展開すると、$1 + \frac{\Delta e}{e} + \frac{\Delta P^*}{P^*} + \frac{\Delta e}{e}\frac{\Delta P^*}{P^*}$ となるが、最後の項はかなり小さな値になるので、近似的にゼロとおいてもかまわない。したがって (8-4) 式を変化率に書き直すと、近似的には (8-5) 式となるのである。

　さて (8-5) 式は、日本のインフレ率が米国のそれよりも高ければ（低ければ）、為替レートは円安・ドル高（円高・ドル安）になることを示している。たとえば、日本のインフレ率が 1 ％、米国のインフレ率が 5 ％であれば、為替レートの変化率は－4 ％となるので、4 ％の円高・ドル安が生じることになる（為替レートは自国貨建てで表示されているから、その変化率がプラスであれば円安に、マイナスであれば円高になる）。なお、(8-4) 式で表される購買力平価を**絶対的購買力平価**、それに対して (8-5) 式で表される購買力平価を**相対的購買力平価**と呼んでいる。

　さて、購買力平価で決まるレートはどれほどの現実説明力を持っているのであろうか。それは購買力平価レートに何を期待するのかによって異なるが、図表 8-6 に示した現実のドル円レートと 1973 年を計算の基準時とした相対的購買力平価レートとを比較してみると、短期的には購買力平価レートの現実説明力は決して高くはないが、現実の為替レートの長期的トレンドを示す程度の精度は持っているといえるだろう。

3）アセット・アプローチ

　財やサービスの価格に比べると株価は大きく変動することに疑問を感じる人は少ないであろう。株価が大きく変動するのは、株が資産であって人々の予想や思惑によっていかようにも変化するからである。ところで、ドルやユーロといった外貨も資産のひとつであるから、資産である外貨の売買に伴って為替レートが大きく変動すると考えるのも自然なことであろう。このように、外貨を資産の一部と捉えて為替レートの動きを説明しようという考え方

図表 8-6　相対的購買力平価

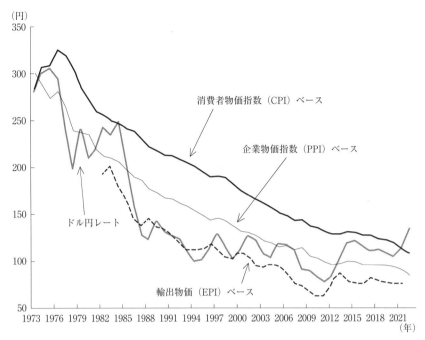

(注)　相対的購買力平価については以下の式で計算されている。
　　　基準時（1973 年）の為替レート × $\dfrac{\text{基準時を 100 とする日本の各指数}}{\text{基準時を 100 とする米国の各指数}}$。ただし EPI の基準時
　　　は 1983 年
(資料)　国際通貨研究所ホームページ

をアセット・アプローチという。

　このアセット・アプローチの立場に立てば、為替レートの決定には予想が
きわめて重大な役割を果たすことがわかる。この点は次のように考えるとわ
かりやすいであろう。たとえば、ドル建て資産（たとえば米国の国債）を保
有しようとしている人にとっては、米国債の利回りだけでなく、ドル円レー
トが将来どのような方向に動いていくかということも重要である。なぜなら、
将来円安・ドル高になればなるほど、この人はより大きな収益をあげること
ができるからである。したがってこの場合、将来の円安・ドル高を人々が予
想すれば、それだけ米国債を購入しようという人々が増え、その結果、外為

市場では実際に円売り・ドル買いが起こりドル円レートは円安・ドル高の方向へと変化する。つまり、円安・ドル高の予想が実際の円安・ドル高をもたらすのである。

ケインズの「美人投票」 ただしこの予想は独りよがりの予想であってはならない。かりにこの人がドル高を予想していたとしても、他の大多数の人々がドル安を予想すれば将来はドル安になるのであるから、自分がどう予想するかということよりも、人はどう予想するかを予想することが重要となるのである。こういった状況をケインズは「美人投票」を例にあげて説明している。

ここで**ケインズの美人投票**とは、1位に選ばれた美人が賞金をもらうのではなく、1位に選ばれた美人に投票した人たちが賞金をもらうという美人投票である。この場合、人々は自分が誰を一番の美人と思っているかという基準で投票するのではなく、大多数の人々が誰を一番の美人と考えているかを予想して投票することになる。

為替レートを予想する場合にも、まさにケインズが美人投票のたとえ話で示唆したように、独りよがりの予想ではなく、人々が何を根拠にその予想を立てているかが重要となる。その根拠の代表例はファンダメンタルズという言葉で表現される、金利と経常収支であることが知られている。以下では、ファンダメンタルズがどのように為替レートに影響を与えるのかを見ておこう。

4）ファンダメンタルズ

金　利 まず金利であるが、相対的に金利の高い国の通貨は高くなると思われる。たとえば、日本の金利は不変で米国の金利だけが上昇すれば、それだけ米国での資産運用が魅力的となり、ドル円レートは円安・ドル高の方向に変化するであろう。

ところで、資産を日米どちらかで運用する場合に、両国の金利水準だけでなく、為替レートがどのように変化するかという点も大変重要である。かり

に 1 ドル 100 円のときに 1 ドルを米国で運用し、金利が 10 ％として 1 年後に 1 ドルが 1.1 ドルに増えていたとしても、今から 1 年後の為替レートが大幅に円高・ドル安になってしまえば、米国での資産運用は全く魅力のないものとなってしまうからである。

アンカバーの金利平価式　　r は日本の金利、r^* は米国の金利、x は為替レートの予想変化率であるとすると、これまで説明してきたことから、

(8-6)　　$r = r^* + x$

が成立することがわかる。この式を**アンカバーの（先物カバーなしの）金利平価式**と呼ぶが、この式の解釈には少々注意が必要である。

　具体的に考えてみよう。今、r は不変のまま r^* だけ 3 ％上昇したとしよう。アンカバーの金利平価式を無視してこの米国の金利上昇が為替レートに及ぼす影響を考えると、出てくる答えは「ドル高になる」である。しかし、アンカバーの金利平価式を使って考えると、x は -3 ％に（3 ％だけ円高・ドル安に）ならなければならない。つまり、米国の金利が上昇したにもかかわらず、ドル円レートは円高・ドル安になるということになってしまう。

アンカバーの金利平価式の解釈　　この矛盾をどのように解釈すればよいであろうか。ここで重要な点は、①米国の金利上昇の結果、ドル高への変化は瞬時に生じること、②その後は、アンカバーの金利平価式が成立するよう、ドル安方向への緩慢な変化が生じるということである。つまりこの式が意味しているのは、米国の金利上昇によるドル資産の保有メリットは、①瞬時にして生じる円安・ドル高への変化によってたちどころに打ち消され、②その後は、日米間の金利差を埋め合わせる方向に為替レートは変化する（金利の低い方の通貨が高くなる）ということである。

経常収支　　次のファンダメンタルズとして経常収支をとりあげよう。日本のように経常収支が黒字国の通貨は通常高くなると考えられている。日本の輸出業者が輸出代金をドルで受け取り、それを円に換

えると外為市場で円買い・ドル売りが起こるので、円高・ドル安が実現する
わけである。

　さて、金利や経常収支が為替レートの予想を立てる場合の重要な根拠とな
ることは間違いないのだが、問題は、あるときには金利がより重要視され、
またあるときには経常収支がより重要視されるということである。さらに、
政府高官や要人の発言、国際紛争の激化、突発的な災害などの非経済的要因
も為替レートの予想を立てる場合の根拠となり得る。したがって、為替レー
トの予測をする場合には、今の相場観を支配しているもっとも重要な要因が
金利なのか、経常収支なのか、要人の発言のような非経済的要因なのか、あ
るいはこれらの複合体なのかといった点をすばやく察知することが何よりも
重要となる。

6. 国際収支と投資貯蓄バランス

1）国際収支表の見方

　国際収支（balance of payment）は、ある国の対外取引を包括的に網羅し
たフローの統計で、経常収支、金融収支などから構成されている。各項目の
内容については図表8-7の下部にその概略が示されている。より詳しいこと
は財務省のホームページなどを見ていただくとして、ここでは、経済分析上
重要と思われるポイントを解説しておこう。

　国際収支表は複式簿記の原理に基づいて作成されているので、すべての項
目を合計すると、次の（8-7）式のように必ずゼロとなる。

　　　（8-7）　　経常収支＋資本移転収支－金融収支＋誤差脱漏＝0
なお経済分析では、資本移転収支と誤差脱漏の項目を無視して、

　　　　　経常収支－金融収支＝0
と単純化して考えることも多い。この場合、経常収支の黒字（赤字）＝金融
収支の黒字（赤字）であるから、日本のような経常収支の黒字国は、同額の

図表 8-7　国際収支 (Balance of Payments) の推移 (暦年)

（単位：億円）

年	経常収支 (Current Account)								資本移転等収支 (Capital Account)	金融収支 (Financial Account)						誤差脱漏
		貿易・サービス収支					第一次所得収支	第二次所得収支			直接投資	証券投資	金融派生商品	その他投資	外貨準備	
			貿易収支	(輸出)	(輸入)	サービス収支										
2015	165,194	-28,169	-8,862	752,742	761,604	-19,307	213,032	-19,669	-2,714	218,764	161,319	160,294	21,439	-130,539	6,251	56,283
2016	213,910	43,888	55,176	690,927	635,751	-11,288	191,478	-21,456	-7,433	286,059	148,587	296,496	-16,582	-136,662	-5,780	79,583
2017	227,779	42,206	49,113	772,535	723,422	-6,907	206,843	-21,271	-2,800	188,113	174,118	-56,513	34,523	9,467	26,518	-36,866
2018	195,047	1,052	11,265	812,263	800,998	-10,213	214,026	-20,031	-2,105	201,361	149,093	100,528	1,239	-76,127	26,628	8,419
2019	192,513	-9,318	1,503	757,753	756,250	-10,821	215,531	-13,700	-4,131	248,624	238,591	93,666	3,700	-115,372	28,039	60,242
2020	156,739	-8,773	27,779	672,629	644,851	-36,552	191,209	-25,697	-2,072	138,073	90,720	43,916	7,999	-16,541	11,980	-16,594
2021	154,877	-25,615	16,701	822,837	806,136	-42,316	204,781	-24,289	-4,197	107,527	134,043	-220,234	24,141	100,677	68,899	-43,153

○経常収支：貿易・サービス収支、第一次所得収支、第二次所得収支に計上される、金融収支に計上される以外の、居住者・非居住者間で債権・債務の移動を伴うすべての取引の収支状況を計上
　・貿易・サービス収支：財貨の取引など、財貨の取引の収支状況を計上
　・貿易収支：国際間の輸送、原油など、財貨の取引を計上
　・サービス収支：自動車、半導体、旅行、その他（証券売買等に係る手数料、特許権や著作権の使用料など）のサービス取引を計上
　・第一次所得収支：対外金融債権・債務に対する利子や配当金の受け払いを計上
　・第二次所得収支：国際機関への分担金など、外国への贈与、寄付など対価を伴わない経済取引など計上
○資本移転等収支：対価の受領を伴わない固定資産の提供、債務免除のほか、非生産・非金融資産の取得処分等の収支を計上
○金融収支：直接投資、証券投資、金融派生商品、その他投資および外貨準備の合計で、金融資産にかかる居住者と非居住者間の債権・債務の移動を伴う取引の収支を計上

(注) 金融収支のプラス（＋）は資金の流出を示す
(資料) 財務省「国際収支総括表」、財務省ホームページ（国際収支状況の用語の解説）

金融収支の黒字を計上することになる。金融収支の黒字とは、その額だけおカネが海外に流出することを意味するが、流出した資本は、外国の通貨、預金、国債、株式などに投資されることになるので、それだけ日本の対外純資産は増加する。したがって、次の（8-8）式のような関係を導き出すことができる。

　　(8-8)　　経常収支の黒字（赤字）＝金融収支の黒字（赤字）
　　　　　　　　　　　　　　　　　＝対外純資産の増加（減少）

2) 貿易・サービス収支の解釈

　ここでは、貿易・サービス収支の不均衡をどのように解釈すべきかを考えていこう。というのも、貿易・サービス収支の不均衡は国際間の経済問題となる場合も多いからである。いわゆる貿易摩擦問題である。

　　貿易・サービス収支と GDP　　日本に存在する財・サービスは、①日本国内で作られたものか、②海外で作られてから日本に輸入されたものから構成され、①は国内総生産（GDP）、②は輸入（これを IM と表す）である。

　一方、この財・サービスを買ってくれるのは、③日本国内に住んでいる人か、④日本以外に住んでいる人である。③を内需と呼び、それは家計による民間消費 C_p、企業による投資 I_p、政府による政府支出 G の 3 つからなっている。④を外需と呼ぶが、外需とはいうまでもなく輸出である（これを EXとする）。

　経済全体の需要は、内需と外需の合計の $C_p + I_p + G + \mathrm{EX}$ で、供給は①と②の合計だから GDP＋IM となる。ここで GDP を Y と略記すると、開放経済下での需給バランスは、

　　(8-9)　　$Y + \mathrm{IM} = C_p + I_p + G + \mathrm{EX}$

と表現することができる。

　ここで T を政府の税収としよう。すると、民間可処分所得は $Y - T$ となり、そこから民間消費を引いたものは民間貯蓄 S_p となるから、$Y - T -$

$C_p = S_p$ である。これを（8-9）式に代入して、左辺が貿易・サービス収支 EX − IM になるように整理すると、（8-9）式は、

$$(8\text{-}10) \quad \mathrm{EX} - \mathrm{IM} = (S_p - I_p) + (T - G)$$

となる。

投資貯蓄バランス（IS バランス）

政府税収は、政府が消費として使うか（これを C_g とする）、貯蓄として残すか（これを S_g とする）のどちらかになるので、$T = C_g + S_g$ である。同様に、政府支出は、政府の消費として支出されるか、政府の投資として支出されるか（これを I_g とする）のどちらかになるので、$G = C_g + I_g$ である。したがって、$T - G = S_g - I_g$ となるから、これを（8-10）式に代入して整理すると、

$$(8\text{-}11) \quad \mathrm{EX} - \mathrm{IM} = S - I$$

が成立する。なお S は国内総貯蓄（$S = S_p + S_g$）、I は国内総投資（$I = I_p + I_g$）である。

（8-11）式は、貿易・サービス収支の黒字（赤字）とは、国内の総貯蓄が総投資を上回る（下回る）ことと同じであることを意味している。このように、貿易・サービス収支の不均衡を投資貯蓄バランスで説明しようとする考え方を、**投資貯蓄バランス・アプローチ**と呼ぶ。このアプローチにしたがえば、たとえば米国のように、国内の総貯蓄に比べて投資が盛んであるような経済は、必ず貿易・サービス収支が赤字になることがわかる。また、ここ数年の日本のように、国内には大量の貯蓄があるものの投資機会が乏しい経済は、必然的に貿易・サービス収支は黒字となるのである。

アブソープション・アプローチ

（8-9）式を変形すると、

$$(8\text{-}12) \quad \mathrm{EX} - \mathrm{IM} = Y - (C_p + I_p + G)$$

となるが、この（8-12）式に基づいて貿易・サービス収支を解釈する立場は、**アブソープション・アプローチ**と呼ばれている。ここで、$C_p + I_p + G$ は内需であるから、国内総生産に比べて内需が少ない日本のような国は、自ずと

貿易・サービス収支は黒字になるのである。また、米国のように貿易・サービス収支が大幅な赤字国は、国内総生産に比べて内需が大きすぎることになる。この点は、為替レートが貿易・サービス収支に与える影響を含めて考えると、大きな政策的意味を持つ。

　たとえば、貿易・サービス収支の赤字を減らするために米国が円高・ドル安を望んでそれがうまく実現したとしよう。円高・ドル安になれば、米国の輸出は増えるだろうが、それによって所得が増加することでさらに内需が拡大することになれば、当初の輸出増加による貿易・サービス収支の改善効果は部分的には打ち消されてしまう。したがって、大きな貿易・サービス収支の赤字を抱える米国のような国が貿易・サービス収支の改善を図るためには、為替レートへの働きかけだけでなく、内需を抑制することが必要となるのである。

異時点間アプローチ　先に、経常収支から金融収支を引くとゼロとなると述べた。したがって、経常収支のうち、貿易・サービス収支の割合が大きければ大きいほど、大雑把にいえば貿易・サービス収支が黒字（赤字）の国は金融収支が黒字（赤字）ということになる。また、金融収支が黒字（赤字）の場合には対外純資産が増加（減少）するわけだから、たとえば日本のような貿易・サービス収支の黒字国は、対外純資産を増加させることで、まさに海外にその分だけ貸し付け、逆に赤字国は海外からその分だけ借りていることになる。

　1章で述べたように、おカネの貸借が存在することによって経済厚生は高まるのであるから、この点に注目して貿易・サービス収支の不均衡を考えると、この不均衡は何の問題もないということになる。このような見方を**異時点間アプローチ**と呼んでいる。

経済構造と貿易・サービス収支　このように、貿易・サービス収支の不均衡は様々な観点からの解釈が可能であって、どのアプローチだけが正しいというわけではない。

　貿易・サービス収支は、表面上は輸出と輸入の差額であるから、ついつい

輸出が増えれば収支が改善し、逆に輸入が増えれば悪化すると考え、そこで議論を終えてしまいがちである。しかし、貿易・サービス収支の不均衡を論じるには、この節で数々のアプローチを紹介したことで明らかなように、経済構造全体を踏まえて論じなければならないのである。

7. 為 替 制 度

　為替レートは市場の需給バランスに応じて日々変動しているが、それは日本が**変動相場制**（floating exchange rate system）という為替制度を選択しているからである。しかし、変動相場制だけが為替制度ではない。為替レートが一定の値（あるいは範囲内）に保たれるよう通貨当局が外国為替市場に介入し、絶えず外国為替取引を管理するという固定相場制度（fixed exchange rate system）という為替制度も存在しており、現在でも、多くの国が**固定相場制**を採用している（図表8-8参照）。大まかにいえば、発展途上国は固定相場制を、先進国は変動相場制を採用している場合が多い。

　この節では、まず第2次世界大戦後の通貨制度を概観したのちに、両制度のメリットとデメリットを比較しながら議論を進めていく。

1）第2次世界大戦後の為替制度

ブレトンウッズ体制　　　　国際金本位制がうまく機能しなかった反省から、戦後の国際通貨制度の構築に際しては、2つのことが中心的課題とされた。すなわち、①為替レートをどのように定めるのか、②各国が対外支払いのための準備として何を保有すべきか、の2つである。1944年に、この2つの課題を検討する会議が米国のニューハンプシャー州ブレトンウッズで開かれたため、一般に第2次世界大戦後の国際通貨制度は**ブレトンウッズ体制**と呼ばれている。

金・ドル本位制　　　　ブレトンウッズ体制下では、金1オンスは35ドルと定められ、各国通貨の価値はドルによって規定される

図表 8-8　為替制度の分類

	為替制度の類型	内　　　容	主な国
厳格な固定相場制	(1)独自の通貨不採用制度（No separate legal tender）14ヶ国	外貨（主として米ドルもしくはユーロ）が唯一の法定通貨として流通している制度	ドル化（エクアドル、パナマなど）、ユーロ化（コソボ、サンマリノなど）
厳格な固定相場制	(2)カレンシー・ボード制（Currency board）11ヶ国	固定されたレートで自国通貨と外国通貨の交換に無制限に応じることを義務付ける制度。通貨当局は保有する外貨準備で交換可能な量だけしか自国の貨幣を発行しない	香港、ドミニカ、ブルガリア、ボスニア・ヘルツェゴビナ
緩やかな固定相場制	(3)標準的な固定相場制（Conventional peg）40ヶ国	ある特定の通貨、もしくは通貨バスケットに対する自国通貨の価値を一定の水準（実際には一定の水準±1%以内の変動は許容）に固定する制度	サウジアラビア、UAE、デンマーク
緩やかな固定相場制	(4)バンド（変動幅）付きのペッグ制（Stabilized arrangement）24ヶ国	基本的には(3)と同様だが、変動幅は6ヶ月間で±2%以内までを許容する制度	シンガポール、イラン
緩やかな固定相場制	(5)クローリング・ペッグ制（Crawling peg）3ヶ国	基本的には(3)と同様だが、固定すべき為替水準を定期的に小刻みに調整する制度	ニカラグア、ボツワナ
緩やかな固定相場制	(6)クローリング・バンド制（Crawl-like arrangement）24ヶ国	基本的には(3)と同様だが、少なくとも6ヶ月間のトレンドに対して、変動幅を±2%以内とする制度	中国、フィリピン、ベトナム
緩やかな固定相場制	(7)バンド（変動幅）を伴うペッグ制（Pegged exchange rate within horizontal bands）1ヶ国	基本的には(3)と同様だが、固定された中心レートの上下±1%より広い変動幅を設定する制度	モロッコ
緩やかな固定相場制	(8)その他の固定相場制（Other managed arrangement）12ヶ国	(3)から(7)のいずれにも分類されないが、その国独自のルールに基づいて固定相場制を維持している制度（為替制度自体が不明な国々もここに分類されている）	クウェート
変動相場制	(9)特定のターゲットを持たない管理フロート制（Floating：dirty float）32ヶ国	あらかじめ目標相場圏を設定するのではなく、通貨当局が経済指標を見つつ外為市場に積極的に介入して為替レート変動に影響を及ぼす制度	韓国、タイ、インド
変動相場制	(10)独立変動相場制（Free floating：clean float）32ヶ国	為替レートの水準操作を目的とした介入は行わない制度（為替レートの乱高下を防ぐ介入はありうる）	日本、米、英、豪、ドイツ、カナダ、フランス、イタリア

（資料）藤井英次『コア・テキスト国際金融論　第2版』（新世社、2014年）および IMF, *Annual Report on Exchange Arrangements and Exchange Restrictions* 2021 を参考に作成

ことになった。これをドル平価と呼んでおり、日本の場合は1ドル360円であった。また、各国からの金兌換請求があれば、米国にはそれに応じる義務があった。

このように、ブレトンウッズ体制はいわば金・ドル本位制ともいえるのであるが、これは米国だけが唯一の経済大国であったという事情を反映したものである。この結果、②については、ドルが金と同等の対外支払いのための準備となったのである。

また①については、各国通貨の価値はドル平価によって規定されているわけだから、1ドル360円というように、ブレトンウッズ体制下での為替制度は固定相場制であった。ただし、各国に**基礎的不均衡**が生じた場合には、ドル平価の変更が認められることになっていた。

基礎的不均衡　では、基礎的不均衡とはどのような状態を指すのであろうか。この当時、対処すべき経済問題は、①国内の経済問題と②対外的な経済問題の2つであるとされていた。このうちの①については、景気が悪く失業が増えてしまうような状態と、景気が過熱しインフレが加速してしまうような状態に大別できる。図表8-9では、前者の状態を失業という言葉で、後者の状態をインフレという言葉で代弁してある。一方、②の対外的な経済問題とは、経常収支の黒字もしくは赤字の状態であるとされた。このように考えると、ある国の経済状態は図表8-9にあるように1から4の4つに区分できる。

ここで基礎的不均衡とは、図表8-9におけるケース2と3の場合である。なぜこの2つを基礎的不均衡の状態というのであろうか。それは、この2つのケースでは、ひとつのマクロ経済政策でこの状態を解消することが困難だ

図表8-9　基礎的不均衡

	失　　業	インフレ
経常収支黒字	1	2
経常収支赤字	3	4

からである。

　この点を考えるために、まずは基礎的不均衡ではないケース1、すなわち失業と経常収支黒字の状態にある場合を考えてみよう。このとき、景気刺激的なマクロ経済政策が採用されたとすると、所得が伸びて失業は減少するであろうし、所得が伸びると輸入が増えるので経常収支の黒字も解消すると考えられる。このようにケース1では、景気刺激的なマクロ経済政策によって、対処すべき経済問題（失業と経常収支の黒字）は解決することになる（同様にケース4では、景気抑制的なマクロ経済政策でインフレも経常収支の赤字も解決する）。

　一方、ケース2でインフレを退治するために景気抑制的な政策がとられたとしよう。その結果、インフレは鎮静化するが、所得が減って輸入も減るので経常収支の黒字はより拡大してしまうだろう。逆にケース2で景気刺激的な政策が採用されれば、所得の増加で輸入が増え経常収支の黒字は解消するだろうが、インフレはより過熱してしまうことになる（ケース3で景気刺激的なマクロ経済政策が実施されると、失業は減るが経常収支の赤字は拡大してしまう。逆に景気抑制的な政策では、経常収支の赤字は改善するが失業は悪化してしまう）。

　つまり、ケース2や3のような基礎的不均衡に陥ってしまうと、ひとつのマクロ経済政策ではこの状態から脱することはできず、そのためこのようなときにはドル平価の変更が認められていたのである。この場合、まずインフレという国内の問題には通常のマクロ経済政策（景気抑制策）で対処し、経常収支の黒字の解消のためにはドル平価の切り上げがなされることになる。

　しかし、現実にはドル平価の変更はほとんど行われなかった。ドル平価の変更は、自国の経済政策運営のミスを国際社会に対して公式に認めることになってしまうからである。そのため、本来なら失業やインフレの解消のために利用されるべきマクロ経済政策が、対外不均衡の解消のために発動されることとなり、各国の経済運営は大きな問題を抱えることになってしまった。これもブレトンウッズ体制を弱体化させる要因のひとつであった。

ドル問題の進展　米国以外の国々は、対外支払いのためにドルを必要とするため経常収支を黒字化したいと考える。しかし米国は、自国通貨のドルが対外支払い手段として利用できるので、他の国々とは異なり、経常収支の黒字化には無頓着であった。それどころか、むしろ米国が経常収支の赤字を抱えると、それだけ対外支払い手段であるドルが国際的に供給されることになるので、当初は米国以外の国々も米国の経常収支赤字を歓迎する気配さえあった。

　しかし、1960年代に深刻化したベトナム戦争などの影響により、米国が大幅な経常収支の赤字を抱えるようになると、ドルと金との兌換可能性についての疑念が生じ始めてしまった。さらには、戦後まもなくは圧倒的な経済力を誇った米国も、西欧や日本の急速な経済発展により、その優位性には少しずつ陰りが見え始めていた。そもそもブレトンウッズ体制は、ドルだけは別格であるとして、ドルに対する強い信認を前提とした制度であったのだが、ここにきてその信認に揺らぎが生じ始めたのである。

ニクソン・ショック　このような状況を受け、1971年8月に米国は、ドルの金兌換停止を宣言すると同時に、経常収支黒字国に対してドル平価の切り上げを要求した。これを**ニクソン・ショック**と呼んでいる。米国の要求に応えて各国はドル平価を切り上げ、たとえば日本の場合は1ドル308円を新しいドル平価とすることになった。こうした収拾策は米国のスミソニアン博物館での会議で決定されたので、1971年12月から1973年3月あたりまでの国際通貨制度をスミソニアン体制と呼ぶこともある。しかし、**スミソニアン体制**は長続きせず、1973年の春から、主要国は変動相場制へと移行し、ブレトンウッズ体制は終焉を迎えることになったのである。

2）固定相場制のメリット

　企業にとっても個人にとっても、外貨の受け取りや支払いが生じる場合には、それが自国の通貨でいくらになるのかが確定的にわかった方が便利であ

るのは間違いないであろう。とりわけ、発展途上国のように国内の資金不足を外国からの資本流入で補おうとするようなケースでは、為替レートが固定化されていれば、米ドル建てで借りていたとしても、その金額が自国通貨に換算するといくらになるのかが明確にわかるという利点は計り知れない。また、この途上国に投資をする主体から見ても、為替レートの固定化は大変便利である。このように、外国からの資金を呼び込みやすくする点こそ、固定相場制の最大のメリットであり、だからこそ、採用している国は発展途上国が多くなっていると考えられる。

3) 固定相場制のデメリット

通貨アタックに対してきわめて脆弱 ではデメリットは何であろうか。大きく2つ考えられる。ひとつは、固定相場制は通貨アタックに対してきわめて脆弱であるという点である。

ドル円レートが1ドル100円に固定化されているとしよう。まずこの固定レートの1ドル100円は、日本と米国の経済状況を比較検討し、1ドルと交換すべき円は100円であるとの判断から決定されたものだと考えるのが自然である。しかし時が経ち、米国は順調に成長を続けているが日本の経済状況は非常に苦しいとしよう。この場合、市場参加者は、もはや1ドル100円の固定レートを維持するのは困難なのではないか、近々、固定レートの見直しが行われるのではないか、といった予想を立てるはずである。しかも、日本の経済状況が悪いことから固定レートの見直しを予想しているため、円をドルに対して切り下げる方向への見直しであると予想するだろう。そしてその予想がたとえば1ドル150円だったとしよう。

このようなとき、円は外為市場で大量に売られることになると考えられる。なぜなら、市場参加者は100円を外為市場で売って1ドルを入手し、①かりに固定レートの見直しがなければ1ドルと100円は等価であるから損をせずに済み、②予想どおりに1ドル150円にドル円レートが切り下がれば、50円の利益を得ることができるからである。つまり、固定相場制の下で固定レ

ートの見直しが必至であるような状況下においては、投機家たちは「負けない投機ゲーム」を行うことが可能になるので、一斉に大量の円売り圧力が外為市場で発生し、それが結果として円の価値の下落をもたらすことになる。

金融政策の自由度喪失　固定相場制のデメリットのもうひとつは、金融政策の自由度（自律性）がなくなってしまうことである。固定相場制下では、通貨当局は 1 ドル 100 円という固定レートを維持する義務を負うが、これが、金融政策を機動的・自律的に発動することに大きな制約を課すことになるのである。

　具体的に考えてみよう。日本では、景気が過熱しすぎたため金融引き締め政策が必要とされたとしよう。4 章で議論したように、金融引き締め政策の結果、コールレートをはじめとした金利は上昇する。一方で米国の金融政策は不変で米国の金利は従前のままだとすれば、日本の金利が相対的に上昇したことにより、米国から日本へと資金が流入することになる。その過程で、外国為替市場では、ドルが売られ円が買われることになり、これを放置したままでは 1 ドル 100 円の固定レートを維持できなくなってしまう。

　しかし通貨当局は、1 ドル 100 円の固定レートを維持する義務があるので、外国為替市場で発生した円買い・ドル売りを相殺するための円売り・ドル買いを実行しなくてはならない。しかしこの円売りにより、通貨当局から市場に円が出ていくわけであるが、これは、あたかも金融緩和政策の買いオペと同じような効果を持つことになるだろう。

　このように、たとえ通貨当局が金融引き締めを意図していたとしても、固定レートを維持するという義務がある以上、その意図は実現することはできないのである。

　ただし、かりに外国とのおカネのやり取りに制限がある場合にはこの限りではない。日本の金利が相対的に高くなったとしても、外国とのおカネのやり取りを規制していればこれまでの説明のプロセスを無視できるからである。とはいえ、外国とのおカネのやり取りに制限を加えるというのは、固定相場制のメリットのひとつである、安定的に外資を導入して国内の資金不足の埋

め合わせをするという点を放棄することに他ならないので、やはり結局、金融政策の自由度がなくなってしまうという点に固定相場制のデメリットはあるといえるだろう。

4) 開放経済のトリレンマ（同時達成不可能な三位一体）

国内の資金不足を外国からの資本導入で埋め合わせることができれば大変好都合である。また、為替レートは日々変動するよりも安定化していた方が望ましい。さらに、金融政策については、必要なときにそれを発動する自由があった方が望ましい。しかし、これら３つ、すなわち、①自由な資本取引、②為替レートの安定化、③金融政策の自由度確保の３つの同時達成は不可能であることが知られている。これを**開放経済のトリレンマ**、あるいは**インポッシブル・トリニティ**と呼ぶ。その概要は図表8-10に示したとおりであるが、四角で囲ってある３つの項目は実現すれば望ましいことである。しかし、同時に達成できるのはこのうちの２つだけであって、たとえば、①自由な資本取引と②為替レートの安定化を達成しようとすれば（これは多くの発展途上国がとっているケースである）、③金融政策の自由度確保は達成できず、

図表 8-10　開放経済のトリレンマ

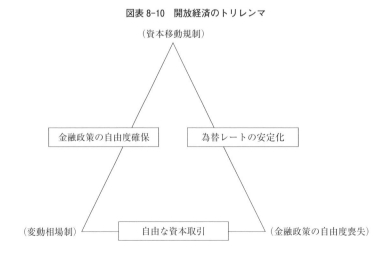

括弧書きしてあるように金融政策の自由度を手放さざるを得ないのである。

　また、日本や米国をはじめとした先進国の多くは変動相場制を採用していると述べたが、これは先進国が、①自由な資本取引と③金融政策の自由度確保を選択しているので、②の為替レートの安定化は放棄せざるを得ない、すなわち、変動相場制を採用するしかないということなのである。

コラム
銀行、冬の時代

　これまで銀行は、支店網を広げATMを設置し、行員教育にもコストをかけ、顧客サービスに努めてきた。ところが、今後はこれまで培ってきたサービスの基盤が逆に銀行の重荷となってしまうかもしれない。これらの維持にコストがかかりすぎるからである。しかも、人口が減り始めている日本では、とりわけ産業基盤の乏しい地方であればなおさら、成長産業が新たに出てこない危険性がある。つまり、銀行の収益源の柱ともいうべき貸出に関して、有望な貸出先が先細りするかもしれない。こういう状況下でさらにフィンテック企業が出現してきた。フィンテック企業は、ある特定の業務に特化して、これまで銀行が提供していたサービスをより安く提供していくことであろう。ところが銀行は、これにうまく対処できない危険性がある。それは、銀行がいわば金融のデパートであって、ある特定の分野だけに的を絞った業務運営など不可能だからである。預金者の利便のためにはATMも必要であるし、ネット環境の乏しい顧客には対人で応対する必要もある。一方でフィンテックはスマホを持つ人であればだれでも顧客にしてしまう。銀行、特に地方の銀行にとっては冬の時代到来なのかもしれない。

参 考 文 献

勝悦子『新しい国際金融論─理論・歴史・現実』有斐閣、2011 年

藤井英次『コア・テキスト　国際金融論　第 2 版』新世社、2014 年

藤原洋二編『現代の金融』昭和堂、2009 年

オリヴィエ・ブランシャール（鴇田忠彦・知野哲朗・中山徳良・中泉真樹・渡辺愼一訳）『ブランシャール　マクロ経済学　上（第 2 版）』東洋経済新報社、2020 年

ポール・クルーグマン、モーリス・オブストフェルド、マーク・メリッツ（山形浩生、守岡桜訳）『クルーグマン国際経済学　理論と政策［原書第 10 版］』丸善出版、2017 年

企業の金融行動

この章では、企業の金融行動に焦点を当てる。まず1節では、情報の非対称性と利害の不一致を考慮に入れると、企業の金融行動を考える場合の基本定理である MM 定理が成立しない可能性があることを指摘するとともに、企業の資金調達はどのような方式となるのが望ましいのかを考察する。2節では、企業の資金調達方法の違いが経営規律に大きな影響を及ぼす可能性について説明する。3節では、金融の新しい手法のひとつである資産の証券化を紹介するとともに、サブプライム・ローン問題にも触れる。

1. 企業金融と MM 定理

1) 企業の資金調達方法

企業の資金調達方法は、図表 9-1 にあるように、**内部金融**と**外部金融**に大別される。このうち内部金融（自己金融ともいう）は、企業にとっては返済や利払いをする必要のない資金を利用する方法で、内部留保と減価償却費から成っている。ここで内部留保とは、企業の利益から、役員報酬、配当、税金など企業外に流出する部分を差し引いたものである。また、企業が所有する建物や機会設備などの有形資産は、使用などのために年々その価値が減少するが、その減少分を費用にしていくことを減価償却といい、この減価償却によって費用に回される部分を減価償却費と呼ぶ。減価償却を行うことで会

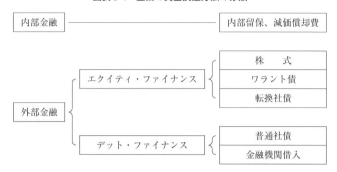

図表 9-1　企業の資金調達方法の分類

計上の利益は減少するが、資金流出を伴うわけではないので、減価償却費分だけの資金が企業内部に留保されることになる。

　これに対して外部金融は、金融市場や資本市場から資金を調達する方法で、**エクイティ・ファイナンス**（equity finance）と**デット・ファイナンス**（debt finance）に区別される。前者は増資などの株式発行による資金調達、後者は社債の発行や金融機関からの借入による資金調達である。なお、図表9-1のワラント債とは、あらかじめ決められた条件で将来株式が買える権利（ワラント）の付いた社債であって、新株引受権付社債ともいわれる。また、転換社債とは、一定の条件でその転換社債を発行した会社の株式に転換できる社債のことである。いずれも、間接的ではあるが株式の発行を伴うので、分類上はエクイティ・ファイナンスの一形態とされている。

2）Ｍ Ｍ 定 理

　企業が投資活動を行う場合、その資金をどのように調達したのかによって投資決定の基準は変わるものであろうか。つまり、内部金融によって行う投資と外部金融によって行う投資とでは、その決定基準に違いは出てくるのであろうか。

　手元にある資金であっても、借入や増資によって手にした資金であっても、その資金の機会費用は、税制が非中立的な効果を持つ場合を除けば同一であ

る。したがって、企業がどのような方法で資金調達をしたのかということによって投資の決定基準に違いが出ることはないはずである。

こうした考え方は、1950年代後半にモジリアーニ（F. Modigliani）とミラー（M. Miller）によって提唱されたので、一般的には彼らの名前をとって、**MM 定理**（モジリアーニ・ミラーの定理）と呼ばれている。

MM 定理は、長い間にわたって、企業の金融行動を考える場合の基本定理として捉えられてきたが、最近では、MM 定理の成立を阻害する要因についての研究が盛んに行われている。以下ではこの点を見ていこう。

3) 情報の非対称性と利害の不一致

現代の企業の多くは株式会社という形態をとっている。一般的に株式会社では、所有と経営の分離が進んでいるため、資金の主たる提供者（株主）にとって、会社内部の詳細、たとえば、どのような投資計画を持っているか、余裕資金はどの程度ありそうか等を把握するのは困難になってきている。すなわち、資金の提供者と専門的経営者との間には、情報の非対称性が存在するのである。しかも、専門的経営者は、資金の提供者とは異なる利害を持つ独立した主体であるため、その行動を規律付けるメカニズムが存在しない限り、増資などの株式発行（エクイティ・ファイナンス）によって得た資金を、株主の目的に沿った効率的な経営のためではなく、経営者自身の欲求を満たすために費やしてしまう危険性がある。これを経営者のモラル・ハザードと呼ぶが、この場合のモラル・ハザードは、具体的には、むやみに会社の規模を拡大するといったような形として現れると考えられる。会社規模の拡大は、経営者の名声を高めたり、あるいは、腹心の部下にポストを与えやすくしたりするため、経営者にとっては都合のよいことが多いからである。

4) エージェンシー関係

増資のエージェンシー・コスト

この議論を、**エージェンシー関係**（agency relationship：依頼人・代理人

関係ともいう）という分析枠組みを使ってあらためて考えてみよう。エージェンシー関係とは、**エージェント**（agent：代理人）が**プリンシパル**（principal：依頼人）に代わってプリンシパルの目的を遂行するという関係である。

　増資などのエクイティ・ファイナンスの場合は、エージェントは専門的経営者、プリンシパルは株主である。このエージェンシー関係という枠組みを使えば、プリンシパルとエージェントの間に存在する利害の不一致と、プリンシパルがエージェントの行動を観察できないという特徴（情報の非対称性）とが、エージェントである専門的経営者のモラル・ハザードを引き起こすことになるといえる。

　これに対してプリンシパルである株主は、エージェントによるモラル・ハザード発生の危険性を考慮して、たとえば増資に応じる際により高い配当を要求するなどの行動をとるかもしれない。しかしこういったプリンシパルの行動は、最終的には企業価値の低下をもたらしてしまう危険性がある。こうした企業価値の低下分を**増資（株式発行）のエージェンシー・コスト**と呼ぶ。

負債発行のエージェンシー・コスト

　デット・ファイナンスの場合にも、エージェンシー関係の枠組みを使ってある種のエージェンシー・コストが発生する可能性を示すことができる。それは、典型的には株主と経営者が同一の、いわゆるオーナー企業が負債によって資金を調達した場合に観察されることである。このケースでは、エージェントは株主でもあり経営者でもあるオーナー、プリンシパルは債権者である銀行や社債保有者である。

　ここでは、議論を簡単にするために、このオーナー企業の経営状態は良好とはいえず、倒産の危険性さえあるとしよう。有限責任制の下では、株主でもあるオーナーにとっては、倒産するとその保有する株式が無価値にはなるが、それ以上の弁済の義務はない。つまり、それを超える損失はすべて、プリンシパルである債権者が負担することになる。

　このような場合、エージェントであるオーナーは、負債発行によって得た

資金をハイリスク・ハイリターンの投資案件に振り向け、一挙に形勢挽回を図る可能性がある。というのも、もしその投資に失敗して倒産したとしても株式が無価値になる以上の負担はなく、反対にその投資がうまくいけば、会社経営が一気に軌道に乗るからである。すなわちエージェントであるこのオーナーは、リスクを全面的に債権者（プリンシパル）に負わせることで、エージェントである自分自身の利益を図るという行動をとる可能性があるのである。

これに対してプリンシパルである債権者たちは、資金を提供するに際してより高い金利を要求するといった行動をとるであろうが、これはこのオーナー企業の企業価値を最終的には低下させることにつながると考えられる。これを、**負債発行のエージェンシー・コスト**と呼んでいる。

エージェンシー・コストと MM 定理　このように、エクイティ・ファイナンスであってもデット・ファイナンスであっても、ある種のエージェンシー・コストが発生する可能性を否定できない。だとすれば、資金調達をするに際して、適当な資本構成を選択すること（具体的には、内部資金のみを利用したり、外部資金のみを利用したり、あるいは両者をうまく組み合わせたりすること）によって、発生するエージェンシー・コストを削減できる可能性があるということになるだろう。すなわち、MM 定理は成立しなくなるのである。

5）ペッキング・オーダー仮説

エージェンシー・コストの存在を考慮すると、企業が資金調達をする場合には、内部留保が最優先されることがわかる。内部留保には、これまで見たような増資や負債に伴うエージェンシー・コストがかからないからである。内部留保の次にエージェンシー・コストが低いのは銀行からの借入であろう。なぜなら、銀行から融資を受けた場合には銀行による監視（モニタリング）を受けるが、それによって情報の非対称性に起因するエージェンシー・コストは低くなると考えられるからである。このことはまた、銀行の監視が及ば

ない社債や株式による資金調達のエージェンシー・コストは、銀行からの借入に比べると相対的に高くなるということも意味している。したがって、企業が資金調達をする場合には、まず内部留保を最優先し、内部留保で足りない場合には銀行借入を行い、それでも足りない場合には社債や株式発行を行うという、一定の順序にしたがっていると考えることができる。このように、経営者は資金調達の手段を利用する場合には使いやすさの観点からあらかじめ優先順位を決めていて、その優先順位にしたがって利用可能額いっぱいまで利用し、それでも資金が不足する場合には、次の順位の調達方法を利用するという考え方を**ペッキング・オーダー**（pecking order）**仮説**という。

2. 資本構成と経営規律

　最近の研究では、負債には経営を規律付ける効果があるということが明らかになってきている。そこでこの節では、企業の資金調達方法の違いが、企業の経営規律に大きな影響を与える可能性について考えることにしよう。

1）エクイティ・ファイナンスとデット・ファイナンス

エクイティ・ファイナンスの
欠点：経営規律の低下

　エクイティ・ファイナンスで資金調達を行った場合、余裕資金を企業内部に留保して投資資金に充て、配当は行わないという選択を経営陣がしたとしても、経営陣が罰せられることはない。ところが、デット・ファイナンスで資金を調達して利払いを怠れば、債務不履行（デフォルト）となってしまう。つまり、経営者にとっては、配当の支払いは行わなくてもよいという意味でソフトな制約にしか過ぎないが、利払いはそれに比べてよりハードな制約であるといえる。したがって、企業がエクイティ・ファイナンスに頼る割合が増えると、それだけ経営者の裁量の余地は広がり、収益の向上には直接結びつかないような投資が行われやすくなる。すなわち、エクイティ・ファイナンスの拡大は経営規律の低下をもたらす危険性があるのである。

デット・ファイナンスの
利点：負債による規律付け

これに対して、デット・ファイナンスで資
金を調達した場合には、破産の可能性が経
営の規律付けを誘発する可能性もある。破産というのは、返済すべき負債が
ある場合にのみ起こるのであり、その危険性は負債依存度が高まるほど大き
くなるはずである。そして、経営者自身も破産によって失うものが多ければ、
負債の存在は、破産しないように懸命に努力しようというインセンティブを
経営者に与えることになるであろう。これを、**負債による規律付け**と呼んで
いる。

バブル期の経験

図表9-2は、企業の資金調達方法の変遷を示したもの
である。バブル期における株式・出資金の比率は、前
後の時期に比べると突出して大きいことがわかるであろう。これまでの議論
でも明らかなように、エクイティ・ファイナンスの拡大は経営規律の緩みを
もたらす危険性があるので、バブル期を境にして、日本の企業の経営効率が

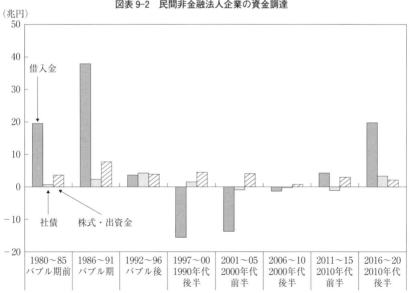

図表9-2　民間非金融法人企業の資金調達

（資料）日本銀行「資金循環統計」

極端に低下した可能性を否定できない。

株主による規律付け　ただし、エクイティ・ファイナンスそのものが問題だというわけではない。実際、米国企業の資金調達ではエクイティ・ファイナンスの占める割合が日本よりもかなり大きいにもかかわらず、米国企業の経営規律が日本の企業に比べて緩いということはない。

　このパズルを解く鍵は、株主の存在感である。本来、株主は会社の所有者なのであるから、もし経営陣に緩みが生じていれば、株主総会などの場を利用してそういった経営陣を排除することが可能なはずである。逆にいえば、株主からのそういった圧力は、経営者に規律ある経営を行わせる誘因となるはずである。これを通常、**株主による規律付け**と呼んでいる。

　しかし、日本の場合、少なくとも 1990 年代初頭あたりまで、いわゆる株式持合いが盛んに行われていたため、本来は力を持っているはずの株主の声が、経営陣には届かない、あるいは届いたとしても圧力のある声としてではないという状況が一般的となっていた。つまり、日本の場合は資本市場（株式市場）が効率的に機能していなかったため、エクイティ・ファイナンスによる経営規律の緩みといった問題が顕在化したと考えられる。

2）メインバンクによる経営の規律付け

株式持合いとメインバンク　バブルが崩壊する 1990 年代初頭あたりまで、日本経済の強さの秘密を探るキーワードのひとつとして、「日本的経営システム」という言葉がたびたびとりあげられていた。その内容は多岐にわたるが、系列に代表される企業間関係と、終身雇用、年功序列型賃金、企業別労働組合といった労使慣行がその代表である。これらに加えて、**株式持合い**と**メインバンク**は、日本的経営システムの金融面での特徴として、その存在意義が大いに議論されていた。

　ところで、株式持合いというのは、互いが互いの株式を保有しあった上で、株主としての権利は主張せずにいわゆる「安定株主」として存在し、その結

果経営者に対して大きな裁量権を与えることを可能にしていたシステムとい
える。だからこそ、株式持合いがあると株主による規律付けが働かなくなっ
てしまうのであるが、では、株式持合いが日本経済の特徴であるともいわれ
たつい最近まで、誰が（あるいは何が）、経営の規律付けを行っていたので
あろうか。

メインバンクとは　経営規律付けの役割を担っていたのは、メインバン
クであったというのが通説である。メインバンク関
係は、企業と銀行が正式に契約を結んだ結果生まれるといったものではなく、
あくまで暗黙のうちの非公式な関係に過ぎない。しかし、メインバンクは通
常、当該企業に対する最大の債権者（すなわち、融資シェアが最大）であり、
大株主でもあり、また、メインバンク出身者が当該企業の重役クラスに加わ
るといった人的結合関係をも持っていたため、メインバンクは当該企業のこ
とをもっともよく把握している存在であったといえる。さらに、メインバン
ク関係は、通常は長期継続的な関係となる。というのも、融資をする際の事
前の審査、事後の監視といったことにかかるコストは、取引関係が継続的で
あればあるほど低くなると思われるからである。

メインバンクによる経営規律付けの背景　このような特徴を持つメインバ
ンクが、どのようにして経営規
律付けの機能を発揮することができたのであろうか。実はメインバンクがそ
うした機能を発揮するためには、少なくとも、①メインバンクから取引を断
られることは当該企業にとっては死活問題であり、②メインバンクからの融
資を使って投資を行うと利益の出る可能性がきわめて大きい、という経済状
況が存在している必要がある。そして実際、1980年代ごろまでの日本経済
は、この2つの条件が基本的には成立していたと思われる。すなわち、①に
ついては、図表9-2でも明らかなように、圧倒的に銀行からの借入が企業に
とっては重要であった。特に高度経済成長期における日本は資本不足型の経
済構造となっていたため、メインバンクからの融資は企業にとっての生命線
であった。また、②についても、日本経済は第2次大戦後、一貫して右肩上

がりの成長を続けていたため、利益が出る投資機会を見つけることはそれほど難しいことではなかったと思われる。

メインバンクによる経営規律付けの終焉　このような①や②といった経済的背景があったことで、メインバンクは経営に対して規律付けを行うことが可能となっていたのであるが、現在の日本では、そうした経済的背景はほとんど失われてしまっている。たとえば、大企業を中心にして、現在の企業の多くは設備投資の資金を内部金融によってまかなうことが可能となっている。また1980年代後半以降は、中小企業であってもエクイティ・ファイナンスによる資金調達ができるようになってきている。つまり、メインバンクからの融資がなくても、その他の資金調達ルートが確保されているのである。さらに、すでに日本は成熟型の経済となっているため、かつてのように利益の出る投資機会を簡単に見出すことができるといった状況ではなくなってきている。

　こうしたことから、メインバンクによる規律付けは、事実上、その役割を終えたといっても過言ではないであろう。では、経営の規律付けをどのように行えばよいのであろうか。

市場による経営規律付け　経営の規律付けというものは、何も資金調達面だけを重視して考える必要はない。たとえば、生産物市場においてフェアで激しい競争が存在していれば、日本企業の経営は非効率にはならないとの見方もありうるだろう。しかし、あえて金融面での規律付けということにこだわるならば、そして、日本企業の資金調達に占める銀行借入の割合が今後も一層低下していくであろうということを踏まえるならば、今後はメインバンクに代わって市場による規律付けが重要になってくると思われる。そのためには、金融市場が使いやすく整備されている必要がある。幸い日本では、20世紀後半から金融市場の自由化と整備が、いわゆる**日本版金融ビッグバン**の名の下で急激に進展した。free（自由で）、fair（公平で）、global（世界に通用する）という3つのキーワードが日本版金融ビッグバンの基本理念であるが、社債や株式に対する評価は、この基

本理念に則り、資本市場を通して継続的かつ正当になされなければならない。それが結果的には企業経営を規律付けることにつながると思われる。

3. 資産の証券化

リーマン・ショック後の世界金融危機の主因は、資産の証券化にあるといわれている。しかし、批判がどれだけなされても、資産の証券化そのものがなくなることはない。なぜなら、**資産の証券化**には瞠目すべきメリットがいくつもあるからである。そのメリットのうち、もっとも注目すべきメリットは証券化によってリスクがなくなることである。

一般に資産の証券化とは、何らかの工夫を加えることによって、通常では売買できないような資産を売買できるようにしてしまう金融手法のことであって、投資銀行業務を営む金融機関が得意とする分野でもある。

1) 資産の証券化のメリット

大数の法則　まずは簡単な数値例を用いて、資産の証券化のメリットを考えていこう。

Aさんは1000万円の運用資産を持っており、これを1年の間、安全かつ有利に運用したいと考えている。ここで、Aさんには次の2つの投資案件が提示されているとしよう。

（投資案件1）100％の確率で1年後に資産が2倍になる投資案件。

（投資案件2）80％の確率で1年後に資産は3倍になるが、20％の確率でゼロになってしまう投資案件。

さて、Aさんはどちらの投資案件を選ぶべきであろうか。案件1を選べば確実に資産は倍になる。これに対して案件2は、うまくいけば資産を3倍にできるが、場合によっては一文無しになってしまう。Aさんが堅実に生きている人であればおそらく案件1を選択するであろうし、Aさんには秘密の借金があり、一か八かの勝負に出て大もうけしない限り、安寧な生活は

望めないという状況であれば、Aさんにとっての正解は案件2となるであろう。したがって、この問いかけには唯一の正解というものは存在しないと考えるのが妥当である。

　では、少し状況を変えてみよう。上記と同じ投資案件に対して、Aさんは毎回1万円を投資し、それを1000回実行できるとしよう。この場合も、案件1と2の優劣はつけがたいのであろうか。ところが、この状況では唯一の正解が存在する。それは案件2であるが、なぜ2が優れているといえるのであろうか。

　この点を解き明かす鍵となるのは大数の法則である。これについては2章でも触れたが、ここではサイコロの目が出る確率をもとに説明しておこう。よく知られているように、サイコロを振ったときある目の出る確率は1/6である。しかしこれはあくまで確率であって、6回サイコロを振ると、すべての目が全部1回ずつ出るわけではない。実際サイコロを6回振ってみても、たとえば1と2と5だけが2回ずつ出て、残りは一度も出なかったということは十分ありうるだろう。しかし、サイコロを振る回数を増やしていけばどうだろうか。そうすると、すべての目が同じ回数だけ出るわけではないが、振る回数を増やせば増やすほど、ある目の出る確率は1/6に限りなく近づいていくはずである。これが大数の法則である。

投資案件のリスクと投資家にとってのリスク　この大数の法則を先ほどの投資案件に当てはめればどういうことがいえるだろうか。案件2の問題点は20％の確率でゼロになってしまうことであった。したがって、案件2に1回しか投資できないのであれば、たしかに案件2への投資は大きな賭けになってしまう。しかし、1万円を1000回賭けることができるのであれば、案件2は明らかに案件1よりも優れた投資案件となる。というのは、大数の法則が働くからである。つまり、1万円を1000回案件2へ投資すると、確率どおりに800回ちょうど、1万円が3倍となるわけではないが、かといって3倍となる回数がものすごく少なく、300回しかないとか400回しかないとか、そういうこともありえない。おそらく760回から840回ぐらい

は4倍になるはずである。だとすれば、案件2は案件1よりもはるかに有利な投資案件ということになる。

同じ投資案件を前にしているにもかかわらず（したがって、投資案件のリスクには何の変化もないのに）、なぜ今回は案件2のほうが優れているといえるのであろうか。それは、証券化（このケースでは1000万円を1回という投資方法を、1万円を1000回という投資方法へと小口化したものを証券化にたとえている）という金融手法によって、投資家にとってのリスクが変わったためである。まさにこれが資産の証券化のメリットなのである。

2）資産の証券化の仕組み

住宅ローン担保証券　ここでは、**住宅ローン担保証券**（MBS：mortgage backed security）を例にあげて資産の証券化を考えてみよう。銀行（この案件の発案者ということからオリジネーターと呼ばれることもある）は、数多くある住宅ローンをひとつにまとめて、それを特別目的会社（SPC：special purpose company）に売却する。特別目的会社とは、その名のとおり資産を証券化して流動化するためだけに作られる会社で、その役割は銀行から購入した住宅ローン債権を証券化して投資家（他の銀行を含む機関投資家や個人など）に販売することである。なお、住宅ローン利用者からの元利金支払などの資金回収や債権管理などは、サービサーと呼ばれる代理人が特別目的会社に代わって行うが、オリジネーターである銀行がサービサーを兼務する場合が多い。

さて、住宅ローン担保証券にはどのような利点があるのだろうか。まず、銀行にとっては、住宅ローン債権を一括して特別目的会社へ売却しているのであるから、貸出金を事実上回収できるという利点がある。また、バーゼル規制との関連でいえばリスクアセットを減らすことができるという利点もある。投資家にとっての利点は、住宅ローンという比較的安全性の高い資産で担保されている証券が、資産運用の選択肢のひとつとして加わるということである。

証券化によるリスクヘッジ　ところで、ここ数年の低金利と今後の金利上昇局面の到来を反映して、住宅ローンに関しては長期固定型の契約を望む家計が非常に増えている。このことは、銀行からみれば、将来の金利上昇というリスクを背負い込みながらどれだけ長期固定の住宅ローンを提示できるかということが、ライバル銀行との競争に勝ち抜くためには必要だということを意味している。こういう状況下で住宅ローン担保証券の利点をもう一度考えると、銀行にとって住宅ローン担保証券の存在は、金利リスクに対する有効なヘッジ手段にもなっていることがわかる。つまり、家計に対して長期固定の住宅ローンを提供した銀行は、将来の金利上昇により大きな損失を抱えてしまうことになりかねない。しかし、その住宅ローンを証券化して売却すれば、売却時の住宅ローン担保証券の価格は将来の金利上昇を織り込んだものとなっているはずなので、住宅ローンをそのまま抱え込んでいる場合に比べると、はるかに銀行にとってのリスクは低くなるのである。

協同作業としての資産証券化　また、資産の証券化は、それを実行に移すために数多くの主体の協同作業が必要であるという側面もある。通常の住宅ローンであれば、当事者は銀行と家計だけであるが、ひとたびそれが証券化されると、たとえばこの担保証券を引き受けて販売する業者も必要となるし、この担保証券の信用リスクを判定する格付け機関も必要となろう。さらには、証券化の仕組みそのものを考える場合には法律家や会計士の役割も重要となるはずである。

　このように、資産の証券化は、金融ビジネスの分業体制をももたらすのである（これも金融のアンバンドリングの一例である）。その結果、たとえば銀行は、より安全な家計へ住宅ローンを販売することに専念すればよいといったように、銀行本来の審査能力の発揮に経営資源を集中できることになるのである。

　なお、ここでは住宅ローンを担保とした証券化を紹介したが、クレジット・カード債権、リース債権、自動車ローン債権、一般の売り掛け債権など、

住宅ローン債権と性質が似ている資産を担保とした**資産担保証券**（ABS：asset backed security）の発行も盛んになってきている。また、住宅ローン担保証券や資産担保証券のように、デフォルト（債務不履行）のリスクはきわめて低く、それでいて市場で売買される証券というのは、2章で紹介した市場型間接金融の一形態でもある。

3）シンジケート・ローン

　シンジケート・ローンも、住宅ローン担保証券などと同様、市場型間接金融の枠組みで捉えることのできる新しいタイプの貸出形態である。シンジケート・ローンとは、大型の資金ニーズに対して複数の銀行が協調融資団を組成し、同一の融資契約書に基づいて融資を行うものである。

　たとえば、ある銀行に10億円の融資案件があったとしよう。シンジケート・ローンでは、この10億円の貸出を当該銀行が単独で行うのではなく、自らは主幹事（アレンジャーとも呼ぶ）になって他の銀行の参加を呼びかけ、たとえば10行が1億円ずつ融資をするのである。では、どのようなメリットがシンジケート・ローンにはあるのであろうか。

　まず、アレンジャーとなった銀行は、単独で融資した場合に比べると得られる貸出金利収入は減るものの、参加銀行から参加料という手数料を得ることができるとともに、リスクの分散化を図ることができる。さらに、アレンジャーになることはその地域における名声を高めることにもつながる。参加銀行にとってみても、単一の契約書を用いるため各々が事務費用を削減できると同時に、今までは取引関係のなかった企業とつながりを持つことができるといったメリットがある。

　企業にとっては、金額が大きすぎて単一銀行による融資は受けられないような場合であっても、シンジケート・ローンであれば融資を引き出すことが可能となるかもしれない。しかも諸々の交渉は主幹事行とだけ行えばよいという便利さもある。さらに、従来の単一銀行からの融資であれば、企業は価格（貸出金利）交渉において劣位に立たされるのが通常であるが、シンジケ

ート・ローンの場合には、市場の実勢に則した貸出金利が適用されるということも期待できよう。また、投資家にとっても、銀行の審査能力や監視機能に裏打ちされた貸出債権は、市場取引に必要な適格性を持っているため、新たな投資機会の出現と考えることが可能である。

　主幹事となった銀行は、当該企業との取引関係をすでに有している場合が多い。したがって、シンジケート・ローンが実行に移される場合には、これまでその銀行が蓄積した情報が、いわば公開されることになる。この情報の公開に伴って、貸出債権の標準化は一層進むであろうし、それがまたこの債権の市場性を高めることになるのである。

4) サブプライム・ローン危機と資産証券化のデメリット

サブプライム・ローンの概要　これまでは、主として資産証券化のメリットに焦点を当ててきたが、ここでは、サブプライム・ローン危機の経過を概観しつつ証券化のデメリットについて考えていこう。

　アメリカでは 2003 年後半あたりから住宅ブームが起こり、不動産価格が上昇していったが、これに伴い地方銀行などは、サブプライム・ローンと呼ばれる個人向けの住宅ローンの貸出を増やしていった。ここでサブプライム・ローンとは、低所得者など信用力の低い個人を対象とした住宅ローンであって、最初の 2 年の金利は低く抑えられているが、3 年目以降からは急に高金利になるという特徴を持っている。したがって、サブプライム・ローンは、不動産価格の上昇を見込んで、将来、別のサブプライム・ローンやより低利のプライム・ローンに借り換えることで、その後の返済負担急増の回避を想定したローンであるともいえよう。

サブプライム・ローン証券化商品の仕組み　サブプライム・ローンの証券化は次のような手順で進むのが一般的である。

　①地方銀行がサブプライム・ローンを融資する。

②その後、大手投資銀行が地方銀行からサブプライム・ローンを購入する。

③その購入代金を大手投資銀行は短期金融市場から調達する。

④次いで大手投資銀行は、地方銀行から購入したサブプライム・ローンと、その他のローン（通常のプライム・ローンや自動車ローンなど）を組み合わせて証券化し、内外の投資家へ販売する。

⑤その証券の安全性は格付け機関によって格付けが付与されている。

すべてがこの①から⑤の手順で進むわけではないが、あらましは以上の通りである。

モラル・ハザード　では、このどこに問題点があるのであろうか。まずは①と②についての問題点を見ておこう。

サブプライム・ローンも住宅ローンの一種であるから、本来的には、融資をする際に何がしかの審査を銀行が行うはずである。しかし、実際には審査は相当おざなりなものであって、場合によっては無審査状態に近いものもあったとされている。ではなぜ地方銀行の審査がこのようにいい加減なものになってしまったのか。それは、大手投資銀行がそっくりそのままサブプライム・ローンを購入してくれたので、借り手がデフォルトを起こしたとしても地方銀行には何の損失も発生しないことになっていたからである。本来はリスクの高いローンであるにもかかわらず、貸し付ける側の地方銀行自らはそのリスクを負担しなくてよいのであるから、サブプライム・ローン融資は大きく増加することになった（いうまでもなく、これもモラル・ハザードの一例である）。

また、地方銀行は、本来はサービサーとしての機能も合わせ持っているはずであるが、その機能をどこまで果たしたのか疑問である。またサブプライム・ローン債権の買い手である大手投資銀行も、どこまでサービサーとしての活動を地方銀行に要求していたのか、もし要求していなかったとすると、サブプライム・ローンの債権回収をどのように行うつもりだったのか不明である。債権回収業務が機能しない限り、債権に対する不安感が払拭されるはずはないのであるから、今後はどの主体がどのように債権回収に責任を持つ

のかを明確にすることがとても重要である。

デフォルト率設定の問題　次に④のプロセスに関する問題点を見ていこう。④ではサブプライム・ローンを組み入れて証券化するという作業が行われるのであるが、大数の法則をうまく利用するためには、サブプライム・ローンのリスク（デフォルト率）をしっかりと数値化する必要がある。通常のプライム・ローンの場合は、長い間に蓄積されたデータから、どれぐらいの割合でデフォルトが発生するのかをある程度正確に計測できる。しかし、サブプライム・ローンは新しいローン形態であったから、肝心のデータはほとんど存在しないに等しく、事実上、デフォルト率がどのような水準になるのかを正確には計測できないのである。

　計測できないからといって、デフォルト率を数値化しない限りサブプライム・ローンを組み入れた証券化商品を組成することはできない。一方、大手投資銀行には、世界中の投資家の旺盛な資産運用需要に応えるべく早く組成化を実現したいという欲求がある。そこで、いささか乱暴な議論に思われるかもしれないが、通常のプライム・ローンよりは高いデフォルト率がとりあえず設定され、それを前提として証券化が実行されていったのである。

格付け機関の問題　⑤の問題に移ろう。格付け機関は、サブプライム・ローンを組み入れた証券化商品を格付けする際、ある水準のデフォルト率を持つサブプライム・ローンと、その他の種類のローンなどを総合的に組み合わせて証券化すれば、大数の法則が働くのでほとんどリスクはないと判断し、これら証券化商品に最上級の格付けを付けていた。国債と同等の格付けがあるにもかかわらず、利回りは国債よりも高かったので、サブプライム・ローンの入った証券化商品は、アメリカ国内ばかりでなく欧州においてもまさに飛ぶように売れたのである。

　しかし、2006年に入り住宅価格が下落し始めると、実際に観察されたデフォルト率は、当初の想定をはるかに上回る水準であることが明らかとなっていった。そこで格付け機関は一斉にサブプライム・ローンの入った証券化商品の格下げを実行したわけだが、この格下げが投資家の不安を煽ってし

まったのである。

不透明な責任体制　証券化商品を組成している大手投資銀行内部では業務が細分化され過ぎているため、サブプライム・ローンの入った証券化商品のひとつひとつについて、この商品にはサブプライム・ローンがどれぐらいの割合で入っており、別の商品にはまた違った割合で入っているなどというように、詳細に全体像を知る人がいなかった。投資銀行内部でもこうなのであるから、格付け機関の格付けだけを頼りにしている内外の投資家にしてみれば、格付け機関によるサブプライム・ローン証券の格下げは、その証券が安全だと信じていたからこそ、非常に衝撃的だったのである。

　住宅ローン担保証券のところでは、協同作業としての資産証券化の利点を述べたが、サブプライム・ローンに関していえば、協同作業のマイナス面（誰も全体像を把握できていないというマイナス面）が際立ってしまったのである。

投資銀行の資金調達上の問題点　ところで、サブプライム・ローンを組み入れた証券化商品の価格が下落し売れ行きが鈍ってくると、大手投資銀行はすでに組成が完了している証券化商品を新規には売りさばけなくなってしまう。③にあるように、大手投資銀行は、わずかな自己資本と短期金融市場からの多額の借入金をもとにサブプライム・ローンを購入して証券化し、売りさばいて得た代金で借入金を返済していたのだが、ひとたび証券化商品の売れ行きが鈍るとその連鎖が止まることになる。しかし、資金調達した先は短期金融市場であるから、即座に何かを現金化して返済するしかない。そのため、その他の金融資産、たとえば国債であるとか社債であるとか、それらをともかく売って現金化し、返済に充てるしかなくなったのである。こうした事態が続くにしたがって、大手投資銀行は経営危機に陥るのではないかとの懸念が高まり、金融市場では徐々に、資金の出し手がいなくなっていったのである。

パニック　　そしてついにリーマン・ブラザーズが 2008 年 9 月に破綻し、状況は一層悪化することになった。というのも、ベア・スターンズや AIG は米国政府によって救済されたが、リーマン・ブラザーズは破綻となったため、米国政府の救済の基準はどこにあるのか不明であるとの不安感が、投資家や金融機関の心理を一層弱気にしてしまったからである。さらに、同年 9 月下旬、米国下院議会が金融安定化法案を最初の投票で否決したことにより、たとえば短期金融市場では資金の出し手がいなくなったため事実上市場が麻痺するとともに、CP 市場では CP の買い手が現れず CP の新規発行が止まり、また、全世界的に株価が暴落するという、いわばパニック的な状況になってしまったのである。

今後の課題　　最後に、サブプライム・ローン問題からどのような教訓を学ぶべきなのであろうか。すでに指摘したことであるが、第 1 に、審査と債権回収の重要性をあらためて認識しなければならないだろう。おざなりな審査をする銀行に対する通貨当局の監督もより厳格なものでなければならないし、債権回収のルール作りも必要である。

　第 2 に、大数の法則に頼り過ぎることがないようにしなければならない。大数の法則は、リスクの数値化が正確になされている限り、優れた結果をもたらしてくれる。しかし、それを恣意的に設定してしまっては元も子もないのである。

コ　ラ　ム

企業は誰のものか

　企業は誰のものかという問いかけに対する答えは、それが株式会社であれば株主ということになる。では、その企業の従業員はどういった存在なのであろうか。現在は株式市場が発達しているので、株主は簡単に株主であることをやめられるが、従業員は簡単に会社を辞めるわけにはいかない。中核的な従業員の場合はなおさらである。なぜなら、彼らは長年の勤務で人脈を培い、仕事を円滑に進めるノウハウ等を相当蓄積しているが、これらの価値を客観的に評価するのは難しく、したがって、他の会社へ移籍したとしても、この従業員がこれまで獲得した経験や知識は、その価値を持たなくなってしまう危険性があるからである。このように考えると、会社の命運と一連托生なのは株主ではなく、むしろ従業員ということになる。では、会社は株主のものという建前を崩さずに、従業員が会社の経営や中核的業務に関与するためにはどのような仕組みがあればよいのだろうか。株式持合いは、経営規律をルーズにするといったことから批判されることが多いが、他方では中核的従業員が会社運営に参加することを可能にしたシステムなのである。

参 考 文 献

池尾和人『現代の金融入門［新版］』ちくま新書、2010 年

伊丹敬之『日本型コーポレートガバナンス：従業員主権企業の論理と改革』日本経済新聞出版社、2000 年

大橋和彦『証券化の知識〈第 2 版〉』日本経済新聞出版社、2010 年

櫻川昌哉『経済を動かす単純な論理』光文社、2009 年

日本経済新聞社編『実録世界金融危機』日本経済新聞社、2009 年

晝間文彦『金融論　第 3 版』新世社、2014 年

10

デリバティブ

　9章で紹介した資産の証券化といった新しい業務分野の確立には、金融技術やIT関連技術の進展が大きく寄与したといえるが、デリバティブの場合にはその色彩が一層強いと思われる。そういった意味で、デリバティブを専門的に研究する場合には「金融工学」といった名称が用いられることもある。この名称からある程度推測できるように、デリバティブを理解するためには相当な数学力が必要となるのであって、それは本書の水準を超えてしまう。したがって、この章では、デリバティブとは一体どのようなもので、どういった役割を果たしているのかといったことを、文章と図表で説明していく。これでデリバティブの機能や利点についての基本的な理解は得られるはずである。

1. デリバティブとは何か

1) リスク・マネージメントとデリバティブ

　銀行と企業は、伝統的には融資によって結び付いていたといえよう。すなわち銀行は、企業を審査して融資を行い、それが不良債権化しないように監視し、最終的には滞りなく融資の返済を受けるといった活動を通じて、企業とのつながりを維持していたわけである。

　しかし、これまで何度も指摘したように、直接金融的な資金調達が活性化すればするほど、融資によって結び付いていた銀行と企業との関係は今述べ

たものとは違ったものにならざるをえない。つまり銀行にとっては、伝統的な融資活動以外で、どれだけ魅力的なサービスを顧客である企業に提供できるのかということが、非常に重要となってきているのである。

　ところで、金融取引の大原則とは、金融取引にはリスクが必ず存在するということである。したがって、もし銀行がリスクをマネージメント（管理）するための適切な手法を提供できれば、それは顧客である企業にとっても大いに魅力のあるサービスになるはずである。以下で詳しく説明するように、この章で解説するデリバティブ（derivative）を抜きにリスク・マネージメントを考えることはできないのが現状であって、デリバティブの機能や利点を知ることは、銀行をはじめとした金融業の将来を占う意味でも有益であると思われる。

2）デリバティブの種類

　財やサービスを購入する場合には、代金を支払うと同時に財やサービスを入手するというのが一般的である。株式や債券や外国通貨を売買する場合も同様で、契約と同時にこれらの受け渡しと売買代金の移転が行われている。たとえば、ある人が株式を売却する契約をした場合、この人は保有する株式を買い手に引き渡すとともに、即座にこの人には売却代金が入ることになる。このような、契約と同時にすべての受け渡しが行われる取引のことを、**現物取引**、**直物取引**、**スポット取引**、あるいは**原資産取引**などと呼んでいる。新聞やテレビで報道される株価や為替レートは、こうした現物取引の価格である。

　一方、金融取引には、現物取引ばかりでなく、現物取引をベースにそこから派生したさまざまなタイプの取引形態が存在しており、一般的にそれらは**デリバティブ**と呼ばれている（**派生金融取引**と呼ばれることもある）。デリバティブはまさに多種多様であり、日々新しいタイプの金融取引や金融商品が考案されているといっても過言ではないのだが、それでも一応、**先物取引**、**スワップ取引**、**オプション取引**の3種類に大別することが可能である。また、

これら 3 種類以外では、デフォルト（債務不履行）のリスクを取引するクレジット・デリバティブの存在感がここ数年の間に急速に大きくなってきている。次節ではその代表例としてクレジット・デフォルト・スワップをとりあげる。

3）デリバティブ市場の規模

　図表 10-1 にある国際決済銀行の統計によれば、デリバティブ市場の規模は、2021 年 12 月末の時点で約 1042 兆ドルに達している。1042 兆ドルを日本円に換算（1 ドル 140 円）すると 14 京 5880 兆円となるが、現在の日本の GDP が約 550 兆円であるから、デリバティブの市場規模は日本の GDP の実に 265 倍もの大きさとなっている。

図表 10-1　世界のデリバティブ取引残高

（単位：10 兆米ドル）

	2020 年 6 月末	2020 年 12 月末	2021 年 6 月末	2021 年 12 月末
外為関連	93.8	97.5	102.5	104.2
金利関連	495.1	466.5	488.1	475.3
エクイティ関連	6.5	7.1	7.5	7.3
商品関連	2.1	2.1	2.4	2.2
クレジット・デフォルト・スワップ	8.8	8.4	8.8	8.8

（資料）BIS Quarterly Review, June 2022

図表 10-2　日本の主要ディーラーによるデリバティブ取引残高の推移

（単位：1 兆米ドル）

	2020 年 12 月末	2021 年 6 月末	2021 年 12 月末	2022 年 6 月末
OTC 取引計	67.0	63.3	64.9	63.2
うち金利関連取引	57.4	53.9	55.4	53.9
外為関連取引	8.9	8.6	8.9	8.7
取引所取引計	3.6	3.7	4.3	7.5
うち金利関連取引	3.3	3.4	4.0	7.2

（資料）日本銀行「デリバティブ取引に関する定例市場報告」2022 年 9 月 9 日

図表 10-3　日本のデリバティブ取引残高（2022 年 6 月末）

OTC 取引：63.2 兆米ドル

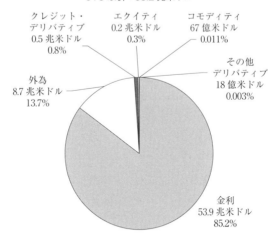

クレジット・
デリバティブ
0.5 兆米ドル
0.8%

エクイティ
0.2 兆米ドル
0.3%

コモディティ
67 億米ドル
0.011%

その他
デリバティブ
18 億米ドル
0.003%

外為
8.7 兆米ドル
13.7%

金利
53.9 兆米ドル
85.2%

OTC 取引のうち金利関連取引：53.9 兆米ドル

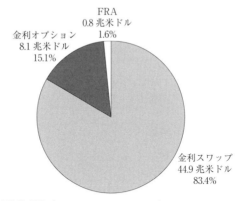

FRA
0.8 兆米ドル
1.6%

金利オプション
8.1 兆米ドル
15.1%

金利スワップ
44.9 兆米ドル
83.4%

（注）FRA：金利先物契約（forward rate agreement）
（資料）日本銀行金融市場局「デリバティブ取引に関する定例市場報告」2022 年 9 月

　また、日本の統計については、日本銀行が主要なディーラーを対象に半年ごとに行っている調査があり、その結果は図表 10-2 と 10-3 に示されている。

2. クレジット・デフォルト・スワップ

　2008 年秋以降の世界金融危機のさなか、金融危機を深刻化させた元凶のひとつとされたのがクレジット・デフォルト・スワップ（CDS：credit default swap）である。CDS はデリバティブの一種なのであるが、これはどういう仕組みで、どのような問題点を抱えていたのであろうか。

1) CDS の仕組み

　CDS とは、社債、国債、貸付債権などの信用リスクに対して、保険の働きをしてくれるデリバティブ契約のことである。ここで、A 銀行が B 社の満期 5 年の社債を 1 億円分購入したとして CDS の仕組みを考えていこう（図表 10-4 参照）。もし B 社がデフォルトを起こすと A 銀行は損失を被ってしまう。しかし、A 銀行が保証金額（想定元本とも呼ぶ）1 億円の CDS 契約を C 社と結んでおけば、B 社がデフォルトを起こしても A 銀行は C 社から損失額の補償が受けられる。ここでは、A 銀行は C 社にプレミアム（保証料とも呼ぶ）として想定元本の 1％を毎年支払うと想定しているが、B 社のデフォルト確率が高ければ高いほどプレミアムが高くなるのはいうまでもない。

　一般に、A 銀行が CDS 契約によって入手した「デフォルトが起きた場合に損失額を受け取る権利」のことをプロテクションと呼ぶ。このケースでは、A 銀行がプロテクションの買い手、C 社がプロテクションの売り手である。このように CDS は、プロテクションとプレミアムとの交換（スワップ）であるともいえよう。

図表 10-4　CDS の仕組み

2) なぜ CDS が活発になったか

　CDS 取引が活性化した最大の理由は、バーゼル規制にある。どういうことであろうか。A 銀行が B 社の社債を購入すると、それだけ A 銀行のリスクアセットは増加してしまう（社債投資のリスクウェイトは貸出のリスクウェイトと同じであるから、もしこのリスクウェイトが 100 ％だとすれば、B 社の社債を 1 億円購入すると A 銀行のリスクアセットは 1 億円増加することになる）。したがって、もし A 銀行が自己資本比率の低下を避けようとするのであれば追加的な自己資本を調達せざるを得ない。

　しかし CDS を使うと、この社債購入によって生じる信用リスクを C 社に移転できるわけであるから、A 銀行のリスクアセットは増大することにはならず、その結果 A 銀行は追加的な自己資本を準備する必要から解放されるのである。

3) CDS の問題点

　投機としての CDS　プレミアムは保証金額の数％程度と少額なため、実際には B 社の社債を保有していないにもかかわらず CDS 契約を結び、万一 B 社がデフォルトを起こした場合には C 社から 1 億円を受け取るという「投機」をしかける投資家もいる。逆に C 社のような CDS の売り手の中にも、B 社のデフォルトはそう簡単には起きないだろうとの予想の下で、CDS を投資家に大量に売ってプレミアムの 100 万円を稼ぐというところも出てくる。

　これはあたかも、「デフォルト保険」である CDS を「自動車保険」のよ

うに売るということを意味しているのだが、CDS を自動車保険と同じよう
に捉えるのはとても危険である。なぜであろうか。次のようなことを考えて
みてほしい。友人が自動車事故を起こしたからといって、別の友人やあなた
が同じように事故を起こす確率は高まるであろうか。そうではないだろう。
しかし、社債のデフォルトの場合は、その影響が金融市場全体に及ぶ危険性
があるため、他の社債がデフォルトになるリスクも高まってしまうのである。

信用リスクの伝播　この点を図表 10-4 に則して考えてみよう。金融危
機のさなかに B 社がデフォルトを起こしたとする
と、ほかにもデフォルトを起こすところが出てくるのではないか、そうであ
れば CDS の売り手である C 社は、A 銀行の損失相当額を支払うことができ
るのだろうかという不安感が市場に蔓延してしまうかもしれない。その結果、
信用リスクを C 社に移転していたはずの A 銀行自身の信用リスクも上昇し、
もし A 銀行が他の会社に対しては CDS の売り手となっていたとすれば、こ
の会社の信用リスクも上昇することになる。つまり信用リスクの伝播という
悪循環が発生してしまうのである。

不透明な取引形態　さらに問題を複雑にしているのが CDS 取引の取引
形態である。CDS 取引は相対型交渉が中心である
から、どういう参加者がどの程度の取引をしているのかについての情報を外
部から知ることはきわめて困難である。また、CDS の売りと買いを同時に
行っているところもあるので、CDS が全体でどのような取引となっている
のか、誰がどれぐらいのリスクをとっているのかなどは容易にはわからない。
このような CDS 取引の不透明性は、金融危機がひとたび起こると信用リス
ク伝播という悪循環のスピードを一層速めるアクセルの役割を果たすことに
なってしまい、結果として金融市場の機能不全をもたらすことになったので
ある。

AIG 救済の理由　最後に、AIG が救済された理由を見ておこう。
保険会社である AIG は、不動産ローン債権を対象と
した CDS を内外の投資家相手に大量に売りさばきプレミアムを稼いでいた。

しかし、アメリカの住宅価格の下落に伴って不動産ローン債権がデフォルトになるリスクはどんどん高まってしまい、CDSを売っていたAIGの支払い能力は大きく毀損されることになった。もしここでAIGが破綻してしまうと、AIGに信用リスクを移転していた金融機関も損失を被るであろうし、最悪の場合は連鎖的な破綻の危険性さえあった。こうした事情から、異例ではあるがAIGは公的資金の注入を受け救済されることになったのである。

　5章でも触れたが、このAIGの救済により、公的規制や保護を受けて救済されるべき金融機関は銀行だけであるという伝統的考え方が、ここで大きく修正されることになったわけである。

3. 先 物 取 引

1) 先物フォワードと先物フューチャーズの違い

　すでに8章において、外国為替の関連で先物取引の概要を説明しているので、ここでは用語の整理から始めよう。先物取引には、先物フォワード（forward）と先物フューチャーズ（futures）があるが、前者を先渡し、後者を先物と区別して呼ぶこともあれば、両者をともに先物と呼ぶこともある。さらに、英語の部分だけをとりあげて、フォワードとフューチャーズという呼び方によって両者を区別することもある。いずれにせよ、いろいろな呼び方があって混乱しがちなのであるが、本書では、先物という用語を形容詞的にどちらにも使い、そのあとに続くフォワードとフューチャーズによって両者の違いを区別することにする。区別の必要がないときには、単に先物取引と記述する。なお、8章で解説した先物為替は、この用語の分類では先物フォワードに該当する。

　さて、**先物フォワード**と**先物フューチャーズ**の機能には本質的な違いはない。ただ、図表10-5に示してあるように、取引形態については、先物フォワードはOTC（店頭）での相対型取引であるのに対し、先物フューチャー

図表 10-5　先物フォワードと先物フューチャーズの違い

	先物フォワード	先物フューチャーズ
取引形態	OTC（店頭）取引	取引所取引
取引金額や満期日	自由設定	規格化
決済	契約上の満期日に	差金決済も可能

ズは取引所取引（市場型取引）であるという違いがある。また、先物フォワードは、取引金額や満期日の設定に関して相対型交渉で自由に設定できるのに対し、先物フューチャーズは市場型の取引が行われることから、それらが規格化されているという違いもある。さらに、決済については、先物フォワードは契約上の満期日だけが決済日であるが、先物フューチャーズの場合は差金決済も可能となっている。

実際の先物フューチャーズ取引　　現在の日本の金融市場における代表的な先物フューチャーズ取引には、東京証券取引所の TOPIX 先物や国債先物、大阪証券取引所の日経 225 先物や日経 300 先物などがある。また東京金融先物取引所では通貨や金利の先物フューチャーズ取引が行われている。これらの先物フューチャーズ取引は、最低取引単位が数千万円と高額となるため、主として銀行、証券、生保などの機関投資家による取引が中心となっている。なお、大阪証券取引所では 2006 年 7 月より日経 225 mini という先物フューチャーズ取引を開始した。これは数万円程度の証拠金さえあれば参加できるので、主として個人を対象とした先物フューチャーズ取引といえよう。

2）金利先物フューチャーズ

金利先物フューチャーズとは　　先の統計で見たように、金利関連のデリバティブはその取引残高がきわめて大きいので、ここではまず、先物取引の代表例として**金利先物フューチャーズ**をとりあげる。

ある銀行が、今から３ヶ月後にそのときの市場金利で１億円の融資を実行するという契約をある企業と結んだとしよう。この銀行の予想する３ヶ月後の市場金利は５％で、この銀行はこの金利水準で融資を実行したいと考えているが、状況から見て金利の変動は相当激しいと予想されているため、なんとか金利変動によるリスクを軽減したいと考えている。こうした場合この銀行は、企業と融資契約を結ぶと同時に金利先物フューチャーズ取引を実行することによって、金利変動リスクを回避することができる。

損益図による説明　図表10-6の横軸は３ヶ月後の金利を、縦軸は金利変動に伴って発生する銀行の損益を表している。もし３ヶ月後の金利が銀行の予想金利である５％より高くなったとすると、銀行には金利の差額分だけ利益が出るが、逆に５％よりも低くなれば銀行には思わぬ損失が発生してしまう。図表の①融資契約線は、銀行にとってのこのような損益状況を示したものとなっている。

　ここで、この銀行は金利変動のリスクを避けるため、３ヶ月物の金利先物フューチャーズを、５％の金利で売ったとしよう（売り建てるともいう）。もし３ヶ月後の金利が５％よりも低くなれば、この銀行は５％で売り建てているのであるから、その差額分の利益が銀行には入るし、逆に金利が５％よりも高くなれば銀行には損失が発生する。この状況は図表10-6の②金利先物売り線によって示されている。

　さて、①の融資契約線と、②の金利先物売り線を合成すれば、③のリスクヘッジ（回避）した損益線が得られる。①で示された融資契約から生じる損益は、②で示された金利先物フューチャーズ売りの損益によってすべて相殺されることになるので、③のリスクヘッジした損益線は横軸と一致する。つまり、３ヶ月後の金利がどのような水準になったとしても、今回の融資契約によってこの銀行には、金利変動によるリスクは一切発生しないのである。これが金利先物フューチャーズによるリスクヘッジ機能である。

金利先物フューチャーズと投機　ところで銀行は、融資契約が存在しない場合でも、金利先物フューチャーズ取引

図表 10-6　金利先物フューチャーズによるリスクヘッジ

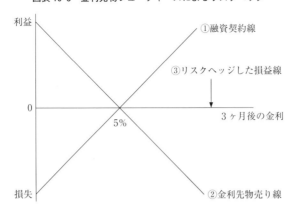

を投機（speculation）として利用できる。たとえば、もし銀行が金利は低
下するという予想を持っていたとすると、金利先物フューチャーズ売りを実
行することにより、図表 10-6 の②が明らかにしているような利益をあげる
ことができるのである（もちろん予想が外れれば損失を被ることになる）。

3）先物フォワード為替

先物フォワードによるリスクヘッジ　次に、先物フォワード取引の代表例
として**先物フォワード為替**をとりあ
げよう。ここでは、日本の輸出業者が米国に 100 万ドル相当の輸出を行い、
3 ヶ月後に輸出代金を受け取ることになっているとしよう。ここでこの業者
にとって重要なことは、3 ヶ月後に受け取ることになっている輸出代金 100
万ドルが、円ではいくらになるのかという点である。というのも、もし 3 ヶ
月後の為替レートが 1 ドル 80 円であれば 100 万ドルは 8000 万円となるが、
1 ドル 60 円であれば 6000 万円となってしまうからである。

　こういった不確実性を避けるためには、先物フォワード為替を利用すれば
よい。すなわちこの業者は、今から 3 ヶ月後に、100 万ドルを 1 ドル 80 円
で売るという先物フォワード契約を取引銀行と結べばよいのである。こうす

れば、3ヶ月後の為替レートがたとえいくらになろうとも、この業者は3ヶ月後に8000万円受け取ることを現在時点で確定することができるのである。なお、取引銀行側から見れば、業者からの要請に応じて3ヶ月先物フォワードで100万ドルを1ドル80円で買ったということになるが、これを銀行による輸出予約の受入（企業側からいえば先物為替予約）と呼ぶ。

損益図による説明　この場合の損益図は図表10-7に示されている。現在の為替レートも80円であるとし、これを基準に輸出業者の損益を考えてみよう。つまり、3ヶ月後の為替レートが現在の為替レートと同じ1ドル80円であればこの輸出業者の損益はゼロ、一方、3ヶ月後の為替レートが1ドル80円よりも円安になればなるほどこの輸出業者の利益は増え、逆に円高になればなるほど損失がより大きくなると考えるのである。①の輸出代金線はこの状況を表している。

ここで、この業者が、今から3ヶ月後に100万ドルを1ドル80円で売るという先物フォワード契約を結んだとしよう。この先物フォワード契約による損益は②の先物為替売り線で表される。1ドル80円で売るという契約を締結したわけであるから、もし3ヶ月たってみて為替レートが1ドル80円よりも円高に振れていたとすればこの業者には利益が発生することになるし、逆に円安に振れていれば損失が発生するのである。

①と②を合成すると③のリスクヘッジした損益線が得られるが、金利先物フューチャーズの場合と同様、③は横軸と一致するので、輸出業者は為替変動リスクを完全に回避することが可能となるのである。

先物取引の限界　図表10-6でも10-7でも、先物取引を利用することによりリスクを免れることは可能となるが、一方で、金利が上昇したり円安になったりした場合に先物取引を利用していなければ得られたであろうはずの利益も放棄していることになる。したがって、リスクを一定に制御するとともに利益をも追求したいという場合には、先物取引は適当な選択肢ではない。こうした二兎を追いたい場合には、5節で説明するオプションを利用するのが一番良い方法となる。

図表 10-7　先物フォワード為替によるリスクヘッジ

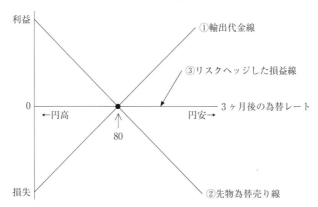

4．スワップ取引

　スワップとは交換するという意味であるが、スワップ取引の対象となるのは金利や通貨である。同一通貨間で変動金利と固定金利を交換するといった取引が金利スワップ取引であり、異なる通貨建の債務、たとえばドル建ての債務と円建ての債務を交換するといった取引が通貨スワップ取引である。

1）金利スワップの具体例①：金利スワップと通常の融資の比較

金利スワップとは　　図表 10-8 の(1)は、A 銀行と B 銀行の間で、満期 5 年、想定元本 10 億円、金利交換は半年ごとという場合の金利スワップを図示したものである。ここで想定元本とは、金利計算をするための便宜上の元本であって、金利スワップでは元本の交換は行わず金利部分の交換だけが行われる。固定金利は 5％であるとしよう。図表には変動金利のところに TIBOR（タイボー：Tokyo inter-bank offered rate）とあるが、これは東京の銀行間市場における出し手レート（資金を貸し出す側が提示する金利）のことで、変動型の貸出金利を算出する場合の基準金利として利用されている。

(1) 満期 5 年、想定元本 10 億円、固定金利 5％、変動金利は 6 ヶ月 TIBOR

固定金利 5％の半年分、
2500 万円を 5 年間受け取る

A 銀行 ← B 銀行

変動金利 6 ヶ月 TIBOR の半年分、
1500 万円を支払う

(2) A 銀行は D 銀行から変動金利で借りて、それを C 社へ固定金利で融資

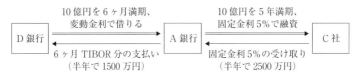

10 億円を 6 ヶ月満期、
変動金利で借りる

10 億円を 5 年満期、
固定金利 5％で融資

D 銀行 → A 銀行 → C 社

6 ヶ月 TIBOR 分の支払い
（半年で 1500 万円）

固定金利 5％の受け取り
（半年で 2500 万円）

　A 銀行は半年に 1 回、固定金利分を受け取るが、それは 10 億円×5％の半年分であるから 2500 万円である。一方、変動金利の 6 ヶ月 TIBOR は 3％であるとしよう。すると A 銀行は B 銀行に対して 1500 万円を支払うことになる。

　ところで、6 ヶ月 TIBOR は変動金利であるから、この金利スワップ契約が成立して半年たつと、TIBOR の水準は当初の 3％ではないかもしれない。たとえばそれが 6％にまで上昇したとしよう。すると、A 銀行は、固定金利分の受け取りは以前と同じ 2500 万円だが、変動金利分の支払いは 10 億円×6％の半年分であるから 3000 万円に増えてしまい、結果として損失が発生することになる（逆に B 銀行には利益が出る）。だからこそ金利スワップは投機の対象ともなりうるのであるが、この点についての詳しい説明はこの節の後半で行うとして、話を図表 10-8 の(2)に進めよう。

金利スワップと通常の融資の比較　A 銀行は C 社に、10 億円を 5 年満期、固定金利 5％で融資したとしよう。利息を半年毎に受け取るとすると、A 銀行は半年ごとに 2500 万円を C 社から受け取ることになる（図表 10-8 の(2)参照）。また A 銀行は、C 社への融資のおカネ 10 億円を D 銀行から変動金利 6 ヶ月 TIBOR で借りたとしよう

（A 銀行が投資銀行の場合、預金で資金を調達するのではなく、この例のように他の銀行から借りてくるというのが一般的である）。ここでも 6 ヶ月 TIBOR は 3 ％だとすれば、A 銀行は D 銀行に 1500 万円を支払うことになる（最初の 6 ヶ月間について A 銀行は D 銀行から資金調達したわけだが、その後については D 銀行から資金調達してもよいし、その他の銀行から資金調達してもよい）。

　ここで注目すべきは、図表 10-8 の (1) と (2) の利息の流れは同じだという点である。つまり A 銀行にとっては、(1) のように B 銀行との間で金利スワップを行っても、(2) のように D 銀行から調達した資金を C 社に融資しても、利息の流れは全く同じで、固定金利分を受け取り、変動金利分を支払うことになっているのである。

オフ・バランス取引　では、(1) と (2) は何が違うのであろうか。それは元本が動くかどうかである。(2) の場合、A 銀行のバランスシートの左側には C 社への融資 10 億円が、そして右側には D 銀行からの借入 10 億円が計上される。したがって、バランスシートが「膨らむ」のである。しかし (1) の金利スワップの場合、利息の受け払いが行われているだけであるから 10 億円はバランスシートに載らない。そのため、(1) の金利スワップを行っても A 銀行の ROA（総資産利益率：return on asset）は悪化しないが、(2) の融資はそうではない。ここで ROA とは企業の利益を総資産で割ったもので、資金を有効利用しているかどうかを示す指標である。特に欧米の金融機関はこの ROA の値を気にかけているのだが、(2) の取引では分母である総資産が増え ROA は低下してしまう。このため、同じ経済効果を持つのであれば (2) の融資よりは (1) の金利スワップを使おうということになるのである。

2)　金利スワップの具体例②：信用力に差がある 2 社の金利スワップ

　A 社と B 社は、ともに設備投資資金を借り受けたいと考えているとしよう。また、A 社にも B 社にも、固定金利での借入と変動金利での借入とい

う2つの選択肢があり、借り受けたい金額も借入期間も同一であるとしよう。ただし、A社の信用力の方が高いので、固定金利でも変動金利でも、A社に提示される金利の方が低いとしよう（図表10-9参照）。

　さて、A社は先行き金利の低下を予想しているので、変動金利での借入を希望しているが、B社は不要な金利リスクを避けるため固定金利での借入を希望しているとしよう。しかし、両社の希望とは逆に、A社は固定金利で、B社は変動金利で借りて、両社間でスワップすれば、両社はともに得をするのである。

金利スワップによる損得とその調整　まず、図表10-9の(1)にあるように、A社は2％の固定金利で、そしてB社はTIBOR＋2％の変動金利で借入をし、この金利部分だけをスワップしたとしよう。すると、図表10-9の(2)にあるように、金利スワップ後にA社が支払う金利はTIBOR＋2％となる。しかし、もしスワップをせずに、最初からA社が変動金利で借りていればA社の金利負担はTIBOR＋1％で済んだのであるから、A社は金利スワップによって1％余分の金利負担を強いられたことになる。

　一方、B社が金利スワップ後に支払う金利は2％であって、これはスワップをしなかった場合にB社が固定金利で借りた場合の4％よりも金利負担が2％少なくなっている。つまり、金利スワップの結果、B社は2％分得をしているということになる。

　このままでは不公平なので、B社がA社に対して1.5％の支払いを行うとしよう。すると、A社の金利負担は、図表10-9の(3)にあるように、金利スワップ後に支払っている金利TIBOR＋2％から、B社からの受け取り分1.5％を引いたものとなるから、差し引きTIBOR＋0.5％となる。つまり、変動金利での借入を希望していたA社にとっては、金利スワップをしなければTIBOR＋1％の金利負担であったのが、金利スワップを行うことによって、それよりも0.5％低い金利負担で済んだことになる。

　B社は、金利スワップ後に2％の金利を支払っており、これにA社へ渡

図表 10-9　金利スワップ②：信用力に差がある 2 社の金利スワップ

(1) A 社と B 社には信用力の差を反映して次のような借入条件が提示されている

	固定金利	変動金利
A 社	2 %	TIBOR + 1 %
B 社	4 %	TIBOR + 2 %

(2) 金利スワップを行うと、A 社と B 社には次のような損得が発生する

	金利スワップ無しの時の金利	金利スワップ後に支払う金利	差し引きの損得
A 社	TIBOR + 1 %	TIBOR + 2 %	A 社は 1 % 損をした
B 社	4 %	2 %	B 社は 2 % 得をした

(3) お互いが得をするよう調整する

	金利スワップ後に支払う金利	調整分	最終的に支払う金利	結果
A 社	TIBOR + 2 %	1.5 % を B 社から受け取る	TIBOR + 2 % − 1.5 % = TIBOR + 0.5 %	0.5 % の得
B 社	2 %	1.5 % を A 社に支払う	2 % + 1.5 % = 3.5 %	0.5 % の得

す分の 1.5 ％を加えると、B 社の最終的な金利負担は 3.5 ％となる。これは、B 社が金利スワップをせずに固定金利で借りた場合の金利 4 ％よりも、やはり 0.5 ％低い金利負担となっている。

　このように、金利スワップの結果、A 社も B 社も得をするのである。なお、B 社が A 社に 1.5 ％の支払いをするといった両社間の調整は、銀行や証券会社の仲介により行われるが、これも投資銀行業務のひとつである。また、そもそも今回の案件のように、金利スワップによって両社が得をするといったような事例を見つけ出すためには、広範なネットワークによって顧客のニーズを的確に捉えている必要がある。こうした面では、まだまだ日本の金融機関は欧米の金融機関に相当劣っているといえよう。

金利スワップと比較優位

金利スワップによってこのようなメリットが両社に生じるのはなぜであろうか。図表 10-9 の(1)をもう一度見てみよう。B 社は信用力の面で A 社よりも劣るため、

固定金利であっても変動金利であっても、A社よりも高い金利を支払う必要がある。つまり、B社は金利に関して絶対劣位（逆にいえばA社は絶対優位）にある。しかし、変動金利に関していえばB社は**比較優位**にある。なぜなら、A社に対する固定金利は2％、B社に対する固定金利は4％なので、固定金利に関してB社はA社の2倍の負担を強いられることになるが、変動金利に関しては、基準金利であるTIBORがゼロ％でない限り、B社の金利負担はA社のそれの2倍よりも小さいからである。このように、B社は変動金利での借入に関して比較優位を持っているので、金利スワップを行うことによって両社にメリットが生じるのである。

金利スワップとまた貸し　さらに、吉本（1999）にしたがってもう1点指摘しておこう。信用力のあるA社が固定金利でも変動金利でも借りたとして、固定で借りた分をB社にまた貸しすれば、実は両社とも金利スワップを利用した場合よりも大きなメリットを得ることができる。たとえば、A社が2％の固定金利で借りて、それを3％でB社にまた貸ししたとしよう。この場合、A社は、変動金利の借入に対してTIBOR＋1％を支払うと同時に、B社から1％を受け取ることができるので、最終的なA社の金利負担はTIBORだけになり、金利スワップを利用した場合よりも0.5％得をすることになる。また、B社についても、金利負担はA社への1％の支払いを含めても3％で済むわけであるから、やはり金利スワップを利用した場合よりも0.5％得をするということになる。

　しかしながら、総合的に考えると、このまた貸しという方法は金利スワップよりも劣った方法といえる。というのも、もしB社が倒産してしまった場合には、A社は1％分の金利を受け取れないだけではなく、また貸しした元本も返ってこないというリスクを負うことになるからである。そもそもB社に対してより高い金利が提示されているのは、A社よりも倒産確率が高いと想定されているからである。にもかかわらず、融資の専門家である銀行のB社への提示金利が4％であるのに、それよりも低い3％でまた貸しをするということは、A社はB社の倒産リスクをすべて背負い込む一方で、

それに見合った金利を受け取っていないということになるのであって、これはＡ社にとってはきわめて不利で危険な取引ということになる。もっとも、Ａ社とＢ社が系列関係にあるような場合は、多少不利であってもＡ社がＢ社にまた貸しするといったことは想定できなくはない。しかし、一般的に考えれば、また貸しは金利スワップよりも劣った方法であるといえよう。

3）金利スワップの具体例③：金利変動リスクのヘッジ

　金利スワップは、金利変動リスクのヘッジ手段として利用することもできる。図表10-10の(1)にあるように、Ａ社はＢ銀行から10億円を満期5年、変動金利（6ヶ月TIBOR＋1％）で借りたとしよう。1年ぐらいたった時、Ａ社は金利が今後上昇するのではないかと考えるようになったのだが、ではどうしたらよいだろうか。金利スワップを利用すればよいのである。ここで必要となる金利スワップとは、想定元本10億円、満期4年、固定金利5％をＣ銀行に支払い、変動金利6ヶ月TIBORをＣ銀行から受け取るといった内容のものである。

　この結果、Ａ社にとっての変動金利の受け払いは、Ｂ銀行への6ヶ月

図表 10-10　金利スワップ③：金利変動リスクのヘッジ

（1）Ａ社がＢ銀行から、10億円を満期5年、変動金利で借りた場合

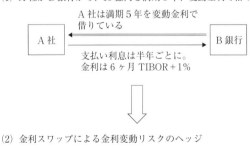

（2）金利スワップによる金利変動リスクのヘッジ

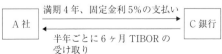

TIBOR＋1％の支払いと、C銀行からの6ヶ月TIBORの受け取りであるから、差し引きすると、A社の負担は1％の支払いである。これに、C銀行への5％の固定金利の支払い分を加えると、A銀行の金利負担は合計で6％となる。つまり、A社は金利スワップを行うことによって、変動金利での借金を固定金利に変換することができるのである。

4) 金利スワップの具体例④：投機家の使い方

　金利スワップの最後の具体例として、投機家がどのように金利スワップを利用しているのかを見ておこう。A銀行は金利の低下を予想していたとしよう。そこでA銀行は、想定元本10億円、満期10年、固定金利6％を受け取り、6ヶ月TIBOR（ここでは4％とする）を支払うという金利スワップ契約をB銀行と結んだとしよう。図表10-11の(1)に示したように、契約と同時に利息の受け払いをしたとすれば、固定金利分の受け取りが3000万円で、変動金利分の支払いが2000万円であるから、A銀行には差し引き1000万円の利益が出る。半年後の状況は、これは今から半年後の6ヶ月TIBORの水準次第で決まるので、図表では？としてある。

　さて、1年ほどたつとA銀行の当初の予想どおり金利は低下し、たとえば固定金利は4％になったとしよう。この場合A銀行は、(1)とは全く逆の金利スワップをC銀行との間で結べばよい。具体的には、想定元本10億円、満期9年、固定金利4％を支払い、6ヶ月TIBORを受け取るという金利スワップである。

　すると1年後以降の利息の受け払いはどうなるであろうか。図表10-11の(2)の下段に示したように、まず固定金利分については、B銀行から半年ごとに3000万円を受け取る一方、C銀行への固定の支払いは2000万円であるから、A銀行には差し引き1000万円の利益が出る。変動金利については、B銀行への半年ごとの支払いも、C銀行からの半年ごとの受け取りも、同じ6ヶ月TIBORで計算するので、収支としては相殺されゼロである。したがって、(1)の固定金利の受け取り・変動金利の支払いという金利スワップ

図表 10-11 金利スワップ④：投機家の使い方

(1) 想定元本 10 億円、満期 10 年、固定金利 6% を半年ごとに受け取り、変動金利を支払う（6 ヶ月 TIBOR は 4%）

	今日	半年後
受け取り	3000 万円	3000 万円
支払い	2000 万円	6 ヶ月 TIBOR
収支	1000 万円	?

(2) 1 年経過後、逆の金利スワップ：想定元本 10 億円、満期 9 年、固定金利 4% を半年ごとに支払い、変動金利（6 ヶ月 TIBOR）を受け取る

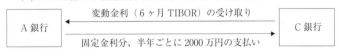

1年後以降の収支

固定の受け取り	3000 万円
固定の支払い	2000 万円
収支	1000 万円

変動の受け取り	6 ヶ月 TIBOR
変動の支払い	6 ヶ月 TIBOR
収支	相殺されゼロ

と、(2)の固定金利の支払い・変動金利の受け取りという金利スワップを組み合わせることで、1 年後からの 9 年間、A 銀行は半年ごとに 1000 万円ずつ儲かるということが確定したことになる。

　ところで、このような事例が実際に起こるためには、金利の先行きに関して(1)のケースの A 銀行とは違った予想を立てている銀行もしくは投機家の存在が不可欠である。一般に、数多くの取引者が支障なく市場にアクセスできること、またその結果として絶えず市場にはいろいろな予想を立てている取引者がいて、ある取引を希望する人が相手を見つけやすい状態のことを、「市場に厚みがある」という言葉で表現することがあるが、まさに市場に厚みがあるからこそこういう取引が成立するのである。

5) 通貨スワップの具体例

通貨スワップとは 1981年5月、アメリカの投資銀行であるソロモン・ブラザーズは、世界銀行が保有するドル建て債務と、IBMが保有するドイツ・マルク建ておよびスイス・フラン建て債務を交換させたが、これが**通貨スワップ**の始まりとされている。

具体例で考えていこう。A社は国内の設備投資用の資金として円での資金調達を希望し、B社はアメリカ進出を考えているためドルでの資金調達を希望している。また、両社が直面する金利は図表10-12の(1)のようであるとしよう。金利水準から明らかなように、今回のケースにおいてもB社は絶対劣位（したがってA社は絶対優位）にある。しかし、B社は円での調達に関して比較優位を持っているため、とりあえずA社がドル建てで、そしてB社が円建てで借りて、それを金利部分だけではなくて元本も含めてすべてをスワップするのである。

通貨スワップの損得とその調整 図表10-12の(2)には、通貨スワップ後の両社の損得が示してある。A社は通貨スワップをせずに円建てで資金調達していれば5％の金利を支払うことになるが、通貨スワップ後には7％を支払うことになる。したがって、A社は通貨スワップによって差し引き2％余計に金利を負担することになる。一方、B社が通貨スワップ後に支払う金利は6％であるが、これは通貨スワップをしなかった場合の9％よりも金利負担が3％少なくなっている。

このままでは、B社のみが通貨スワップのメリットを享受することになるので、この案件をアレンジした銀行や証券会社などが、B社がA社に対して2.5％支払うといった形で通貨スワップによって生じるメリットを両社で折半するように調整する。

その結果が図表10-12の(3)である。A社はスワップ後に7％の金利を負担しているが、B社から2.5％を受け取ることになるので、最終的なA社の金利負担は4.5％となり、これは通貨スワップをせずに円建てで資金調達をした場合に比べて0.5％低くなっている。また、B社はスワップ後に6％

図表 10-12　通貨スワップ

(1) A 社と B 社には次のような資金調達条件が提示されている

	円建ての金利	ドル建ての金利
A 社	5 %	6 %
B 社	7 %	9 %

(2) 通貨スワップを行うと、A 社と B 社には次のような損得が発生する

	通貨スワップ無しの時の金利	通貨スワップ後に支払う金利	差し引きの損得
A 社	5 %	7 %	A 社は 2 % 損をした
B 社	9 %	6 %	B 社は 3 % 得をした

(3) お互いが得をするよう調整する

	通貨スワップ後に支払う金利	調整分	最終的に支払う金利	結果
A 社	7 %	2.5 % を B 社から受け取る	7 % − 2.5 % = 4.5 %	0.5 % の得
B 社	6 %	2.5 % を A 社に支払う	6 % + 2.5 % = 8.5 %	0.5 % の得

の金利を支払っており、それに A 社へ渡す分の 2.5 % を加えると、B 社の最終的な金利負担は 8.5 % となる。これは B 社が通貨スワップをせずにドル建てで資金調達した場合の 9 % に比べると、やはり 0.5 % 低くなっている。

　このように、通貨スワップの結果、両社ともにメリットを享受することができるのであるが、こうしたアレンジに力を発揮するのが先の金利スワップの場合と同じく投資銀行業務である。今回のケースでは、A 社がドル建ての債券を、そして B 社が円建ての債券を発行して資金調達をするということになっていたが、いつ、どこで、そうした債券を発行して資金調達するのがベストなのかといったアドバイスも含めて、投資銀行が全面的にバックアップすることになっている。

5．オプション取引の概要

1）オプション取引とは何か

先物取引の復習　　　　現時点の日経平均株価が２万円で、ある人は今後日経平均が下がると予想しており、そのため今から３ヶ月後に日経平均を２万円で売るという先物契約を結んだとしよう。３ヶ月経ってこの人の予想通りに日経平均が下がり、たとえば１万5000円になったとすると、現物取引でまず１万5000円の日経平均を購入したとして、先の契約どおりに２万円で売るということを行えば、この人には差額である5000円の売却益がでる。しかし、もし予想が外れて日経平均が暴騰し、３ヶ月後に３万円となっていたらどうなるであろうか。この場合は、この人には１万円の損失が発生する。つまり、予想が当たれば儲かるし、当たらなければ損をしてしまうのである。もっと良い方法はないのであろうか。

オプションとは権利の売買　　たとえば、日経平均を３ヶ月後に２万円で売る「権利」を500円で購入できたとしよう。購入したのはあくまで権利であるから、権利を行使するかしないかは状況を見て判断すればよい。先と同様、日経平均が３ヶ月後に１万5000円になったとしよう。この場合には現物取引でまず１万5000円の日経平均を購入したとして、２万円で売るという「権利」を行使すれば5000円の売却益が出る。ただ、「権利」購入のため500円を支払っているので、最終的な利益は4500円である。一方、日経平均が３万円に暴騰したらどうなるであろうか。この場合は、「権利」を行使せず放棄すればよい。放棄したとしても500円は戻ってこないが、この人が被る損失はこの500円に限定されることになる。

　つまり、日経平均株価を２万円で売る「権利」を購入した場合には、予想どおりに日経平均が下がれば利益が得られ、逆に予想が外れて日経平均が上昇したとしても、それによる損失は「権利」購入費である500円に限定できるのである。

　こうした便利な取引がオプション取引である。金融取引におけるオプション取引とは、あらかじめ定められた期日あるいは期間内に、通貨、株式、債券などを、ある価格で「売る」あるいは「買う」という権利を売買する取引である。

2）オプション取引の用語

　権利の売買であるから、正確に表現すれば「買う権利を買う」であるとか「売る権利を買う」ということになるのだが、通常は、買う権利のことを**コールオプション**、売る権利のことを**プットオプション**と呼んでいる。したがって、「買う権利を買う」という場合にはコールオプションを買うという表現を使う。

　さて、日経平均のコールオプションを例としてとりあげ、オプション取引で重要となるいくつかの用語を見ていこう。次の例文を見てほしい。

　　（例文）<u>3ヶ月後</u>に、日経平均を、<u>2万円</u>で買う権利を、<u>1000円</u>で購入した。

　これは、日経平均のコールオプションを購入した場合であるが、重要な用語には下線が引いてある。最初の「3ヶ月後」という期日であるが、これを**満期日**あるいは**エクスパイアー**と呼ぶ。この例文では、満期日は今から3ヶ月後となっているが、満期日までならいつでも権利を行使できるタイプのオプションと、満期日にしか権利を行使できないタイプのオプションがある。前者をアメリカン・オプション、後者をヨーロピアン・オプションと呼ぶ。以下ではいくつかの図表を用いてオプションを説明していくが、すべてヨーロピアン・オプションを前提として説明していく。

　下線を引いた2番目の「2万円」であるが、これを**権利行使価格**あるいは**ストライク・プライス**と呼ぶ。そして下線の最後の「1000円」はいわばオプションの価格であって、**オプション・プレミアム**あるいは**オプション料**と呼ばれている。

3) オプションの具体例

コールオプションの損益　上記の例文に則したコールオプションの買い手にとっての損益を考えていこう。ただし、議論を簡単にするために、日経平均株価の売買には手数料はかからないものとし、オプション・プレミアムもとりあえずは無視しておこう。

　このコールオプションの満期日は3ヶ月後であるから、3ヶ月後の日経平均株価がどのような水準になっているかによってこのコールオプションの損益は決まってくる。たとえば、3ヶ月後の日経平均が権利行使価格の2万円よりも低い1万5000円になったとしよう。この場合には、2万円で買う権利など放棄してその時点の価格で日経平均を購入した方が得である。したがって、3ヶ月後の日経平均が権利行使価格を下回るケースではオプションから得られる利益はゼロとなる。

　一方、3ヶ月間に日経平均が上昇して、満期日には権利行使価格よりも高い2万5000円になったとしよう。この場合には、このコールオプションは権利行使され5000円の利益をもたらす。なぜなら、権利を行使して日経平均を2万円で購入し、2万5000円という満期日での価格で売却すればよいからである。

オプションの損益図の特徴　以上のことから、オプション・プレミアムを無視した場合の損益図を、横軸に3ヶ月後の日経平均株価をとり、縦軸にオプションから得られる損益をとって描くと、図表10-13の実線のようになる。重要な点は、オプションの損益図は権利行使価格のところで屈折するという特徴を持っていることである。

　実際には、オプションを購入するためには1000円のオプション・プレミアムを払う必要があるので、コールオプションの買い手にとっての損益図を正確に書くには、図表10-13の実線をオプション・プレミアム分だけ下方にシフトさせなければならない。こうして得られたものが図表10-13の破線で示された損益図である。

　権利行使価格よりも3ヶ月後の日経平均が低い場合には、このコールオプ

254

図表 10-13　オプション取引の損益図（コールオプションの場合）

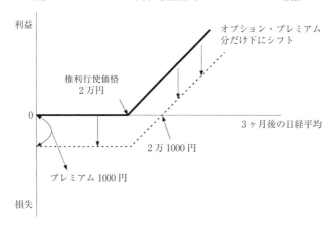

ションは放棄されることになるので、オプション・プレミアム分の損失が生じることになるが、たとえ日経平均がどのような水準まで下がろうとも、オプション・プレミアム分以上の損失が発生することはない。つまり、損失は最大でも 1000 円に留まるのである。また、3 ヶ月後の日経平均が 2 万 1000 円を上回らない限り利益は出ないが、2 万円から 2 万 1000 円の範囲であっても、権利を行使することによりオプション・プレミアムに相当する損失額を減らすことができる。

4)　オプションの基本パターン

　ここまでは、コールオプションの買い手を例にあげて、オプションから得られる損益を見てきたが、コールオプションの買い手がいる以上、相手方となるそのコールオプションの売り手がいるはずである。また、プットオプションの場合も同様で、プットオプションの買い手がいる以上、プットオプションの売り手がいるはずである。つまり、オプションには 4 つの基本パターンが存在するのである。では、それらはどのような損益図となるのであろうか。

コールオプションの損益図　まず、コールオプションの売り手の損益図を考えていこう。利用するのは先ほどの例文にあるオプションである。3ヶ月後の日経平均が権利行使価格を下回っている限り、コールオプションの買い手は権利を放棄するので、買い手が支払ったオプション・プレミアムが売り手にとっての利益となる。一方、3ヶ月後の日経平均が権利行使価格を上回ると、買い手は権利を行使することになるが、売り手は日経平均がどのような水準になろうとも、それに応える義務がある。したがって、図表10-14の②にあるように、3ヶ月後の日経平均が高くなればなるほど、売り手の損失は無限に大きくなっていく。なお、図表10-14の①はコールオプションを買った場合の損益図であって、これは図表10-13の破線で示した損益図と同じものである。

プットオプションの損益図　次にプットオプションの損益図を考えていこう。3ヶ月後に、日経平均を、2万円で売る権利を、1000円のオプション・プレミアムを支払って購入したというプットオプションの買い手の損益図をまずは考えてみよう。コールオプションの買い手の場合と同様、3ヶ月後の日経平均株価がどのような水準になっているかによって、このプットオプションの損益は決まってくる。たとえば、3ヶ月後の日経平均が権利行使価格の2万円よりも低い1万5000円になったとしよう。この場合には、日経平均を1万5000円で購入して、2万円で売却するという権利を行使することによって5000円−1000円＝4000円の利益をあげることができる。一方、3ヶ月間に日経平均が上昇して、満期日には権利行使価格よりも高い2万5000円になったとしよう。この時には、権利を放棄して、権利行使価格よりも高い2万5000円で売却した方が得である。したがって、この場合には、オプション・プレミアム分だけの損失が発生することになる。以上の結果、プットオプションの買い手の損益図は、図表10-14の③に示されているような形状となる。

　プットオプションの売り手の損益図は④である。買い手が権利を行使した場合には売り手はそれに応える義務があるので、3ヶ月後の日経平均が権利

図表 10-14　オプションの損益図

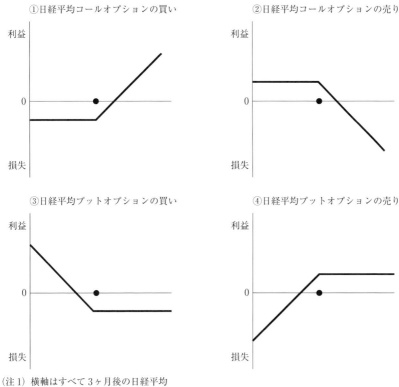

①日経平均コールオプションの買い

②日経平均コールオプションの売り

③日経平均プットオプションの買い

④日経平均プットオプションの売り

（注1）　横軸はすべて3ヶ月後の日経平均
（注2）　横軸上の●は権利行使価格の2万円

行使価格を下回るほど売り手の損失は増えていく。一方、買い手が権利を放棄した場合には、買い手が支払ったオプション・プレミアムが売り手にとっての利益となる。

オプションの基本4パターンの意味　図表 10-14 の①から④を見れば明らかなように、①と②は、横軸を中心にして180度ひっくり返した形状となるし、このことは③と④についても同様である。また、図表 10-15 は、オプションの4つの基本パターンの意味をまとめたものである。このうちのオプションの売り手である(2)と(4)につい

図表 10-15　オプションの 4 パターンの意味

(1)コールオプションの買い手　→	「買う権利」を買う　→	買う権利を持っている
(2)コールオプションの売り手　→	「買う権利」を売る　→	買い手が権利行使する時には、それに応える義務がある

(3)プットオプションの買い手　→	「売る権利」を買う　→	売る権利を持っている
(4)プットオプションの売り手　→	「売る権利」を売る　→	買い手が権利行使する時には、それに応える義務がある

てであるが、上でも述べたように、オプションの買い手が権利を行使した場合には、それに応える義務があるという点に注意が必要である。

6. 先物取引とオプション取引によるリスクヘッジの比較

　ここでは、日経平均株価を購入した場合を想定し、リスクヘッジ手段としての先物取引とオプション取引のパフォーマンスの違いを検討しよう。

1)　リスクヘッジをしない場合

　図表 10-16 は、現時点で日経平均を 2 万円で購入したとして、3ヶ月後にどのような損益が生じるかを示したものである。横軸は 3ヶ月後の日経平均がとられており、横軸の真ん中あたりにある黒丸は、日経平均が 2 万円の水準であることを表している。図表 10-16 の(1)は、リスクヘッジを一切しない場合である。この場合、3ヶ月後の日経平均が 2 万円よりも高くなれば利益が出るし、2 万円よりも低くなれば損失が出る。したがって、リスクヘッジをしない場合の損益線は右上がりの①線ということになる。

2)　先物でリスクヘッジした場合

　図表 10-16 の(2)は、先物でリスクヘッジをした場合の損益図である。こ

図表 10-16　日経平均の損益図

(1) リスクヘッジしない場合

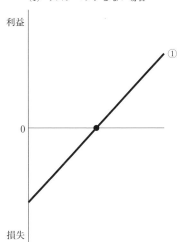

(2) 先物でリスクヘッジした場合

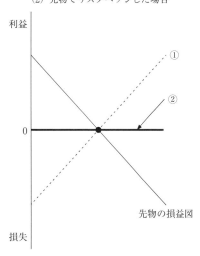

(3) プットの買いでリスクヘッジした場合

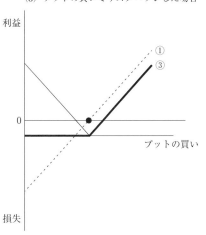

(4) コールの売りでリスクヘッジした場合（参考）

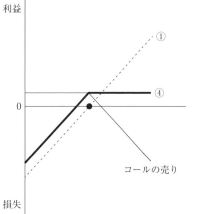

(注1) 横軸はすべて3ヶ月後の日経平均
(注2) 横軸上の●は2万円とする

の場合の先物によるリスクヘッジとは、具体的には、3ヶ月物先物で、日経平均を2万円で売るという契約を結ぶことを意味する。この先物から生じる損益は、図表10-16の(2)に示した右下がりの先物損益図線で表される（日経平均と為替との違いがあるだけで、先物損益図線は図表10-6で示した先物為替売り線と全く同じ形状である）。①線と、先物損益図線を合成すると、②で示された損益線が得られる。すなわち、先物で日経平均を売るという形でリスクヘッジを行うと、損失も利益も一切出ないという結果になる。

3）プットオプションの買いでリスクヘッジした場合

図表10-16の(3) は、日経平均プットオプションの買いによるリスクヘッジの損益図である。この場合のプットオプションは、満期日が今から3ヶ月後、権利行使価格は2万円という内容で、あるオプション・プレミアムを支払い、このプットオプションを購入したとしよう。プットオプションの買いの場合、権利行使価格よりも3ヶ月後の日経平均が低ければ権利が行使され、高ければ権利は放棄されることになるので、損益線は、最初が右下がりで、権利行使価格のところで屈折して水平に右に伸びているプットの買い線で表されることになる。これと①線を合成すれば③線が得られるが、これがプットオプションの買いによってリスクヘッジした場合の損益図となる。したがって、3ヶ月後の日経平均が2万円を下回っている場合にはオプション・プレミアムと同額の損失が発生するが、3ヶ月後の日経平均が2万円を超えると、徐々に利益が膨らんでいくということになる。

さて、図表10-16の(1)、(2)、(3) のどれが一番優れた資産運用形態であろうか。実は、これに対する明確な解答はない。投資家がどのようなスタンスで資産運用に取り組んでいるのかによって正解が変わるからである。たとえば、3ヶ月後の日経平均は間違いなく2万円以上になると確信し、強気一辺倒の投資スタンスをとりたいのであれば、(1) の選択肢が最善といえよう。しかし、もし予想が外れて日経平均が2万円を下回った場合のことを多少と

も考慮したいのであれば、（1）は賢明な選択肢とはいえない。このようなスタンスの場合には、（3）がもっとも優れた選択肢となる。なぜなら（3）は、日経平均が下がった場合に被る損失をオプション・プレミアム相当額に限定するとともに、日経平均が上昇した場合の果実をも確実に手に入れることができる選択肢だからである。

　また、（2）のような投資スタンスは、事情により資産運用は続けるが、これからの3ヶ月間に関してはあらゆるリスクを排除したい、その代わりに収益を得るチャンスを放棄することもいとわないといったスタンスに適した選択肢である。

　なお、（4）としてコールオプションの売りを行った場合を参考として書いておいた。これは、3ヶ月後の日経平均は小幅な上昇に留まるであろうという想定の下、手堅くオプション・プレミアムを手に入れようという場合の選

図表 10-17　プットの買いとコールの買いでリスクヘッジした場合

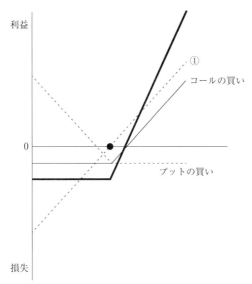

（注1）横軸は3ヶ月後の日経平均
（注2）横軸上の●は2万円とする

択肢のひとつである。このほかにもオプション取引を使うといろいろなパターンを作り出すことが可能である。それがオプション取引の魅力でもあるのだが、図表10-17には、図表10-16の(3)に加えてコールオプションの買い（ただし、オプション・プレミアムはプットオプションの買いの場合と同額という想定である）を行った場合の最終的な損益図が太い実線で示されている。3ヶ月後の日経平均が権利行使価格を下回った場合には、オプション・プレミアムの2倍分の損失が発生するが、日経平均が権利行使価格を上回れば、図表10-16の(1)や(3)以上の利益を獲得することも可能になるのである。

7．オプション・プレミアム

　以上の事例でも明らかなように、オプション取引を利用すると、損失を一定に留めたまま利益を追求できる。また、いろいろなオプションを組み合わせることで、投資スタンスに適した資産運用方法を作り出すこともできる。このように、オプション取引は便利で有用な取引形態なのであるが、ある重要な点に関して、これまで意識的にその説明を省いてきた。それは、オプション・プレミアムはどのような水準になるのかという点である。先ほどの日経平均のリスクヘッジの場合でも、権利行使価格が2万円のコールオプションやプットオプションを、500円で購入できるのか、それとも5000円必要なのかによって、損益図の形状は相当異なるはずである。したがって、オプションについて詳しく理解するためには、オプション・プレミアムがどのような水準に決まるのかという点を明らかにしなくてはならないのであるが、残念ながら、それは本書の水準をはるかに超えてしまう。確率論、偏微分方程式などの高等数学を駆使しなくてはならないからである。

　したがって、以下では、オプション・プレミアムはどのような要因によって決まってくるのかという点を言葉だけで説明することにしたい。ちなみに、オプション・プレミアムがいくらになるのかを解いたのはブラック（S. Black）とショールズ（M. Scholes）で、彼らの解法のことをブラック・

ショールズ式、あるいは、ブラック・ショールズ・モデルと呼んでいる。ブラックは1995年に他界してしまったが、ショールズと、彼らの解法が正しいことを検証したマートン（R. Merton）の2人は、1997年にノーベル経済学賞を受賞している。

オプション・プレミアムの決定要因

(1) 本 質 価 値

コールオプションを例にとってオプション・プレミアムの決定要因を考えていこう。権利行使価格を2万円とし、満期日は3ヶ月後としよう。もし、現時点での日経平均が2万2000円であったならば、オプション・プレミアムは2000円以下ではありえない。なぜなら、もし2000円以下であればコールオプションを購入して権利を行使し、直ちに現時点での日経平均で売却すれば確実な利益をあげることになってしまうからである。オプションを直ちに行使して得られる利益（今のケースでいえば2000円）のことを**本質価値**（intrinsic value）と呼ぶが、これがオプション・プレミアムの下限ということになる。

(2) 時 間 価 値

しかし、オプション・プレミアムは本質価値だけで決まるわけではない。たとえば、満期日がずっと先であれば、コールオプションの権利を行使して利益をあげる機会をより多く持てるわけであるから、満期日までの期間もオプション・プレミアムに大きな影響を持つはずである。また、日経平均の価格変動幅（これをボラティリティーという）が大きければ大きいほど、コールオプションの権利を行使して利益をあげる可能性が増えると考えられるので、ボラティリティーもオプション・プレミアムに影響力を持っている。このように、本質価値以外にもオプション・プレミアムに影響を与えるものは数多くある。それらを総称して**時間価値**（time value）と呼んでいる。つまり、オプション・プレミアムは、本質価値と時間価値の合計で表されることになる。

　以上のことから、図表10-18にあるように、コールオプションの場合には、

図表 10-18　オプション・プレミアムの決定要因（日経平均を例として）

①現時点での日経平均が高ければ高いほど、そして、②権利行使価格が低ければ低いほど、コールオプションの本質価値が高まるので、①と②はコールオプションのオプション・プレミアムを高くする要因となる。プットオプションの場合も同様に考えればよい。すなわち、(1) 現時点での日経平均が低ければ低いほど、そして、(2) 権利行使価格が高ければ高いほど、プットオプションの本質価値は高まるので、(1) と(2) はプットオプションのオプション・プレミアムを高くする要因となる。

　また、③満期までの期間が長ければ長いほど、④日経平均のボラティリティーが大きければ大きいほど、コールオプションもプットオプションもその時間価値は高くなるので、③と④もオプション・プレミアムを高くする要因となる。さらに、国債利回りなどの安全資産の金利が高くなった場合はどのような影響が出るであろうか。⑤安全資産の金利が高くなればなるほど、満期日が3ヶ月後である権利行使価格の割引現在価値は減少するから、⑤もコールオプションのオプション・プレミアムを高くする要因となる。逆に、プットオプションの場合には、(5) 安全資産の金利が低ければ低いほど、プットオプションのオプション・プレミアムは高くなる。このように、安全資産の金利もオプション・プレミアムの決定要因のひとつと考えられる。

コラム　　　　　　　　　　長期運用のすすめ

　大学を卒業して定年を迎えるまでの 42 年間、毎月 3 万円ずつおカネをためていったとしよう。もしこれをタンス預金したとすると定年の 65 歳の時には1512 万円たまっていることになる。金利 0.02 ％の定期預金でためると 1518万。つまり 42 年間で 6 万円の利息しか得られない。では、毎年 7 ％で運用するとどうなるだろうか。9131 万円がその答えである（さらに 3.5 ％なら 3435万円）。タンス預金をしたり、（今の低金利がずっと続くということを前提にしているが）0.02 ％という超低金利で定期預金をしたりする場合に比べると、大切なおカネを 6 倍に増やすことができる。世界で最も有名な投資家、ウォーレン・バフェット（別名：オマハの賢人）は年率 22 ％の運用を 30 年以上続けたと言われている。もしこの 22 ％が 42 年間続くと、なんと毎月 3 万円の預金が 42 年後には 155 億円にまで膨れ上がる。リスクを取らなければリターンはない。ロボアドの力を借りてもよいし、分散投資が簡単にできる投資信託にかけるのでもよい。専門知識など必要ない。重要なのは長期で運用することだけである。

参 考 文 献

大橋和彦「CDS」日本経済新聞朝刊、2008 年 1 月 14 日

晝間文彦『金融論　第 3 版』新世社、2011 年

藤巻健史『改訂新版　藤巻健史の実践・金融マーケット集中講義』光文社新書、
　2012 年

吉本佳生『金融工学の悪魔』日本評論社、1999 年

索　　引

267

270

272

索　　引

著 者 略 歴

沈　徹（ちん・てつ）（Chul SHIM）

1958 年　名古屋市に生まれる
1982 年　早稲田大学政治経済学部経済学科卒業、早稲田大学大学院経
　　　　済学研究科博士後期課程満期修了
　　　　早稲田大学教育学部助手、愛知大学経済学部講師、助教授、カリフォ
　　　　ルニア大学サンタバーバラ校客員研究員などを経て、
2001 年　愛知大学経済学部教授（現在に至る）
主要著書
『現代金融入門』（中央経済社、1993 年、共著）、『金融入門』（昭和堂、
　　　　2003 年、共著）など

金融の基礎　改訂増補第 3 版

2007 年 3 月 15 日　第 1 版 1 刷発行
2023 年 3 月 30 日　改訂増補第 3 版 1 刷発行

著　者──沈　　徹
発行者──森 口 恵 美 子
印刷所──壮 光 舍 印 刷
製本所──グ リ ー ン
発行所──八千代出版株式会社
　　　　〒101-0061　東京都千代田区神田三崎町2-2-13
　　　　TEL　03-3262-0420
　　　　FAX　03-3237-0723
　　　　振替　00190-4-168060

＊定価はカバーに表示してあります。
＊落丁・乱丁本はお取替えいたします。

ISBN 978-4-8429-1847-1　　　Ⓒ 2023 Tetsu CHIN